经济数学

冯青华　主编

哈爾濱工業大學出版社

内容简介

经济数学是一门重要的基础课程,其内容丰富,应用面广。考虑到当前该课程“课时少、内容多”的情况,编者编写了本书。本书结合了最新的教学改革成果,主要内容包括函数及其应用、极限与连续、一元函数微分学、一元函数积分学、多元函数微积分学、常微分方程。

本书以培养应用型人才为目标,使用启发式和案例式教学,注重培养学生的数学思维能力,可作为高校经济管理类、商务类、外贸类等专业的经济数学教材。

图书在版编目(CIP)数据

经济数学 / 冯青华主编. — 哈尔滨：哈尔滨工业大学出版社，2024. 7. — ISBN 978-7-5767-1603-0

Ⅰ. F224.0

中国国家版本馆 CIP 数据核字第 2024RY8970 号

策划编辑　张凤涛
责任编辑　李长波　周轩毅
装帧设计　博鑫设计
出版发行　哈尔滨工业大学出版社
社　　址　哈尔滨市南岗区复华四道街 10 号　邮编 150006
传　　真　0451-86414749
网　　址　http://hitpress.hit.edu.cn
印　　刷　河北文盛印刷有限公司
开　　本　787 mm×1 092 mm　1/16　印张 13.75　字数 300 千字
版　　次　2024 年 7 月第 1 版　2025 年 1 月第 1 次印刷
书　　号　ISBN 978-7-5767-1603-0
定　　价　78.00 元

前　言

为适应我国高等教育人才培养的个性化需求，编者结合“因材施教、服务双创、着眼经济、提升素质”的课程改革要求，响应线上教育的需求，在经济数学分层教学改革探索的基础上编写了本书。

本书力求反映高校课程和教学内容体系的改革方向，以“育人”为宗旨，以“应用”为载体，以“素质”为目的，在充分考虑数学作为基础工具的功能的前提下，注重发挥其文化功能的作用，既为高校学生学习专业课程服务，又为学生的可持续发展打下良好的基础。

本书具有以下特点：

1. 力求突出高校特色

根据高校经济类、管理类专业对数学的基本要求，以及数学的认知规律，将微积分的基本内容有机地结合在一起，组织和编排全书内容，在不失数学学科特点的情况下，采用了模块化的编写思路，便于教师根据教学时数和专业需求选择教学内容。

2. 贯彻“理解概念、强化应用”的教学原则

以现实、生动的案例引入基本概念，以简洁、明了的语言配合几何图形、数表来阐述基本知识、基本理论，注重基本方法和基本技能的训练，并给出求解问题的解题程序。同时注重数学概念、数学方法的实用价值，注重培养学生使用定量与定性相结合的方法的能力，以及培养学生综合运用所学知识分析问题、解决问题的能力。

3. 体现“案例驱动”的编写特色

本书采用“案例驱动”的方式编写，由问题引出数学知识，再将数学知识应用于处理各种生活和经济管理的实际问题，加深对概念、方法的理解，培养学生的创新能力。

本书共分 6 章：第 1 章为函数及其应用，第 2 章为极限与连续，第 3 章为一元函数微分学，第 4 章为一元函数积分学，第 5 章为多元函数微积分学，第 6 章为常微分方程。在第 3~5 章最后还加入了与本章内容相关的阅读材料。

本书由山东理工大学的冯青华老师编写，伏建彬老师对本书书稿整理亦有贡献。

在编写本书的过程中，参考了部分相关的文献资料和教材，在此谨向有关作者一并表示感谢！

限于编者水平，书中难免有疏漏和不足之处，希望专家、同行和读者批评指正。

编　者

2024 年 3 月

目　录

第 1 章　函数及其应用 …… 1

1.1　函数的概念 …… 1

1.2　函数的几种特性 …… 6

1.3　初等函数 …… 8

1.4　常用的经济函数 …… 13

第 2 章　极限与连续 …… 17

2.1　极限的概念 …… 17

2.2　无穷小量与无穷大量 …… 25

2.3　极限的运算 …… 28

2.4　两个重要极限 …… 32

2.5　无穷小量的比较 …… 38

2.6　函数的连续性与间断点 …… 41

第 3 章　一元函数微分学 …… 50

3.1　导数的概念 …… 50

3.2　导数的计算 …… 55

3.3　导数的应用 …… 68

3.4　导数在经济分析中的应用 …… 88

阅读材料一 …… 95

第 4 章　一元函数积分学 …… 97

4.1　不定积分的概念与性质 …… 97

4.2　不定积分的计算 …… 103

4.3　定积分的概念与性质 …… 112

4.4 定积分的计算 …… 121
4.5 广义积分 …… 124
4.6 定积分的应用 …… 127
阅读材料二 …… 134

第 5 章 多元函数微积分学 …… 137

5.1 多元函数 …… 137
5.2 偏导数 …… 146
5.3 偏导数的应用 …… 159
5.4 偏导数在经济分析中的应用 …… 166
5.5 多元函数积分学 …… 172
阅读材料三 …… 184

第 6 章 常微分方程 …… 187

6.1 微分方程的基本概念 …… 187
6.2 一阶微分方程 …… 189
6.3 二阶线性微分方程 …… 199

参考文献 …… 213

第1章　函数及其应用

学习目标

1. 知识目标

(1)理解一元函数的概念及其表示法;

(2)理解分段函数、反函数、隐函数的概念;

(3)理解复合函数的概念。

2. 技能目标

(1)熟练掌握复合函数的复合过程;

(2)熟练掌握基本初等函数及其图形;

(3)理解初等函数的概念;

(4)掌握建立简单实际问题中的函数关系的方法。

1.1　函数的概念

1.1.1　常量与变量

在日常生活、生产活动和经济活动中,经常会遇到各种不同的量,如身高、气温、产量、收入、成本等。如果一个量在某个过程中是变化的,即可以取不同的数值,则称这种量为变量;如果一个量在某个过程中保持不变,总取同一值,则称这种量为常量。通常用小写字母 a,b,c 等表示常量,用小写字母 x,y,z 等表示变量。

例如,圆周率 π 是一个不变的量,它是一个常量;某商品的价格在某个时间段内是不变的,所以,在这个时间段内它是常量。又如一天中的气温、工厂在生产过程中的产量等,都是不断变化的量,即变量。

在理解常量与变量时,应注意下面几点:

(1)常量和变量都是相对的,它们都取决于所研究的过程和所研究的对象。在不同的过程中,常量和变量是可以相互转化的。例如,某种商品的价格在一段时间内是常量,但在较长时间内则是变量。

(2)从几何意义上讲,常量对应着实数轴上的定点,变量则对应着实数轴上的动点。

1.1.2 函数的概念

在某个变化过程中,往往有几个变量同时存在,变量与变量之间的依赖关系正是经济数学研究的主要问题。本项目只讨论两个变量的情况,先看例 1.1。

[例 1.1] 某工厂生产某种产品,每件产品的出厂价为 50 元,其成本为 25 元。因为在生产过程中,平均每生产一件产品就有 0.5 m^3 污水排出,为了净化环境,工厂设计了一个方案对污水进行处理,并准备实施方案:工厂污水先净化处理后再排出,每处理 1 m^3 污水所用原料费为 2 元,并且每月排污设备维护费为 30 000 元。

解:设工厂每月生产 x 件产品,每月利润为 y 元,求出依据方案处理污水时,y 与 x 的函数关系式为(利润=总输入-总支出)

$$\begin{aligned} y &= (50-25)x-2\times 0.5x-30\ 000 \\ &= 25x-x-30\ 000 \\ &= 24x-30\ 000 \end{aligned}$$

例 1.1 表达了两个变量的依赖关系,依赖关系对应一个法则。根据法则,当其中一个变量在某一数集内任取一值时,另一个变量就有确定值与之对应。两个变量之间的这种依赖关系称为函数关系。

定义 1.1 设 x 与 y 是两个变量,D 为实数集 $\mathbf{R}$ 的子集。如果对任何的 $x\in D$,变量 y 按照一定的规则 f,都有唯一确定的实数值与之对应,则称规则 f 是定义在 D 上的函数,也称 y 是 x 的函数,记作

$$y=f(x)$$

D 称为该函数的定义域;x 称为自变量;y 称为因变量。

当自变量 x 取 $x_0\in D$ 时,与 x_0 对应的因变量 y 的值称为函数 $y=f(x)$ 在点 x_0 处的数值,记为 $f(x_0)$ 或 $y|_{x=x_0}$。

当 x 取遍 D 的各个数值时,对应的变量 y 的全体取值组成的数集称为这个函数的值域。

理解函数概念,应注意以下几点:

(1)函数的实质是对应关系(或对应法则),只要两个变量之间能找到一种对应,就说它们之间确定一个函数。对应法则也可以用其他字母表示,如 F,φ,g,f_1,f_2 等。

(2)确定函数需要两个要素:定义域和对应关系。

(3)函数之间可以进行加、减、乘、除等运算,但是运算必须在所有函数都有意义的公共范围内进行。

(4)在实际问题中,函数的定义域是由实际意义确定的。一般来说,经济变量往往

取正值,即变量都是大于零的。

[例1.2]　已知$f(x)=\frac{1-x}{1+x}$,求$f(0)$,$f\left(\frac{1}{4}\right)$,$f(x+1)$,$f(x^2)$。

解:$f(0)=\frac{1-0}{1+0}=1$,$f\left(\frac{1}{4}\right)=\frac{1-\frac{1}{4}}{1+\frac{1}{4}}=\frac{3}{5}$,$f(x+1)=\frac{1-(x+1)}{1+(x+1)}=\frac{-x}{x+2}$,$f(x^2)=\frac{1-x^2}{1+x^2}$。

[例1.3]　求下列函数的定义域:

(1)$f(x)=\frac{x+1}{2x^2-x}$;　　(2)$f(x)=\sqrt{16-x^2}$;

(3)$f(x)=\lg(5x-3)$;　　(4)$f(x)=\lg(1-x)+\sqrt{x+2}$。

解:(1)在分式$\frac{x+1}{2x^2-x}$中,分母不能为零,所以$2x^2-x\neq 0$,解得$x\neq\frac{1}{2}$且$x\neq 0$,即定义域为

$$(-\infty,0)\cup\left(0,\frac{1}{2}\right)\cup\left(\frac{1}{2},+\infty\right)$$

(2)在偶次根式中,被开方式必须不小于零,所以有$16-x^2\geqslant 0$,解得$-4\leqslant x\leqslant 4$,即定义域为$[-4,4]$。

(3)在对数式中,指数必须大于零,所以有$5x-3>0$,解得$x>\frac{3}{5}$,即定义域为$\left(\frac{3}{5},+\infty\right)$。

(4)这是两个函数之和的定义域,先分别求出每个函数的定义域,然后求其公共部分即可。要使$\lg(1-x)$有定义,必须满足$1-x>0$,解得$x<1$,即$\lg(1-x)$的定义域为$(-\infty,1)$;要使$\sqrt{x+2}$有定义,必须满足$x+2\geqslant 0$,解得$x\geqslant -2$,即$\sqrt{x+2}$的定义域为$[-2,+\infty)$;所以,所求函数的定义域为$[-2,1)$。

[例1.4]　设有函数$f(x)=x-1$和$g(x)=\frac{x^2-1}{x+1}$,问它们是否为同一函数?

解:$f(x)$的定义域为$(-\infty,+\infty)$,$g(x)$的定义域为$(-\infty,-1)\cup(-1,+\infty)$,二者定义域不同,所以不是同一函数。

1.1.3　函数的表示法

在函数的定义中,并没有规定用什么方法来表示函数,为了能更好地研究函数关系,就应该采用适当的方法把它表示出来。常用的函数表示法有解析法(又称公式法)、

列表法和图像法,例如:

(1)$y=\ln(x-1)$,这是一个用解析式表示的函数,当 x 在$(1,+\infty)$内取任何值时,由该式都可以确定唯一的 y 值。

(2)表 1.1 以列表法给出了一个国家国内生产总值(GDP)与年份之间的函数关系,此函数用解析法和图像法较难给出。

表 1.1 单位:亿元

年份	2018	2017	2016	2015	2014	2013	2012
GDP	900 309.5	820 754.3	740 060.8	685 992.9	641 280.6	592 963.2	538 580.0

(3)图 1.1 以图像法给出了一个国家人口出生率与时间之间的函数关系,它用解析法和列表法则较难完成。

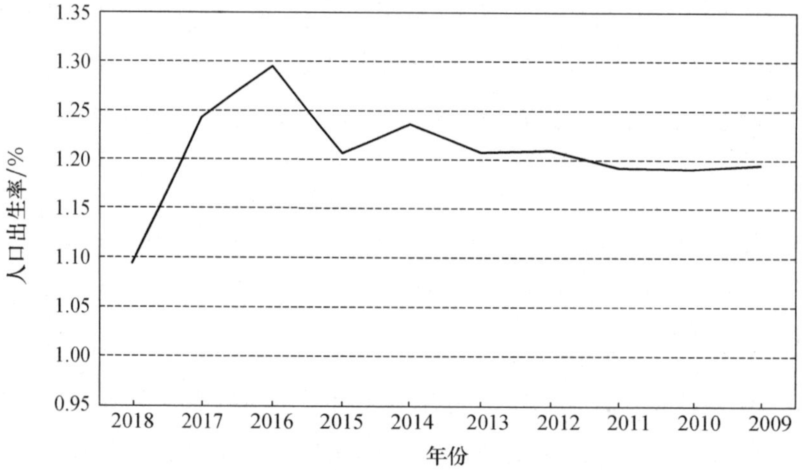

图 1.1

1.1.4 分段函数

[**例 1.5**] 为加强公民节水意识,某市制定了以下用水收费标准:每户每月用水未超过 7 m^3 时,每立方米用水收取 2 元水费及 0.4 元污水处理费;超过 7 m^3 时,超出部分每立方米收取 3 元水费及 0.8 元污水处理费。设每户每月用水量为 x(单位:m^3),应交水费为 y(单位:元),写出 y 与 x 之间的函数关系式。

解:

$$y=\begin{cases}2.4x, & x\leqslant 7\\ 3.8x-9.8, & x>7\end{cases}$$

称这样把定义域分成若干部分，函数关系由不同的式子分段表示的函数为分段函数。分段函数是用公式表达函数的一种方式，在理论分析和实际应用方面都有很大作用。

[例 1.6]　设 $y=\begin{cases}x^2, 0\leqslant x\leqslant 1\\ 2x, 1<x\leqslant 2\end{cases}$，求函数定义域及 $f\left(\frac{1}{2}\right)$，$f(1)$，$f\left(\frac{3}{2}\right)$ 的值。

解：$f(x)$ 的定义域是 $[0,2]$，当 $x\in[0,1]$ 时，$f(x)=x^2$；当 $x\in(1,2]$ 时，$f(x)=2x$。

由于 $\frac{1}{2}\in[0,1]$，$1\in[0,1]$，因此，$f\left(\frac{1}{2}\right)=\left(\frac{1}{2}\right)^2=\frac{1}{4}$，$f(1)=1^2=1$；而 $\frac{3}{2}\in(1,2]$，因此 $f\left(\frac{3}{2}\right)=2\times\frac{3}{2}=3$。

注意：分段函数是用几个公式合起来表示一个函数，而不是表示几个函数。对于自变量 x 在定义域内的某个值，分段函数 y 只能确定唯一的值。分段函数的定义域是各段自变量集合的并集。

[例 1.7]　$f(x)=\begin{cases}\frac{1}{2}x, & 0\leqslant x<1\\ x, & 1\leqslant x<2\\ x^2-6x-\frac{19}{2}, & 2\leqslant x<4\end{cases}$，求 $f\left(\frac{1}{2}\right)$，$f(1)$，$f(3)$。

解：因为 $\frac{1}{2}\in[0,1)$，所以 $f\left(\frac{1}{2}\right)=\frac{1}{2}\times\frac{1}{2}=\frac{1}{4}$。

因为 $1\in[1,2)$，所以 $f(1)=1$。

因为 $3\in[2,4)$，所以 $f(3)=3^2-6\times 3+\frac{19}{2}=\frac{1}{2}$。

【知识演练】

1. 求下列函数的定义域：

(1) $y=\frac{1}{3x-x^2}$；　　(2) $y=\sqrt{x^2-x-2}$；

(3) $y=\ln(4-x^2)$；　　(4) $y=\arcsin 3x$。

2. 已知 $f(x)=\begin{cases}x^2+2, & x>0\\ 1, & x=0\\ 2x, & x<0\end{cases}$，求 $f(-1)$，$f(0)$，$f(1)$ 的值，并作出函数的图形。

1.2　函数的几种特性

首先，设函数 $f(x)$ 在某区间 I 上有定义，下面讨论函数的几种特性。

1.2.1　有界性

如果存在正数 M，使得对于任意的 $x \in I$，都有不等式 $|f(x)| \leqslant M$ 成立，则称 $f(x)$ 在 I 上有界；如果这样的 M 不存在，则称函数 $f(x)$ 在 I 上无界。

如图 1.2 所示，函数 $f(x)$ 在区间 (a,b) 内有界的几何意义是：曲线 $y=f(x)$ 在区间 (a,b) 内被限制在 $y=-M$ 和 $y=M$ 两条直线之间。

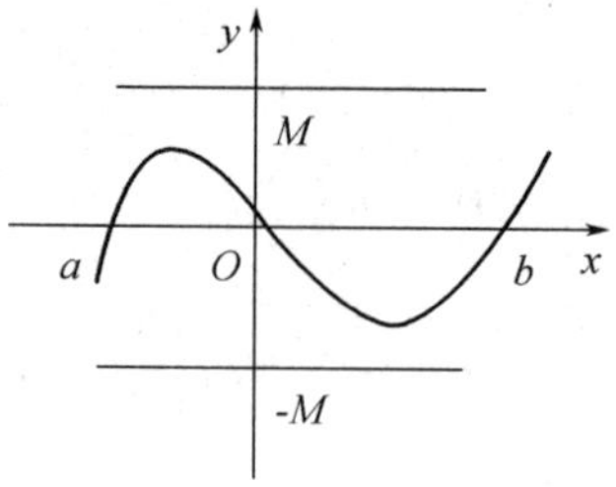

图 1.2

对函数的有界性，要注意以下两点：

(1) 当一个函数 $y=f(x)$ 在 (a,b) 内有界时，正数 M 的取值不是唯一的，例如 $y=\sin x$ 在 $(-\infty,+\infty)$ 内是有界的，有 $|\sin x| \leqslant 1$；但也可以取 $M=2$，即 $|\sin x| \leqslant 2$ 也总是成立的。实际上，M 可以取任何大于 1 的数。

(2) 有界性是依赖区间的，例如 $y=\dfrac{1}{x}$ 在区间 $(1,2)$ 内是有界的，但在区间 $(0,1)$ 内则是无界的。

1.2.2　单调性

若对于区间 I 内任意两点 x_1, x_2，当 $x_1<x_2$ 时，有 $f(x_1)<f(x_2)$，则称 $f(x)$ 在 I 上单调递增，区间 I 称为单调增区间；当 $x_1<x_2$ 时，有 $f(x_1)>f(x_2)$，则称 $f(x)$ 在 I 上单调递减，区间 I 称为单调减区间。单调增区间和单调减区间统称为单调区间。

严格单调增加的函数图形是沿 x 轴正向上升的，如图 1.3 所示；严格单调减少的函数图形是沿 x 轴正向下降的，如图 1.4 所示。

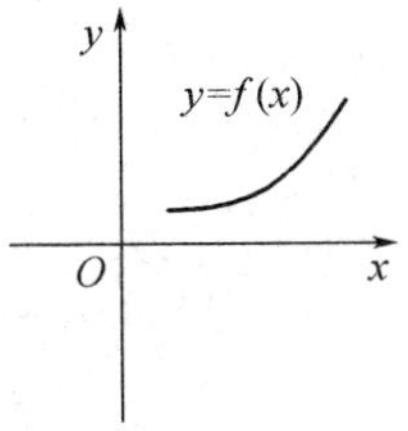

图 1.3

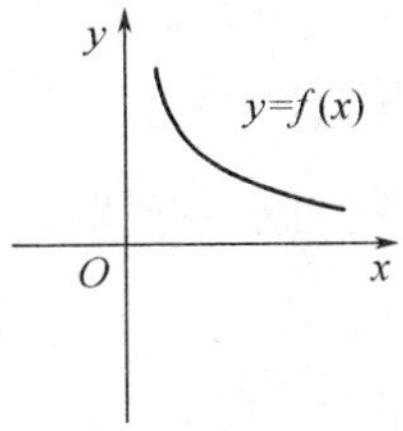

图 1.4

1.2.3　奇偶性

设 I 为关于原点对称的区间，若对于任意 $x\in I$，都有 $f(-x)=f(x)$，则称 $f(x)$ 为偶函数；若 $f(-x)=-f(x)$，则称 $f(x)$ 为奇函数。

偶函数的图像是关于 y 轴对称的，如图 1.5 所示；奇函数的图像是关于原点对称的，如图 1.6 所示。

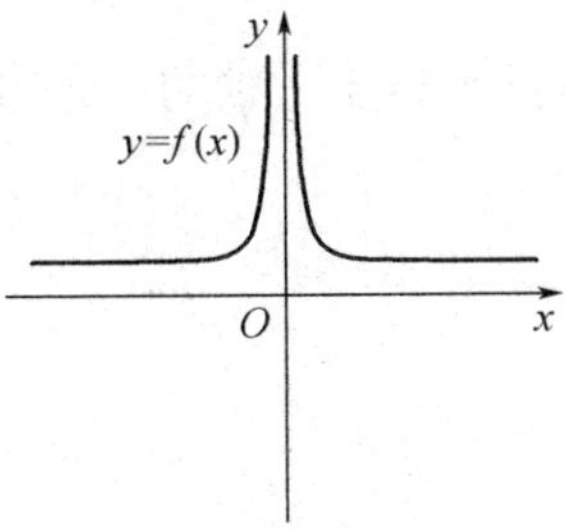

图 1.5

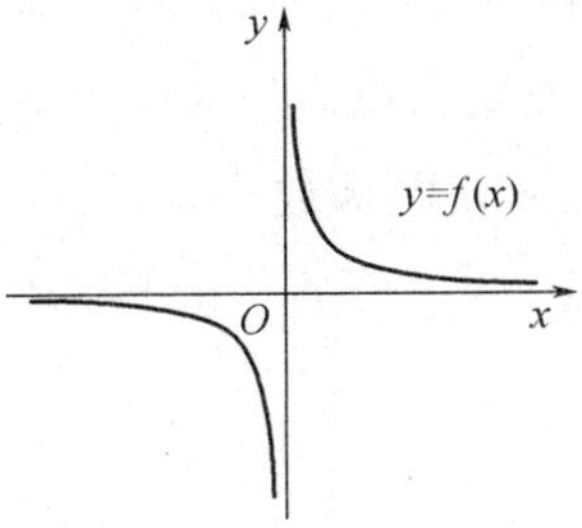

图 1.6

[**例 1.8**]　判断下列函数的奇偶性：

(1) $f(x)=x^3$；　(2) $f(x)=3x^4-5x^2+7$；　(3) $f(x)=2x^2+\sin x$。

解：(1) 因为 $f(-x)=(-x)^3=-x^3=-f(x)$，所以 $f(x)=x^3$ 为奇函数。

(2) 因为 $f(-x)=3(-x)^4-5(-x)^2+7=3x^4-5x^2+7=f(x)$，所以 $f(x)=3x^4-5x^2+7$ 为偶函数。

(3) 因为 $f(-x)=2(-x)^2+\sin(-x)=2x^2-\sin x\neq f(x)$，同样也可以得到 $f(-x)\neq -f(x)$，所以由此可知 $f(x)=2x^2+\sin x$ 既非奇函数，也非偶函数。

1.2.4　周期性

若存在不为零的常数 T，使得对任意 $x\in I$，有 $x+T\in I$，且 $f(x+T)=f(x)$，则称 $f(x)$ 为周期函数；满足这个等式的最小正数 T 称为函数的最小正周期，简称周期。

例如，$y=\sin x$ 是周期函数，最小正周期为 2π。

【知识演练】

判断下列函数的奇偶性：

(1) $y=x\sin x$； (2) $y=\sin x-\cos x$； (3) $y=x^2-2\cos x$；

(4) $y=\dfrac{e^2+1}{e^{-x}-1}$； (5) $y=\dfrac{a^x-a^{-x}}{2}(a>0,a\neq 1)$； (6) $y=\ln\dfrac{1-x}{1+x}$。

1.3 初等函数

1.3.1 基本初等函数

常数函数、幂函数、指数函数、对数函数、三角函数、反三角函数统称为基本初等函数，这些函数在中学已经学过，下面将系统地列出它们的简单性质和图像。

(1)常数函数 $y=c$(c 为常数)。

$y=c$ 的定义域是$(-\infty,+\infty)$，它的图像是过点$(0,c)$且平行于 x 轴的一条直线，如图1.7所示，它是偶函数。

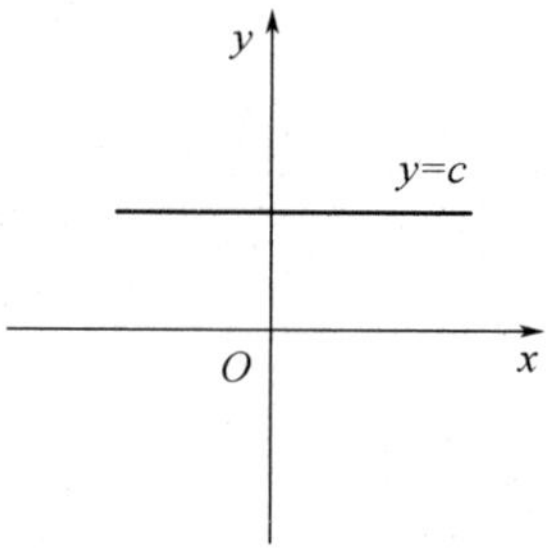

图 1.7

(2)幂函数 $y=x^a$(a 为实数)。

幂函数的情况比较复杂。当 a 取不同值时，幂函数的定义域不同，为了便于比较，这里只讨论 $x\geqslant 0$ 的情形，而当 $x<0$ 时的图像可根据函数的奇偶性确定。

当 $a>0$ 时，函数的图像经过原点$(0,0)$和点$(1,1)$，在$(0,+\infty)$内单调增加且无界，如图1.8所示。

当 $a<0$ 时，图像不经过原点，但仍经过点$(1,1)$，在$(0,+\infty)$内单调减少且无界，曲线以 x 轴和 y 轴为渐近线，如图1.8所示。

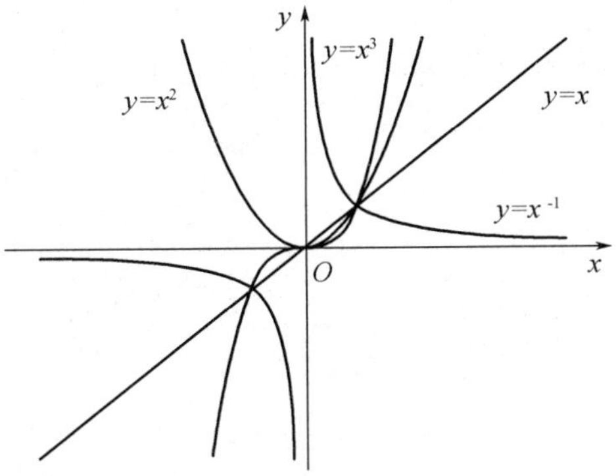

图 1.8

(3)指数函数 $y=a^x$($a>0,a\neq 1,a$ 为常数)。

指数函数的定义域为$(-\infty,+\infty)$。当 $a>1$ 时,它严格单调增加;当 $0<a<1$ 时,它严格单调减少。对于任何的常数 $a(a>0,a\neq 1)$,它的值域都是$(0,+\infty)$,函数的图形都过点$(0,1)$,如图 1.9 所示。

(4)对数函数 $y=\log_a x$($a>0,a\neq 1,a$ 为常数)。

对数函数 $y=\log_a x$ 是指数函数 $y=a^x$ 的反函数,它的定义域为$(0,+\infty)$。当 $a>1$ 时,它严格单调增加;当 $0<a<1$ 时,它严格单调减少。对于任何的常数 $a(a>0,a\neq 1)$,它的值域都是$(-\infty,+\infty)$,函数的图形都过点$(1,0)$,如图 1.10 所示。

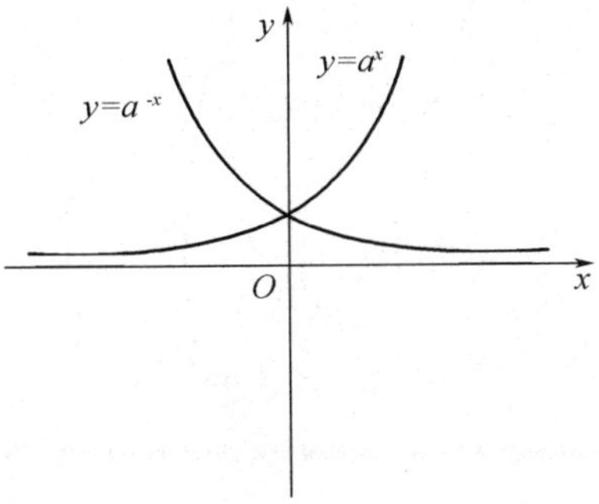

图 1.9

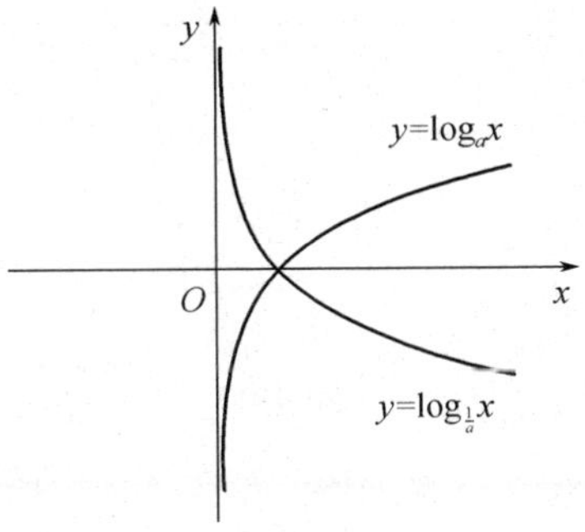

图 1.10

以无理数 e=2.718 281 8…为底的对数函数 $y=\log_e x$ 叫作自然对数函数,简记为 $y=\ln x$。

(5)三角函数。

常用的三角函数有:正弦函数 $y=\sin x$;余弦函数 $y=\cos x$;正切函数 $y=\tan x$;余切函数 $y=\cot x$。

$y=\sin x$ 与 $y=\cos x$ 的定义域为$(-\infty,+\infty)$，它们都是以 2π 为周期的周期函数，都是有界函数，分别如图 1.11 和图 1.12 所示。

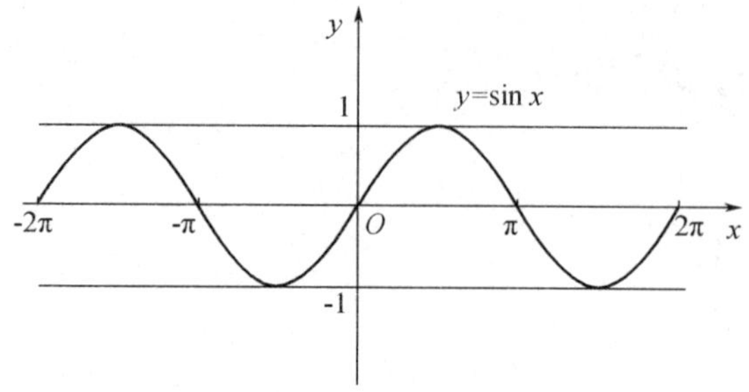

图 1.11

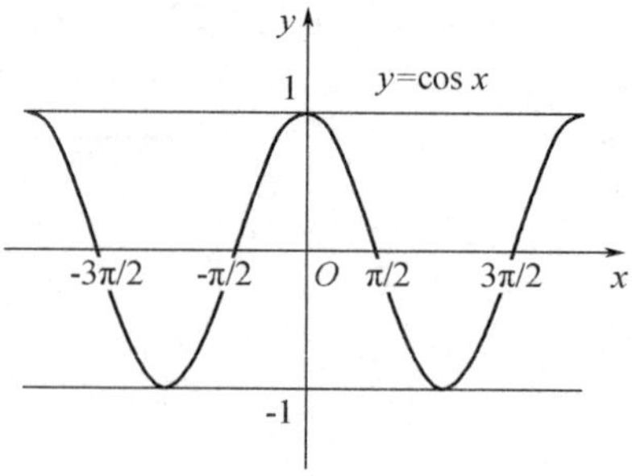

图 1.12

$y=\tan x$ 的定义域为除 $x=n\pi+\dfrac{\pi}{2}(n=0,\pm1,\pm2,\cdots)$ 以外的全体实数，如图 1.13 所示。

$y=\cot x$ 的定义域为除 $x=n\pi(n=0,\pm1,\pm2,\cdots)$ 以外的全体实数，如图 1.14 所示。

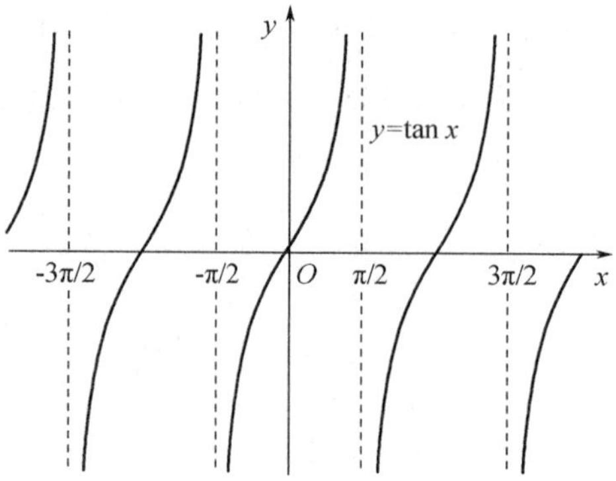

图 1.13

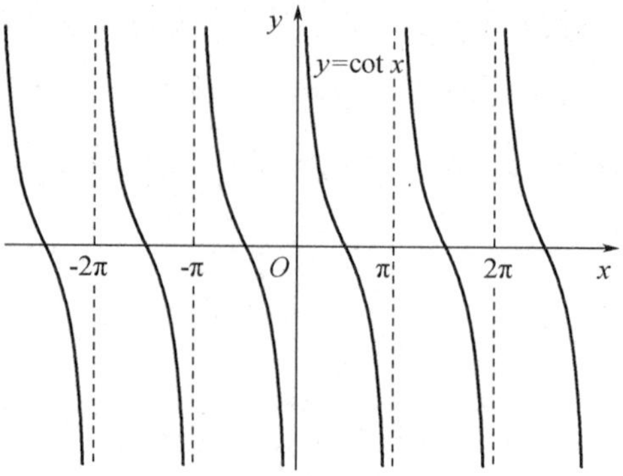

图 1.14

$y=\tan x$ 和 $y=\cot x$ 都是以 π 为周期的周期函数，并且在其定义域内是无界函数。

$y=\sin x$、$y=\tan x$ 及 $y=\cot x$ 都是奇函数，$y=\cos x$ 是偶函数。

三角函数还包括正割函数 $y=\sec x$ 和余割函数 $y=\csc x$，其中 $\sec x=\dfrac{1}{\cos x}$，$\csc x=\dfrac{1}{\sin x}$。它们都是以 2π 为周期的周期函数，并且在开区间$\left(0,\dfrac{\pi}{2}\right)$内都是无界的。

(6)反三角函数。

常用的反三角函数有：反正弦函数 $y=\arcsin x$；反余弦函数 $y=\arccos x$；反正切函数

$y=\arctan x$;反余切函数 $y=\operatorname{arccot} x$。它们是作为相应三角函数的反函数定义的。

例如$\left[-\frac{\pi}{2},\frac{\pi}{2}\right]$上表示正弦值为$\frac{1}{2}$的角,我们知道$\frac{\pi}{6}$的正弦值是$\frac{1}{2}$,所以有 $y=\frac{\pi}{6}$;但实际上,$y=2k\pi+\frac{\pi}{6}$和 $y=2k\pi+\frac{5\pi}{6}(k=0,\pm1,\pm2,\cdots)$的正弦值都是$\frac{1}{2}$。为了避免 $y=\arcsin x$ 的多值性,我们限定了一个区间$\left[-\frac{\pi}{2},\frac{\pi}{2}\right]$,这个区间叫作反正弦函数的主值区间。在这个区间内,正弦函数取某个值的角可以被唯一地确定下来,例如在主值区间内,正弦值为$\frac{1}{2}$的角只能是$\frac{\pi}{6}$。而 $\arcsin x$ 则表示主值区间内的反正弦。类似地,对其他几种反三角函数都规定了相应的主值区间,以保证它们的单值性。由于函数的性质不同,它们的主值区间范围也不同。$y=\arcsin x$ 定义域为$[-1,1]$,值域为$\left[-\frac{\pi}{2},\frac{\pi}{2}\right]$,如图 1.15 所示;$y=\arccos x$ 定义域为$[-1,1]$,值域为$[0,\pi]$,如图 1.16 所示。

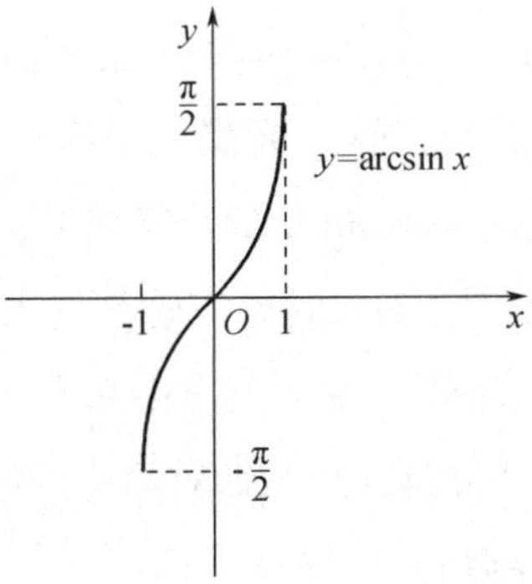

图 1.15

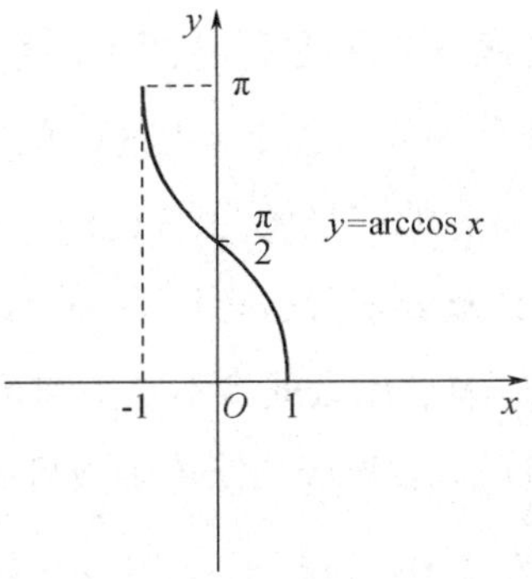

图 1.16

$y=\arctan x$ 定义域为$(-\infty,+\infty)$,值域为$\left(-\frac{\pi}{2},\frac{\pi}{2}\right)$,如图 1.17 所示;$y=\operatorname{arccot} x$ 定义域为$(-\infty,+\infty)$,值域为$(0,\pi)$,如图 1.18 所示。

1.3.2　复合函数

在实际问题中,两个变量之间的联系有时不是直接存在的,而是通过另一个变量联系起来的。比如:某企业的总收入 R 是产量 Q 的函数 $R=f(Q)$,而该企业的产量 Q 又是投入劳动力 L 的函数 $Q=g(L)$。这样,对于每一个劳动力 L 的值,经过 Q 都有一个 R 的值与之对应,就说 R 是关于 L 的复合函数。

定义 1.2　设 y 是 u 的函数 $y=f(u)$,u 是 x 的函数 $u=\varphi(x)$。如果 $u=\varphi(x)$的值域

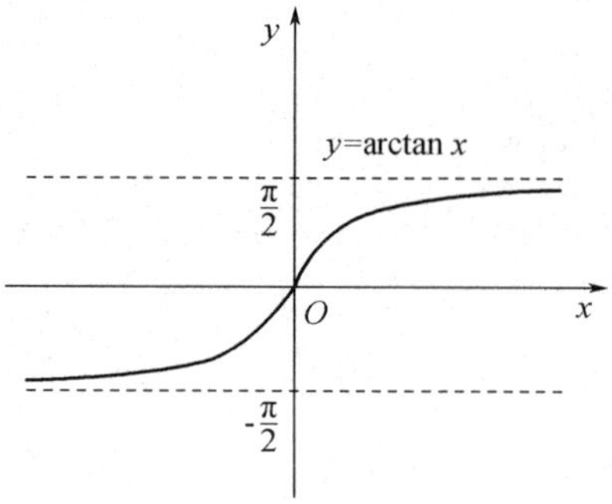

图 1.17

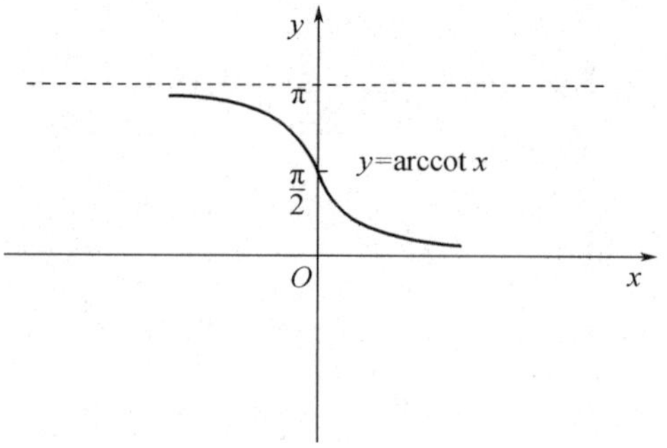

图 1.18

或部分值域包含在 $y=f(u)$ 的定义域中,则 y 通过中间变量 u 成为 x 的函数,称为 x 的复合函数,记作

$$y=f[\varphi(x)]$$

其中,x 是自变量;u 是中间变量。

注意:(1)不是任意两个函数都可以复合。例如:$y=\arcsin u$,$u=2+x$ 就不能复合成一个复合函数。由于 $u=2+x^2$ 的定义域中的任何 x 值所对应的 u 值都大于或等于 2,而 $y=\arcsin x$ 的定义域为$[-1,1]$,因此 u 的值域全部落在 $y=\arcsin u$ 的定义域外。

(2)复合函数也可以由两个以上的函数经过复合构成,复合的方法就是代入。

(3)复合函数通常不是由纯粹的基本初等函数复合而成的,更多的是由基本初等函数经过四则运算形成的简单函数构成的,复合函数的合成和分解往往是针对简单函数的。

[例 1.9] 已知 $y=\sqrt{u}$,$u=3x-1$,将 y 表示成 x 的函数。

解:将 $u=3x-1$ 代入 $y=\sqrt{u}$ 得 $y=\sqrt{3x-1}$。

[例 1.10] 指出下列复合函数是由哪些简单函数复合而成的:

(1)$y=e^{\cos x}$; (2)$y=\ln\sin\sqrt{x}$。

解:(1)函数 $y=e^{\cos x}$ 是由 $y=e^u$,$u=\cos x$ 复合而成的。

(2)函数 $y=\ln\sin\sqrt{x}$ 是由 $y=\ln u$,$u=\sin v$,$v=\sqrt{x}$ 复合而成的。

1.3.3 初等函数

由基本初等函数经过有限次四则运算和有限次函数复合所构成的且用一个解析式表示的函数,称为初等函数。

如 $y=\ln(x+\sqrt{x^3}+3)$,$y=e^{\cos x}\tan x$ 等都是初等函数;$y=|x|=\begin{cases}x, x\geqslant 0\\ -x, x<0\end{cases}$ 尽管由两个表

达式表示,但 $y=|x|=\sqrt{x^2}$ 仍是初等函数;而 $y=\begin{cases}2x, x<0\\ e^x, x\geqslant 0\end{cases}$ 则是非初等函数。

【知识演练】

将下列复合函数进行分解:

(1) $y=\sqrt{2x+1}$;　　(2) $y=e^{\tan x}$;

(3) $y=\sin^2(2x-1)$;　　(4) $y=\ln\sin(x+1)$。

1.4　常用的经济函数

1.4.1　需求函数

一种商品的市场需求量 Q 与该商品的价格 p 密切相关,通常降低商品价格会使需求量增加,提高商品价格会使需求量减少。如果不考虑其他因素的影响,需求量 Q 可以看成价格 p 的一元函数,称为需求函数,记作

$$Q=Q(p)$$

一般来说,需求函数为价格 p 的单调减函数。

根据市场统计资料,常见的需求函数有以下几种类型:

(1) 线性需求函数 $Q=a-bp(a>0,b>0)$;

(2) 二次需求函数 $Q=a-bp-bp^2(a>0,b<0,c>0)$;

(3) 指数需求函数 $Q=ae^{-bp}(a>0,b>0)$。

需求函数 $Q=Q(p)$ 的反函数就是价格函数,记作

$$p=p(Q)$$

价格函数也反映商品的需求与价格的关系。

1.4.2　供给函数

某种商品的市场供给量 S 也受价格 p 的制约:价格上涨将刺激生产者向市场提供更多的商品,使供给量增加;反之,价格下跌将导致供给量减少。供给量 S 也可看作价格 p 的一元函数,称为供给函数,记作

$$S=S(p)$$

供给函数为价格 p 的单调增函数。

常见的供给函数有线性函数、二次函数、幂函数、指数函数等。其中,线性供给函数为 $S=-c+dp(c>0,d>0)$。

1.4.3 总成本函数

产品的总成本函数是指生产一定数量的产品所需的成本总数，它由固定成本与变动成本构成。固定成本不受产量多少的影响，是与产量无关的常数；而变动成本是随着产量的变化而变化的。

一般总成本函数 C 表示如下：

$$C = C(Q) = C_{变} + C_{固}$$

其中，Q 为产量；$C_{变}$ 为变动成本；$C_{固}$ 为固定成本。

1.4.4 收益函数

收益是指厂商出售商品的总收入，它与商品的价格 p、销售量 Q 有关，一般总收益函数 R 可表示为

$$R = R(Q) = pQ$$

注意：

(1)由于商品在销售过程中的价格一般都是波动的，因此上式中的价格 p 一般指平均价格。

(2)总收益 R 应是关于销售量 Q 的函数。

(3)在实际中，产量、销售量、需求量一般是不相等的。但是在数学里，为研究问题方便，假设产量=销售量=需求量。

1.4.5 利润函数

总收益减去总成本，得到的就是利润 L，表示为

$$L = L(Q) = R - C = R(Q) - C(Q)$$

注意：利润 L 也是关于产量 Q 的函数。

[**例 1.11**] 设某工厂的总成本中，固定成本为 20 000 元，单位产品的变动成本为 3 000 元，单价为 5 000 元，求产量 Q 对总成本 C、收益 R 及利润 L 的影响。

解：由前面的关系式可知，总成本函数为

$$C=20\ 000+3\ 000Q$$

收益函数为

$$R=5\ 000Q$$

利润函数为

$$L=R-C=2\ 000Q-20\ 000$$

【知识演练】

1. 某机床厂生产机床的固定成本为 a 元，每生产一台机床，总成本增加 b 元，试求总成本函数和平均成本函数；若每台机床销售价为 p 元，试求收益函数、利润函数和保本点。

2. 设某厂生产某种商品的总成本函数为 $C(q)=15q+10\,500$，其中 q 表示产量。若以单价 $p=30$ 元出售，试求保本点。如果以另一种方式生产这种商品，其总成本函数为 $C(q)=12q+11\,160$，试问：这对生产者是否更有利？

3. 设某商品，通过市场调查，当价格为 p 时的需求量为 $q=15\,000-750p$。生产这种商品的固定成本为 7 000 元，单位变动成本（包括原材料和劳务费等）为 4 元。试求总成本函数、平均成本函数、收益函数和利润函数。

4. 已知某商品的价格函数为 $p=18-2q$，其中，q 为销售量，p 为价格，平均成本为 6 元。试求：

（1）收益函数；（2）成本函数；（3）利润函数。

5. 有一工厂每年需要某种材料 9 000 t，这个厂对该种材料的消耗是均匀的。已知这种材料每吨每年库存费为 2 元，每次订货手续费为 40 元，试建立总费用与批量的函数关系。

6. 某厂生产某种商品，其年销售量为 100 万件，每批生产需准备费 1 000 元，而每件商品每年库存费为 0.05 元，如果该商品年销售率是均匀的，试建立总费用与批量的函数关系。

【复习题 1】

1. 下列各题中，$f(x)$ 和 $g(x)$ 是否代表同一函数？为什么？

（1）$f(x)=\dfrac{x^2-9}{x-3}$，$g(x)=x+3$；　（2）$f(x)=x-1$，$g(x)=\sqrt{(x-1)^2}$；

（3）$f(x)=\sqrt{x-1}\sqrt{x+1}$，$g(x)=\sqrt{x^2-1}$；　（4）$f(x)=1$，$g(x)=\sin^2x+\cos^2x$。

2. 求下列函数的定义域：

（1）$y=\dfrac{2x}{x^2-3x+2}$；　（2）$y=\dfrac{1}{\sqrt{x+2}}$；

（3）$y=\ln x+\arcsin x$；　（4）$y=\arctan x+\sqrt{1-x}$。

3. 求下列函数的函数值：

（1）$f(x)=\dfrac{1-x}{1+x}$，求 $f\left(\dfrac{1}{x}\right)$；　（2）$f(x)=3x+2$，求 $\dfrac{f(1+x)-f(1)}{x}$。

4. 判断下列函数的奇偶性：

(1) $f(x)=x\sin x$；

(2) $f(x)=\sin x-\cos x$；

(3) $f(x)=2+5\cos x$；

(4) $f(x)=x^4(x^2-1)$；

(5) $f(x)=x(x-1)(x+1)$；

(6) $f(x)=\lg(x+\sqrt{1+x^2})$。

5. 如果 $y=u^2$，$u=\lg x$，将 y 表示成 x 的函数。

6. 设 $f(x)=\dfrac{x}{1-x}$，求 $f[f(x)]$。

7. 下列函数可以看成是由哪些简单函数复合而成？

(1) $y=\sqrt{3x-1}$；

(2) $y=5(x+2)^2$；

(3) $y=\sin^2\left(3x+\dfrac{\pi}{4}\right)$；

(4) $y=3^{\tan^2 x}$；

(5) $y=\ln\tan x$；

(6) $y=\sqrt{\ln\sqrt{x}}$。

8. 某厂产品日产量为 1 500 t，每吨定价为 150 元，销售量不超过 1 000 t 的部分按原价出售，超过 1 000 t 的部分按 9 折出售，若将销售总收入看作销售量的函数，试写出函数表达式。

9. 某种服装，若零售价定为每件 40 元，可卖出 800 件；零售价每减少 2 元，就可多卖出 30 件。试求卖出件数与售价的需求函数关系。

10. 某毛巾厂生产 1 000 条毛巾需变动成本 350 元，每天固定成本为 1 050 元，每 1 000 条毛巾出厂价为 700 元，求每天的总成本函数、收益函数、利润函数。

第 2 章　极限与连续

学习目标

1. 知识目标

(1) 了解左右极限、无穷小、无穷大的概念;

(2) 掌握函数极限的概念;

(3) 掌握无穷小的性质、函数的连续性;

(4) 掌握极限的运算、两个重要的极限。

2. 技能目标

(1) 能运用极限的四则运算法则、两个重要极限公式求极限;

(2) 能运用左右极限的概念求分段函数在分段点的极限。

2.1　极限的概念

极限是微积分中最基本的概念。极限的方法是人们从有限中认识无限、从近似中认识精确、从量变中认识质变的一种数学方法,它是微积分的基本思想方法,微积分中其他的一些重要概念(如导数、积分、级数等)都是用极限来定义的,极限是贯穿高等数学各知识环节的主线。

本节先讨论函数极限的特殊情况——数列的极限,然后再推广到一般函数的极限。

2.1.1　数列的极限

[引例 2.1]　公元 263 年,我国数学家刘徽(约 225 年—295 年)注解了《九章算术》,并提出了“割圆术”。刘徽如此形容他的“割圆术”:“割之弥细,所失弥少,割之又割,以至于不可割,则与圆合体,而无所失矣。”

“割圆术”求圆面积的做法和思路是:对于一个半径为 R 的圆,先作圆的内接正六边形,把它的面积记为 A_1;再作内接正十二边形,把它的面积记为 A_2;再作内接正二十四边形,把它的面积记为 A_3,依此类推,每次边数成倍增加,得到一系列圆内接正多边形的面

积 $A_1,A_2,A_3,\cdots,A_n,\cdots$，它们构成一列有次序的数，其中内接正 $6\times 2^{n-1}$ 边形的面积记为 $A_n(n\in\mathbf{Z}^+)$。

在几何上，n 越大，对应的内接正多边形就越接近于圆，即圆与正多边形的面积之差就越小，因此以 A_n 作为圆面积的近似值就越精确；但无论内接正多边形的边数有多大，所计算的 A_n 始终不是圆的面积。

如果 n 无限增大，则 A_n 将无限接近某个确定的数。为了刻画数列的这种变化趋势，下面引入数列极限的概念。

1. 数列

按先后次序排列的一列数 $x_1,x_2,x_3,\cdots,x_n,\cdots$ 称为数列，简记为 $\{x_n\}$。其中，x_1 叫作数列的第一项，又称首项；x_2 叫作数列的第二项；x_n 叫作数列的第 n 项，又称通项。

例如：

(1) $\frac{1}{2},\frac{2}{3},\frac{3}{4},\cdots,\frac{n}{n+1},\cdots$；

(2) $2,4,8,\cdots,2^n,\cdots$；

(3) $\frac{1}{2},\frac{1}{4},\frac{1}{8},\cdots,\frac{1}{2^n},\cdots$；

(4) $1,-1,1,\cdots,(-1)^{n+1},\cdots$；

(5) $1,2+\frac{1}{2},2-\frac{1}{3},2+\frac{1}{4},\cdots,2+\frac{(-1)^n}{n},\cdots$。

都是数列的例子，它们的通项依次为 $\frac{n}{n+1},2^n,\frac{1}{2^n},(-1)^{n+1},2+\frac{(-1)^n}{n}$。

数列 $\{x_n\}$ 可以看作自变量为自然数 n 的函数 $x_n=f(n)$，它的定义域是全体正整数。

2. 数列极限的直观定义

观察上面的几个数列，可以看出：

(1) 当 $n\to\infty$ 时，通项 $x_n=\frac{n}{n+1}$ 无限接近于常数 1；

(2) 当 $n\to\infty$ 时，通项 $x_n=2^n$ 无限变大；

(3) 当 $n\to\infty$ 时，通项 $x_n=\frac{1}{2^n}$ 无限接近于常数 0；

(4) 当 $n\to\infty$ 时，通项 $x_n=(-1)^{n+1}$ 在 1 与 -1 之间来回跳跃；

(5) 当 $n\to\infty$ 时，通项 $x_n=2+\frac{(-1)^2}{n}$ 在 2 的左右两侧不停地摆动，而且越来越趋近于 2，有固定的变化趋势。

定义 2.1　对于数列$\{x_n\}$，当项数 n 无限增大时，数列的通项 x_n 无限接近于一个确定的常数 A，则称 A 是数列的极限，记为$\lim\limits_{n\to\infty} x_n = A$ 或 $x_n \to A(n\to\infty)$，并称数列$\{x_n\}$收敛于 A。若数列$\{x_n\}$没有极限，则称数列$\{x_n\}$是发散的。

根据数列极限的定义，上述例子中数列(1)、(3)、(5)的极限分别为$\lim\limits_{n\to\infty} \dfrac{n}{n+1}=1$，$\lim\limits_{n\to\infty}\dfrac{1}{2^n}=0$，$\lim\limits_{n\to\infty}\left[2+\dfrac{(-1)^n}{n}\right]=2$；数列(2)和(4)是发散的。

[例 2.1]　观察下列数列的变化趋势，指出它们的极限。

(1)$1,\dfrac{1}{2^2},\dfrac{1}{3^2},\dfrac{1}{3^2},\cdots,\dfrac{1}{n^2},\cdots$；　　　　(2)$2,4,6,\cdots,2n,\cdots$。

解：(1)当 n 无限增大时，通项$\dfrac{1}{n^2}$无限趋近于常数 0，即$\lim\limits_{n\to\infty}\dfrac{1}{n^2}=0$。

(2)当 n 无限增大时，$2n$ 也无限增大，它不趋近于任何常数，该数列没有极限。

2.1.2　函数的极限

1. 当 $x\to\infty$ 时，函数 $f(x)$ 的极限

[例 2.2]　考察当 $x\to\infty$ 时，函数$f(x)=\dfrac{1}{x}$的变化趋势。

分析：$x\to\infty$ 表示自变量的绝对值无限增大，为区别起见，把 $x>0$ 且无限增大记为 $x\to+\infty$；把 $x<0$ 且绝对值无限增大记为 $x\to-\infty$。当 $x\to\infty$ 时，需同时考虑当 $x\to+\infty$ 和 $x\to-\infty$ 时函数 $f(x)$ 的变化趋势。如图 2.1 所示，x 轴是一条水平渐近线，也就是说，当自变量 x 的绝对值无限增大时，相应的函数值 y 无限趋近于常数 0。

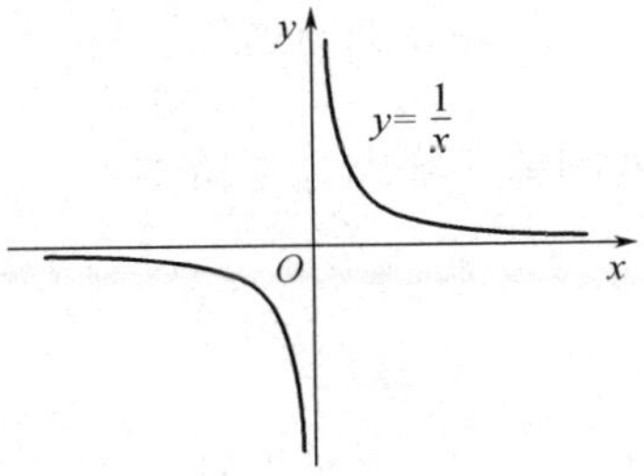

图 2.1

[例 2.3]　考察当 $x\to\infty$ 时，函数 $f(x)=\dfrac{x}{x+1}$的变化趋势。

分析：如图 2.2 所示，当 $x\to\infty$（包括 $x\to+\infty$，$x\to-\infty$）时，函数 $f(x)=\dfrac{x}{x+1}$无限趋近

于常数 1。

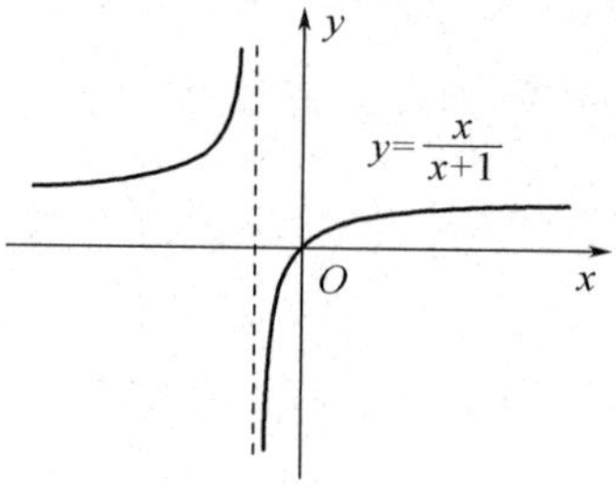

图 2.2

一般地,有如下定义:

定义 2.2 如果当 x 的绝对值无限增大时,函数 $f(x)$ 无限趋近于一个确定的常数 A,则称当 $x\to\infty$ 时函数以常数 A 为极限,记作

$$\lim_{x\to\infty}f(x)=A \quad 或 \quad f(x)\to A(x\to\infty)$$

上面讨论了 $x\to\infty$ 时函数 $f(x)$ 的极限,有时还需讨论 $x\to-\infty$ 和 $x\to+\infty$ 时函数的变化趋势。

定义 2.3 若 x 取负值且其绝对值无限增大时,函数 $f(x)$ 无限趋近于一个确定的常数 A,则称当 $x\to-\infty$ 时函数以常数 A 为极限,记作

$$\lim_{x\to-\infty}f(x)=A \quad 或 \quad f(x)\to A(x\to-\infty)$$

定义 2.4 若 x 取正值且无限增大时,函数 $f(x)$ 无限趋近于一个确定的常数 A,则称当 $x\to+\infty$ 时函数以常数 A 为极限,记作

$$\lim_{x\to+\infty}f(x)=A \quad 或 \quad f(x)\to A(x\to+\infty)$$

[**例 2.4**] 考察当 $x\to+\infty$ 和 $x\to-\infty$ 时,函数 $y=\left(\frac{1}{2}\right)^x$ 与 $y=2^x$ 的变化趋势。

解:两个函数的图像分别如图 2.3 和图 2.4 所示。

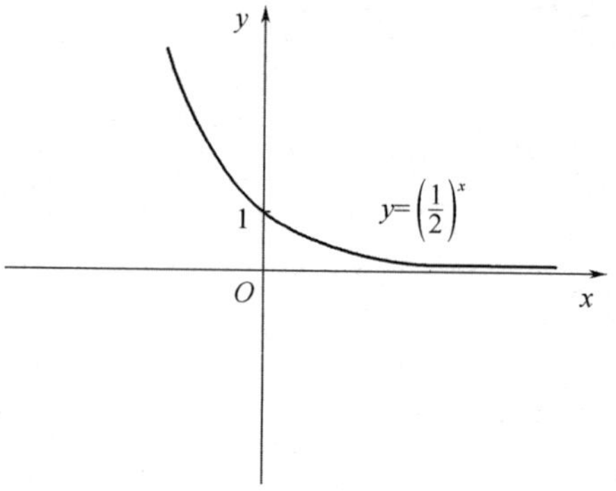

图 2.3

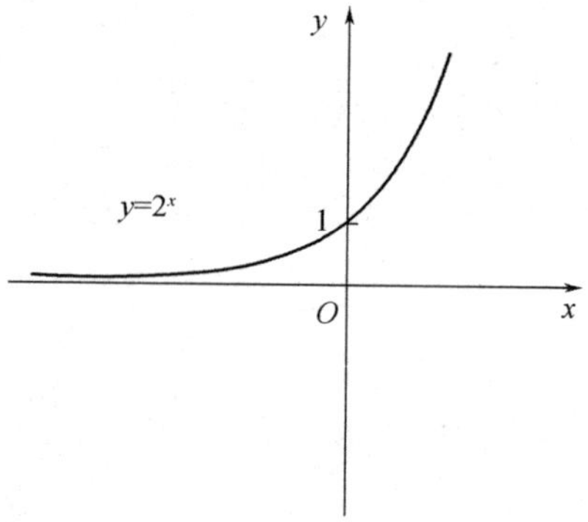

图 2.4

当 $x\to+\infty$ 时，函数 $y=\left(\frac{1}{2}\right)^x\to0$，所以 $\lim\limits_{x\to+\infty}\left(\frac{1}{2}\right)^x=0$；当 $x\to-\infty$ 时，函数 $y=\left(\frac{1}{2}\right)^x\to+\infty$，所以 $\lim\limits_{x\to-\infty}\left(\frac{1}{2}\right)^x$ 不存在。当 $x\to+\infty$ 时，函数 $y=2^x\to+\infty$，所以 $\lim\limits_{x\to+\infty}2^x$ 不存在；当 $x\to-\infty$ 时，函数 $\lim\limits_{x\to-\infty}2^x\to0$，所以 $\lim\limits_{x\to-\infty}2^x=0$。

定理 2.1　极限 $\lim\limits_{x\to\infty}f(x)$ 存在且等于 A 的充要条件是极限 $\lim\limits_{x\to+\infty}f(x)$ 与 $\lim\limits_{x\to-\infty}f(x)$ 都存在且等于 A，即

$$\lim_{x\to\infty}f(x)=A\Leftrightarrow\lim_{x\to+\infty}f(x)=\lim_{x\to-\infty}f(x)=A$$

对于例 2.4 的函数 $y=\left(\frac{1}{2}\right)^x$ 和 $y=2^x$，由于 $\lim\limits_{x\to+\infty}f(x)\neq\lim\limits_{x\to-\infty}f(x)$，所以 $\lim\limits_{x\to\infty}f(x)$ 不存在。

[例 2.5]　求 $\lim\limits_{x\to+\infty}\left(2+\frac{1}{x^2}\right)$。

解：考察函数 $f(x)=2+\frac{1}{x^2}$，如图 2.5 所示。当 $x\to+\infty$ 时，$\frac{1}{x^2}$ 无限变小，函数值趋近于 2，即 $\lim\limits_{x\to+\infty}\left(2+\frac{1}{x^2}\right)=2$；当 $x\to-\infty$ 时，函数值同样趋近于 2，即 $\lim\limits_{x\to-\infty}\left(2+\frac{1}{x^2}\right)=2$，根据定理 2.1，即可得到 $\lim\limits_{x\to\infty}\left(2+\frac{1}{x^2}\right)=2$。

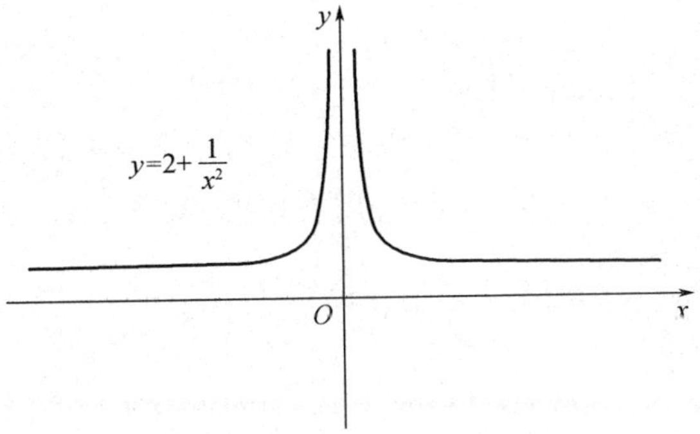

图 2.5

[例 2.6]　讨论下列函数的极限 $\lim\limits_{x\to-\infty}f(x)$，$\lim\limits_{x\to+\infty}f(x)$ 和 $\lim\limits_{x\to\infty}f(x)$：若存在，求出极限值；若不存在，说明理由。

(1) $f(x)=4^x$；

(2) $f(x)=\arctan x$；

(3) $f(x)=\cos x$；

(4) $f(x)=x^3$。

解:(1)由 $y=4^x$ 的图形性质可知,当 $x\to-\infty$ 时,$\lim\limits_{x\to-\infty}4^x=0$;当 $x\to+\infty$ 时,4^x 无限增大(记作 $\lim\limits_{x\to+\infty}4^x\to+\infty$),$\lim\limits_{x\to+\infty}4^x$ 不存在;故 $\lim\limits_{x\to\infty}4^x$ 不存在。

(2)由 $y=\arctan x$ 的图形性质可知,当 $x\to-\infty$ 时,$\lim\limits_{x\to-\infty}\arctan x=-\dfrac{\pi}{2}$;当 $x\to+\infty$ 时,$\lim\limits_{x\to+\infty}\arctan x=\dfrac{\pi}{2}$;故 $\lim\limits_{x\to\infty}\arctan x$ 不存在。

(3)由于 $\cos x$ 是周期函数,当 $x\to\infty$ 时,$y=\cos x$ 的值在 -1 与 1 之间变动无限次,即在 -1 与 1 之间无限次振荡,不趋近于任何确定的常数,所以 $\lim\limits_{x\to+\infty}\cos x$,$\lim\limits_{x\to-\infty}\cos x$ 和 $\lim\limits_{x\to\infty}\cos x$ 都不存在。

(4)当 $x\to-\infty$ 时,x^3 的绝对值无限增大(记作 $\lim\limits_{x\to-\infty}x^3\to-\infty$),$\lim\limits_{x\to-\infty}x^3$ 不存在;当 $x\to+\infty$ 时,x^3 无限增大(记作 $\lim\limits_{x\to+\infty}x^3\to+\infty$),$\lim\limits_{x\to+\infty}x^3$ 不存在;故 $\lim\limits_{x\to\infty}x^3$ 不存在。

2. 当 $x\to x_0$ 时,函数 $f(x)$ 的极限

与 $x\to\infty$ 的情形类似,$x\to x_0$ 表示 x 无限趋近于 x_0,它包含以下两种情况:

(1)x 是从大于 x_0 的方向趋近于 x_0 的,记作 $x\to x_0^+$;

(2)x 是从小于 x_0 的方向趋近于 x_0 的,记作 $x\to x_0^-$。

显然,$x\to x_0$ 是指以上两种情况同时存在。

[例 2.7] 考察 $x\to1$ 时,函数 $f(x)=\dfrac{x^2-1}{x-1}$ 的变化趋势。

分析:如图 2.6 所示。当 $x\neq1$ 时,函数 $f(x)=\dfrac{x^2-1}{x-1}=x+1$。当 $x\to1$ 时,$f(x)\to2$。函数在 $x=1$ 处无定义。对于实数而言,在数轴上任何一个有限的范围内,都有无穷多个点,因此也可把 $x\to1$ 时函数值的变化趋势用表列出,见表 2.1。从表 2.1 中可以看出:$x\to1$ 时,$f(x)\to2$,即 $\lim\limits_{x\to1}\dfrac{x^2-1}{x-1}=2$。一般地,有如下定义:

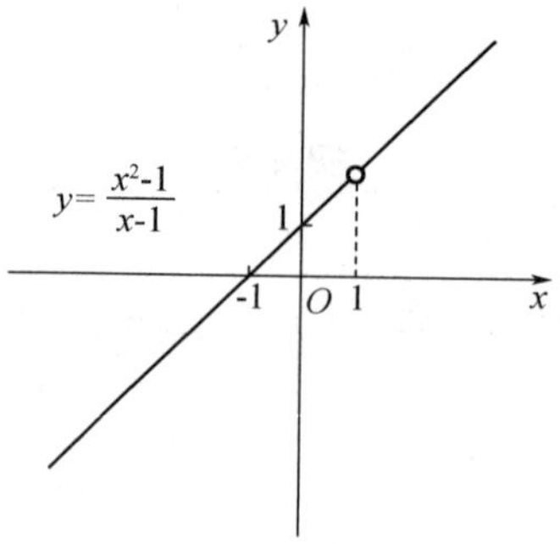

图 2.6

定义 2.5　设函数 $f(x)$ 在点 x_0 的左右近旁有定义，如果当自变量 x 趋近于 $x_0(x\neq x_0)$ 时，函数 $f(x)$ 的值无限趋近于一个确定的常数 A，则称常数 A 为函数 $f(x)$ 当 $x\to x_0$ 时的极限，记作

$$\lim_{x\to x_0} f(x)=A \quad 或 \quad f(x)\to A(x\to x_0)$$

表 2.1

x	…	0.9	0.99	0.999	…	1	…	1.001	1.01	1.1	…
$f(x)$	…	1.9	1.99	1.999	…	2	…	2.001	2.01	2.1	…

从例 2.5 可以看出，虽然 $f(x)=\dfrac{x^2-1}{x-1}$ 在 $x=1$ 处无定义，但当 $x\to 1$ 时函数 $f(x)$ 的极限是存在的。

说明：当 $x\to x_0$ 时，函数 $f(x)$ 的极限是否存在，与函数 $f(x)$ 在点 x_0 处有无定义及在点 x_0 处函数值的大小无关。

上面讨论了 $x\to x_0$ 时函数 $f(x)$ 的极限，有时还需讨论 $x\to x_0^+$ 或 $x\to x_0^-$ 时函数的变化趋势。

定义 2.6　如果当 $x\to x_0^+(x\to x_0^-)$ 时，函数 $f(x)$ 的值无限趋近于一个确定的常数 A，则称当 $x\to x_0^+(x\to x_0^-)$ 时，函数 $f(x)$ 的左（右）极限为 A，记作

$$\lim_{x\to x_0^+} f(x)=A \quad 或 \quad f(x)\to A(x\to x_0^+)$$

$$\lim_{x\to x_0^-} f(x)=A \quad 或 \quad f(x)\to A(x\to x_0^-)$$

函数的左极限与右极限统称单侧极限。

定理 2.2　极限 $\lim\limits_{x\to x_0} f(x)$ 存在且等于 A 的充要条件是极限 $\lim\limits_{x\to x_0^+} f(x)$ 与 $\lim\limits_{x\to x_0^-} f(x)$ 都存在且等于 A，即

$$\lim_{x\to x_0} f(x)=A \Leftrightarrow \lim_{x\to x_0^+} f(x)=\lim_{x\to x_0^-} f(x)=A$$

［**例 2.8**］　设 $f(x)=\begin{cases} x+3, x\geqslant 1 \\ 2x, \quad x<1 \end{cases}$，试判断 $\lim\limits_{x\to 1} f(x)$ 是否存在。

解：先分别求 $f(x)$ 的左、右极限。

因为 $\lim\limits_{x\to 1^-} f(x)=\lim\limits_{x\to 1^-} 2x=2$，$\lim\limits_{x\to 1^+} f(x)=\lim\limits_{x\to 1^+}(x+3)=4$，根据定理 2.2 可知，$\lim\limits_{x\to 1} f(x)$ 不存在。

[例 2.9] 设 $f(x)=\begin{cases}x, & 0\leqslant x<1\\ 2-x, & 1\leqslant x<2\\ x+1, & 2\leqslant x<3\end{cases}$，讨论当 $x\to1$ 与 $x\to2$ 时函数 $f(x)$ 的极限。

解：该函数的图像如图 2.7 所示。

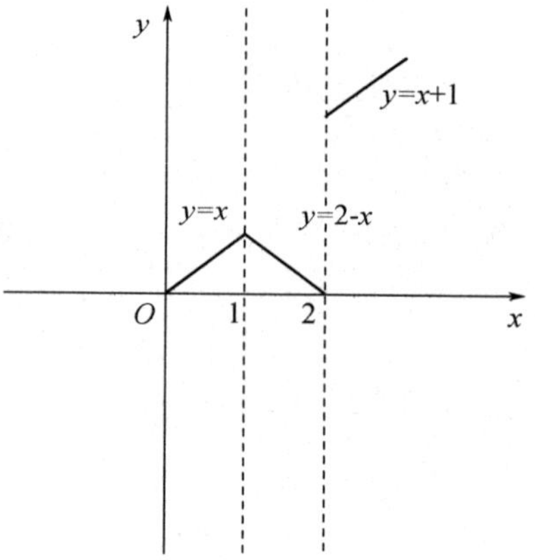

图 2.7

先讨论 $x\to1$ 时函数左、右极限的情况。

因为 $\lim\limits_{x\to1^-}f(x)=\lim\limits_{x\to1^-}x=1$，$\lim\limits_{x\to1^+}f(x)=\lim\limits_{x\to1^+}(2-x)=1$，根据定理 2.2 可知

$$\lim_{x\to1}f(x)=1$$

再讨论 $x\to2$ 时函数左、右极限的情况。因为 $\lim\limits_{x\to2^-}f(x)=\lim\limits_{x\to2^-}(2-x)=0$，$\lim\limits_{x\to2^+}f(x)=\lim\limits_{x\to2^+}(x+1)=3$，根据定理 2.2 可知，$\lim\limits_{x\to2}f(x)$ 不存在。

下面引入 7 种类型的极限：

(1) $\lim\limits_{n\to\infty}x_n$；

(2) $\lim\limits_{x\to\infty}f(x)$；

(3) $\lim\limits_{x\to+\infty}f(x)$；

(4) $\lim\limits_{x\to-\infty}f(x)$；

(5) $\lim\limits_{x\to x_0}f(x)$；

(6) $\lim\limits_{x\to x_0^+}f(x)$；

(7) $\lim\limits_{x\to x_0^-}f(x)$。

为了统一地论述它们共有的运算法则，如果不特别指出是其中的哪一种极限，则将用 $\lim f(x)$ 或 $\lim y$ 泛指其中的任何一种。

【知识演练】

1. 根据函数的图像,讨论下列函数的极限:

(1) $\lim\limits_{x\to\infty}\frac{1}{2+x}$;　(2) $\lim\limits_{x\to\infty}\sin x$;　(3) $\lim\limits_{x\to-\infty}6^x$;　(4) $\lim\limits_{x\to-\infty}\left(\frac{1}{4}\right)^x$;

(5) $\lim\limits_{x\to0^+}\sqrt{x}$;　(6) $\lim\limits_{x\to0}\tan x$;　(7) $\lim\limits_{x\to-2}\frac{x^2-4}{x+2}$;　(8) $\lim\limits_{x\to3}3x$。

2. 设 $f(x)=\begin{cases}x-3, & x\geqslant2\\3x+1, & x<2\end{cases}$,求当 $x\to2$ 时函数的左、右极限。

3. 设 $f(x)=\frac{|x|}{x}$,当 $x\to0$ 时分别求 $f(x)$ 的左、右极限,并判断 $\lim\limits_{x\to0}f(x)$ 是否存在。

2.2　无穷小量与无穷大量

无穷小量与无穷大量反映了自变量在某个变化过程中函数的两种特殊变化趋势:绝对值无限增大和绝对值无限减小。下面用极限定义无穷小量与无穷大量这两种常用变量。

2.2.1　无穷小量

在实际问题中,经常会遇到极限为 0 的变量。例如,单摆离开铅垂位置而摆动,由于空气阻力和摩擦力的作用,它的振幅随着时间的增加而越来越小,到后来单摆就慢慢地停下来了。

1. 无穷小量的定义

定义 2.7　若函数 $y=f(x)$ 在 x 的某个变化过程中以 0 为极限,则称函数 $y=f(x)$ 是 x 的这种变化趋势下的无穷小量,简称无穷小,记为

$$\lim_{x\to x_0}f(x)=0\left(\text{或}\lim_{x\to\infty}f(x)=0\right)\quad\text{或}\quad f(x)\to0,x\to x_0(\text{或 }x\to\infty)$$

例如:当 $x\to\infty$ 时,$\frac{1}{x}$是无穷小量;当 $x\to3$ 时,$x=3$ 是无穷小量;当 $x\to0$ 时,$\tan x$ 是无穷小量。再如,当 $x\to0$ 时,$\cos x\to1$,$f(x)=\cos x$ 就不是无穷小量。

说明:

(1) 说一个函数 $f(x)$ 是无穷小量,必须指明自变量 x 的变化趋势。

(2) 不要把一个绝对值很小的数(如 $100^{-1\,000}$)说成是无穷小量,因为这个数的极限不为 0。

(3)数 0 可以看成是特殊的无穷小量。

[例 2.10] 自变量在怎样的变化过程中时下列变量是无穷小量?

(1)$\frac{1}{x-1}$;　(2)x^2-4;　(3)3^x;　(4)$\left(\frac{1}{2}\right)^x$。

解:(1)因为$\lim\limits_{x\to\infty}\frac{1}{x-1}=0$,所以当 $x\to\infty$ 时,$\frac{1}{x-1}$为无穷小量。

(2)因为$\lim\limits_{x\to 2}(x^2-4)=0$,所以当 $x\to 2$ 时,x^2-4 为无穷小量。

(3)因为 $\lim\limits_{x\to-\infty}3^x=0$,所以当 $x\to-\infty$ 时,3^x 为无穷小量。

(4)因为 $\lim\limits_{x\to+\infty}\left(\frac{1}{2}\right)^x=0$,所以当 $x\to+\infty$ 时,$\left(\frac{1}{2}\right)^x$ 为无穷小量。

2. 无穷小量的性质

性质 2.1 有限个无穷小量的代数和仍是无穷小量。

性质 2.2 有限个无穷小量的乘积仍是无穷小量。

性质 2.3 有界函数与无穷小量的乘积是无穷小量。

推论 2.1 常数与无穷小量的乘积是无穷小量。

说明:两个无穷小量之商未必是无穷小量。

[例 2.11] 求极限$\lim\limits_{x\to\infty}\frac{1}{x}\sin x$。

解:当 $x\to\infty$ 时,$\frac{1}{x}\to 0$,$|\sin x|\leqslant 1$,即$\frac{1}{x}$是当 $x\to\infty$ 时的无穷小量,$\sin x$ 是有界函数,所以根据无穷小量的性质 2.3 可知,$\frac{1}{x}\sin x$ 仍为当 $x\to\infty$ 时的无穷小量,即

$$\lim_{x\to\infty}\frac{1}{x}\sin x=0$$

3. 函数极限与无穷小量的关系

若函数$\lim\limits_{x\to x_0}f(x)=A$,那么$\lim\limits_{x\to x_0}[f(x)-A]=0$。设$\alpha=f(x)-A$,则 α 是当 $x\to x_0$ 时的无穷小量。于是,$f(x)=A+\alpha$,即函数 $f(x)$ 可以表示为它的极限与一个无穷小量的和。

反之,如果函数 $f(x)$ 可以表示为一个常数 A 与一个无穷小量 α 的和,即 $f(x)=A+\alpha$,则可以得到$\lim\limits_{x\to x_0}f(x)=\lim\limits_{x\to x_0}(A+\alpha)=A$。

定理 2.3 如果 $\lim f(x)=A$,则 $f(x)=A+\alpha$,其中 $\lim\alpha=0$;反之,如果 $\lim\alpha=0$,则 $\lim f(x)=A$。常称这个定理为极限基本定理。

从极限基本定理可知,当自变量在同一变化过程 $x\to x_0$(或 $x\to\infty$)中时:

(1)具有极限的函数等于其极限与一个无穷小量之和。

(2)若一函数可表示为一常数与无穷小量之和,那么该常数就是其极限。

2.2.2　无穷大量

与无穷小量相对的量就是无穷大量。

定义 2.8　若函数 $y=f(x)$ 的绝对值在自变量 x 的某一变化过程中无限增大,则称函数 $y=f(x)$ 为无穷大量,简称无穷大,记为

$$\lim_{x\to x_0}f(x)\to\infty\ (\text{或}\lim_{x\to\infty}f(x)\to\infty)\quad \text{或}\quad f(x)\to\infty,x\to x_0(\text{或 }x\to\infty)$$

例如:当 $x\to0$ 时,$\frac{1}{x}$是无穷大量;当 $x\to\infty$ 时,x^2-1 是无穷大量;当 $x\to\frac{\pi}{2}$时,$\tan x$ 是无穷大量。

说明:

(1)无穷大量的实质是极限不存在,为了表示记作$\lim\limits_{x\to\infty}f(x)\to\infty$ 或$\lim\limits_{x\to x_0}f(x)\to\infty$ 。极限为∞ ,说明这个极限不存在,只是借用符号"∞"来表示$|f(x)|$无限增大的趋势,虽然用等式表示,但并不是"真正的"相等。

(2)说一个函数 $f(x)$ 是无穷大量,必须指明自变量 x 的变化趋势。

(3)不要把一个绝对值很大的数(如 $1\ 000^{1\ 000}$)说成是无穷大量,因为这个数的极限是常数。

[**例 2.12**]　自变量在怎样的变化过程中时下列变量是无穷大量?

(1)$\frac{1}{x-3}$;　　(2)x^2-1;　　(3)4^x;　　(4)$\ln(x+2)$。

解:(1)因为$\lim\limits_{x\to3}\frac{1}{x-3}\to\infty$,所以当 $x\to3$ 时,$\frac{1}{x-3}$为无穷大量。

(2)因为$\lim\limits_{x\to\infty}(x^2-1)\to\infty$ 所以当 $x\to\infty$ 时,x^2-1 为无穷大量。

(3)因为 $\lim\limits_{x\to+\infty}4^x\to\infty$,所以当 $x\to+\infty$ 时,4^x 为无穷大量。

(4)因为 $\lim\limits_{x\to+\infty}\ln(x+2)\to\infty$,所以当 $x\to+\infty$ 时,$\ln(x+2)$为无穷大量。

2.2.3　无穷大量与无穷小量的关系

定理 2.4　在自变量的同一变化过程中,无穷大量的倒数必然是无穷小量;非零无穷小量的倒数必然是无穷大量。也就是说,如果 $\lim f(x)\to\infty$,则 $\lim\frac{1}{f(x)}=0$;反之,如果 $\lim f(x)=0$,且 $f(x)\neq0$,则 $\lim\frac{1}{f(x)}\to\infty$ 。

例如：当 $x\to2$ 时，$f(x)=x-2$ 是无穷小量，则$\frac{1}{x-2}$是无穷大量；当 $x\to\infty$ 时，$f(x)=x^2+1$ 是无穷大量，则$\frac{1}{x^2+1}$是无穷小量。

［例 2.13］ 求$\lim\limits_{x\to4}\frac{3}{x-4}$。

解：当 $x\to4$ 时，分母的极限为 0，即当 $x\to4$ 时，$\frac{1}{f(x)}=\frac{x-4}{3}$是无穷小量，那么 $f(x)=\frac{3}{x-4}$是 $x\to4$ 时的无穷大量，因此$\lim\limits_{x\to4}\frac{3}{x-4}\to\infty$。

因此，证明一个变量是无穷小量的方法就是证明它的极限为 0；证明一个变量是无穷大量的方法就是证明它的倒数是无穷小量。

【知识演练】

1. 下列函数中，哪些是无穷小量？哪些是无穷大量？

(1) $f(x)=\frac{x+3}{x}(x\to0)$； (2) $f(x)=3^x+2(x\to+\infty)$；

(3) $f(x)=\ln x(x\to1)$； (4) $f(x)=\left(\frac{1}{5}\right)^x(x\to+\infty)$。

2. 根据无穷小量的有关性质，试求$\lim\limits_{x\to\infty}\frac{\sin x}{x^2}$。

2.3 极限的运算

用极限的定义并结合函数图形求函数极限的方法只适用于一些简单的情形，为了计算比较复杂的函数极限问题，往往要用到极限的运算法则。

定理 2.5 在某一变化过程中，若 $\lim u(x)=A$，$\lim v(x)=B$，则：

(1) $\lim[u(x)\pm v(x)]=\lim u(x)\pm\lim v(x)=A\pm B$；

(2) $\lim[u(x)\cdot v(x)]=\lim u(x)\cdot\lim v(x)=A\cdot B$；

(3) $\lim\frac{u(x)}{v(x)}=\frac{\lim u(x)}{\lim v(x)}=\frac{A}{B}(B\neq0)$。

上述运算法则可以推广到有限多个函数的代数和及乘法的情况。

推论 2.2 如果有限个函数 $f_1(x),f_2(x),f_3(x),\cdots,f_n(x)$ 的极限都存在，则有

$$\lim[f_1(x)\pm f_2(x)\pm f_3(x)\pm\cdots\pm f_n(x)]=\lim f_1(x)\pm\lim f_2(x)\pm\lim f_3(x)\pm\cdots\pm\lim f_n(x)$$

推论 2.3 如果有限个函数 $f_1(x),f_2(x),f_3(x),\cdots,f_n(x)$ 的极限都存在，则有

$$\lim[f_1(x)\cdot f_2(x)\cdot f_3(x)\cdot\cdots\cdot f_n(x)]=\lim f_1(x)\cdot\lim f_2(x)\cdot\lim f_3(x)\cdot\cdots\cdot\lim f_n(x)$$

推论 2.4　设 $\lim u(x)$ 存在，k 为常数，n 为正整数，则有：

(1) $\lim[k\cdot u(x)]=k\cdot\lim u(x)$；

(2) $\lim[u(x)]^n=[\lim u(x)]^n$。

说明：(1) 运算法则要求每个参与运算的极限存在；

(2) 商的极限的运算法则有一个重要前提：分母的极限不能为 0。

[例 2.14]　计算 $\lim\limits_{x\to2}(x^3+5x-9)$。

解：
$$\begin{aligned}\lim_{x\to2}(x^3+5x-9)&=\lim_{x\to2}x^3+\lim_{x\to2}5x-\lim_{x\to2}9\\&=(\lim_{x\to2}x)^3+5\lim_{x\to2}x-9\\&=2^3+5\times2-9=9\end{aligned}$$

[例 2.15]　计算 $\lim\limits_{x\to1}\dfrac{3x^2-5x-9}{2x+4}$。

解：因为 $\lim\limits_{x\to1}(2x+4)=\lim\limits_{x\to1}2x+\lim\limits_{x\to1}4=6\neq0$，所以可以使用定理 2.5 中商的极限运算法则。

$$\lim_{x\to1}\frac{3x^2-5x+9}{2x+4}=\frac{\lim\limits_{x\to1}(3x^2-5x+9)}{\lim\limits_{x\to1}(2x+4)}=\frac{3\times1^2-5\times1+9}{2\times1+4}=\frac{7}{6}$$

小结：(1) 一般地，设多项式 $P(x)=a_nx^n+a_{n-1}x^{n-1}+\cdots+a_0$，则有 $\lim\limits_{x\to x_0}P(x)=a_nx_0^n+a_{n-1}x_0^{n-1}+\cdots+a_0$，即可以用代入法求多项式函数的极限 $\lim\limits_{x\to x_0}P(x)=P(x_0)$。

(2) 当遇到有理分式函数 $\dfrac{f(x)}{g(x)}$ 在 x_0 处的极限时，若 $g(x)\neq0$，则有 $\lim\limits_{x\to x_0}\dfrac{f(x)}{g(x)}\to\dfrac{f(x_0)}{g(x_0)}$。

[例 2.16]　计算 $\lim\limits_{x\to2}\dfrac{x^2-4x+4}{x-2}$。

解：因为 $\lim\limits_{x\to2}(x-2)=0$，所以不能直接用商的极限运算法则。又 $\lim\limits_{x\to2}(x^2-4x+4)=0$，此极限式的特点为分子分母的极限均为 0，称为“$\dfrac{0}{0}$”型未定式的极限。因为 $x\to2$ 时 $x\neq2$，因此，可以先消去零因子 $x-2$，再计算极限。于是有

$$\lim_{x\to2}\frac{x^2-4x+4}{x-2}=\lim_{x\to2}\frac{(x-2)(x-2)}{x-2}=\lim_{x\to2}(x-2)=0$$

[例 2.17]　计算 $\lim\limits_{x\to-6}\dfrac{x^2-36}{x+6}$。

解：分析同上，属于“$\frac{0}{0}$”型未定式，应先消去零因子 $x+6$，再计算极限。于是有

$$\lim_{x\to-6}\frac{x^2-36}{x+6}=\lim_{x\to-6}\frac{(x-6)(x+6)}{x+6}=\lim_{x\to-6}(x-6)=-12$$

小结：当 $x\to x_0$ 时，若代入后分母为 0，分子也为 0，即属于“$\frac{0}{0}$”型未定式的极限，可先消去零因子再代入。

[**例 2.18**]　计算$\lim\limits_{x\to\infty}\frac{x^2+2x+1}{4x^2+6}$。

解：因为 $x\to\infty$ 时，此极限式的特点为分子、分母的极限都不存在，称为“$\frac{\infty}{\infty}$”型未定式的极限，所以不能直接用极限的运算法则。可先用分子、分母同除以 x^2，然后再求极限：

$$\lim_{x\to\infty}\frac{x^2+2x+1}{4x^2+6}=\lim_{x\to\infty}\frac{\frac{x^2}{x^2}+\frac{2x}{x^2}+\frac{1}{x^2}}{\frac{4x^2}{x^2}+\frac{6}{x^2}}=\lim_{x\to\infty}\frac{1+\frac{2}{x}+\frac{1}{x^2}}{4+\frac{6}{x^2}}=\frac{1+0+0}{4+0}=\frac{1}{4}$$

[**例 2.19**]　计算$\lim\limits_{x\to\infty}\frac{2x^2-4x+3}{x^3+6x+1}$。

解：分析同上，不能直接用极限的运算法则。可先用分子、分母同除以 x^3，然后再求极限：

$$\lim_{x\to\infty}\frac{2x^2-4x+3}{x^3+6x+1}=\lim_{x\to\infty}\frac{\frac{2x^2}{x^3}-\frac{4x}{x^3}+\frac{3}{x^3}}{\frac{x^3}{x^3}+\frac{6x}{x^3}+\frac{1}{x^3}}=\lim_{x\to\infty}\frac{\frac{2}{x}-\frac{4}{x^2}+\frac{3}{x^3}}{1+\frac{6}{x^2}+\frac{1}{x^3}}=\frac{0-0+0}{1+0+0}=0$$

[**例 2.20**]　计算$\lim\limits_{x\to\infty}\frac{x^4+5x}{x^2-2x-4}$。

解：分析同上，不能直接用极限的运算法则，下面应用无穷大与无穷小的关系来计算。

因为

$$\lim_{x\to\infty}\frac{x^2-2x-4}{x^4+5x}=\lim_{x\to\infty}\frac{\frac{x^2}{x^4}-\frac{2x}{x^4}-\frac{4}{x^4}}{1+\frac{5x}{x^4}}=\lim_{x\to\infty}\frac{\frac{1}{x^2}-\frac{2}{x^3}-\frac{4}{x^4}}{1+\frac{5}{x^3}}=\frac{0-0-0}{1+0}=0$$

所以$\lim\limits_{x\to\infty}\frac{x^4+5x}{x^2-2x-4}\to\infty$。

小结：一般地，当 $x\to\infty$ 时，遇到分子、分母均为无穷大量的有理分式函数极限，即针对“$\frac{\infty}{\infty}$”的极限，可先用分子、分母同除以它的最高次幂，然后再求极限。

一般地，设 $a_0\neq 0, b_0\neq 0, m$ 和 n 为正整数，当 $x\to\infty$ 时，有以下结果：

$$\lim_{x\to\infty}\frac{a_0x^n+a_1x^{n-1}+\cdots+a_n}{b_0x^m-b_1x^{m-1}+\cdots+b_m}\begin{cases}=0, & n<m\\ =\dfrac{a_0}{b_0}, & n=m\\ \to\infty, & n>m\end{cases}$$

[例 2.21]　计算 $\lim\limits_{x\to 1}\left(\frac{1}{x-1}-\frac{2}{x^2-1}\right)$。

解：因为 $\lim\limits_{x\to 1}\frac{1}{x-1}$ 和 $\lim\limits_{x\to 1}\frac{2}{x^2-1}$ 均不存在，此极限式的特点为两个有理分式的极限都不存在，称为“$\infty-\infty$”型未定式的极限，所以不能直接用差的极限运算法则，可先通分。

$$\lim_{x\to 1}\left(\frac{1}{x-1}-\frac{2}{x^2-1}\right)=\lim_{x\to 1}\frac{(x+1)-2}{(x-1)(x+1)}=\lim_{x\to 1}\frac{x-1}{(x-1)(x+1)}=\lim_{x\to 1}\frac{1}{x+1}=\frac{1}{2}$$

小结：当遇到两个有理分式的极限时，若这两个有理分式都是无穷大量，可先将它们通分化简后再求极限。

[例 2.22]　计算 $\lim\limits_{x\to+\infty}(\sqrt{x^2+5x}-x)$。

解：因为 $\lim\limits_{x\to+\infty}\sqrt{x^2+5x}$，$\lim\limits_{x\to+\infty}x$ 均不存在，此极限式属于“$\infty-\infty$”型未定式的极限，所以不能直接用差的极限运算法则，可先恒等变形，将函数“分子有理化”。

$$\lim_{x\to+\infty}(\sqrt{x^2+5x}-x)=\lim_{x\to+\infty}\frac{(\sqrt{x^2+5x}-x)(\sqrt{x^2+5x}+x)}{\sqrt{x^2+5x}+x}=\lim_{x\to+\infty}\frac{x^2+5x-x^2}{\sqrt{x^2+5x}+x}$$

$$=\lim_{x\to+\infty}\frac{5x}{\sqrt{x^2+5x}+x}=\lim_{x\to+\infty}\frac{\frac{5x}{x}}{\sqrt{\frac{x^2}{x^2}+\frac{5x}{x^2}}+\frac{x}{x}}$$

$$=\lim_{x\to+\infty}\frac{5}{\sqrt{1+\frac{5}{x}}+1}=\frac{5}{2}$$

[例 2.23]　计算 $\lim\limits_{x\to\infty}\frac{\cos x}{x^2}$。

解：当 $x\to\infty$ 时，分母是无穷大量，分子是有界变量，因此可利用无穷小量的性质求极限。

因为$\lim\limits_{x\to\infty}\frac{1}{x^2}=0$,所以当$x\to\infty$时,$\frac{1}{x^2}$是无穷小量;而$|\cos x|\leqslant 1$,故$\cos x$为有界变量。根据无穷小量的性质可得

$$\lim_{x\to\infty}\frac{\cos x}{x^2}=0$$

小结:可利用无穷小量与无穷大量的性质求取函数的极限。

【知识演练】

1. 求下列函数的极限:

(1) $\lim\limits_{x\to 3}(x^2+5x-9)$;　(2) $\lim\limits_{x\to 0}\left(5+\frac{4}{x+1}\right)$;　(3) $\lim\limits_{x\to 2}\frac{x-2}{x^2-x-2}$;

(4) $\lim\limits_{x\to 0}\frac{5x^3-2x^2+x}{4x^2+2x}$;　(5) $\lim\limits_{x\to\infty}\frac{4x^3+2x^2+5}{2x^2+3x}$;　(6) $\lim\limits_{x\to\infty}\frac{x^3-5x^2-7}{3x^2+2x+4}$;

(7) $\lim\limits_{x\to\infty}\frac{2x^3+4x^2-2}{5x^3+2x+8}$;　(8) $\lim\limits_{x\to 0}\frac{x^2}{1-\sqrt{1+x^2}}$;　(9) $\lim\limits_{x\to 4}\frac{\sqrt{2x+1}-3}{\sqrt{x-2}-\sqrt{2}}$;

(10) $\lim\limits_{x\to+\infty}(\sqrt{x+1}-\sqrt{x})$;　(11) $\lim\limits_{x\to\infty}\frac{\sin 3x}{x^3}$。

2. 若$\lim\limits_{x\to 3}\frac{x^2-2x+k}{x-3}=4$,求$k$的值。

3. 设$f(x)=\begin{cases}3x+a, & x>0\\ 0, & x+0\\ 2+x^2, & x<0\end{cases}$,试求$a$取何值时$\lim\limits_{x\to 0}f(x)$存在。

2.4　两个重要极限

在今后的极限运算中,许多极限问题都与下面将要讨论的两个重要极限有关。

2.4.1　$\lim\limits_{x\to 0}\frac{\sin x}{x}=1$($x$取弧度单位)

这个函数的极限是“$\frac{0}{0}$”型未定式极限,无法用以前的方法求出其极限值。

表2.2列出了函数$\frac{\sin x}{x}$在x无限趋近于0时的一些函数值。

表 2.2

x	±0.5	±0.1	±0.05	±0.01	…	→0
$\dfrac{\sin x}{x}$	0.958 85	0.998 33	0.999 58	0.999 58	…	→1

从表 2.2 和图 2.8 可以看出，当 $x\to0$ 时，函数$\dfrac{\sin x}{x}$的值无限趋近于常数 1，根据极限的定义，有

$$\lim_{x\to0}\frac{\sin x}{x}=1$$

此重要极限有两个特征：

(1)当 $x\to0$ 时，分子、分母均为无穷小量，即为“$\dfrac{0}{0}$”型未定式极限；

(2)正弦符号后面的变量与分母的变量完全相同，即$\lim\limits_{\Delta\to0}\dfrac{\sin\Delta}{\Delta}=1$。

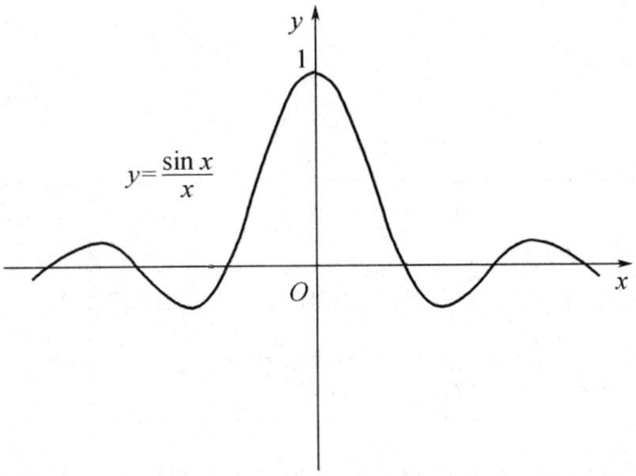

图 2.8

[例 2.24]　计算$\lim\limits_{x\to0}\dfrac{\sin 5x}{3x}$。

解：$\lim\limits_{x\to0}\dfrac{\sin 5x}{3x}=\lim\limits_{x\to0}\dfrac{5}{3}\cdot\dfrac{\sin 5x}{5x}=\dfrac{5}{3}\cdot\lim\limits_{x\to0}\dfrac{\sin 5x}{5x}=\dfrac{5}{3}$

[例 2.25]　计算$\lim\limits_{x\to0}\dfrac{\tan x}{x}$。

解：$\lim\limits_{x\to0}\dfrac{\tan x}{x}=\lim\limits_{x\to0}\dfrac{\sin x}{\cos x}\cdot\dfrac{1}{x}=\lim\limits_{x\to0}\dfrac{1}{\cos x}\cdot\dfrac{\sin x}{x}=\lim\limits_{x\to0}\dfrac{1}{\cos x}\cdot\lim\limits_{x\to0}\dfrac{\sin x}{x}=1\times1=1$

[例 2.26]　计算$\lim\limits_{x\to 0}\dfrac{\sin ax}{\sin bx}$。

解：$\lim\limits_{x\to 0}\dfrac{\sin ax}{\sin bx}=\lim\limits_{x\to 0}\dfrac{\dfrac{\sin ax}{x}}{\dfrac{\sin bx}{x}}=\dfrac{\lim\limits_{x\to 0}\dfrac{\sin ax}{x}}{\lim\limits_{x\to 0}\dfrac{\sin bx}{x}}=\dfrac{\lim\limits_{x\to 0}a\cdot\dfrac{\sin ax}{ax}}{\lim\limits_{x\to 0}b\cdot\dfrac{\sin bx}{bx}}=\dfrac{a}{b}\cdot\dfrac{\lim\limits_{x\to 0}\dfrac{\sin ax}{ax}}{\lim\limits_{x\to 0}\dfrac{\sin bx}{bx}}=\dfrac{a}{b}$

在以后的学习中，例 2.24~2.26 可以作为公式使用。

[例 2.27]　$\lim\limits_{x\to\pi}\dfrac{\sin 3(x-\pi)}{\pi-x}$。

解：令 $t=x-\pi$，当 $x\to\pi$ 时，$t\to 0$，于是有

$$\lim_{x\to\pi}\frac{\sin 3(x-\pi)}{\pi-x}=\lim_{t\to 0}\frac{\sin 3t}{-t}=\lim_{t\to 0}(-3)\cdot\frac{\sin 3t}{3t}=-3\cdot\lim_{t\to 0}\frac{\sin 3t}{3t}=-3$$

2.4.2　$\lim\limits_{x\to\infty}\left(1+\dfrac{1}{\pi}\right)^{x}=\mathrm{e}$（e=2.718 281 8…，是无理数）

这个函数的极限是“1^∞”型未定式极限，无法用以前的方法求出其极限值。表 2.3 列出了函数$\left(1+\dfrac{1}{x}\right)^{x}$在 x 无限趋近于∞时的一些函数值。

表 2.3

x	10	10^2	10^3	10^4	10^5	10^6	…	$\to+\infty$
$\left(1+\dfrac{1}{x}\right)^{x}$	2.593 74	2.704 81	2.716 92	2.718 15	2.718 27	2.718 28	…	→e
x	−10	-10^2	-10^3	-10^4	-10^5	-10^6	…	$\to-\infty$
$\left(1+\dfrac{1}{x}\right)^{x}$	2.867 97	2.732 00	2.719 64	2.718 42	2.718 30	2.718 28	…	→e

观察表 2.3 和图 2.9 可知，当 $|x|\to\infty$ 时，函数$\left(1+\dfrac{1}{x}\right)^{x}$的值无限趋近于常数 2.718 281 8…，其中 e=2.718 281 8…，是一个无理数，即

$$\lim_{x\to\infty}\left(1+\frac{1}{x}\right)^{x}=\mathrm{e}$$

此重要极限有两个特征：

(1)该函数为幂指函数，且是“1^∞”型未定式极限；

(2)括号内的第一项为 1，括号内的第二项与括号外的指数互为倒数。

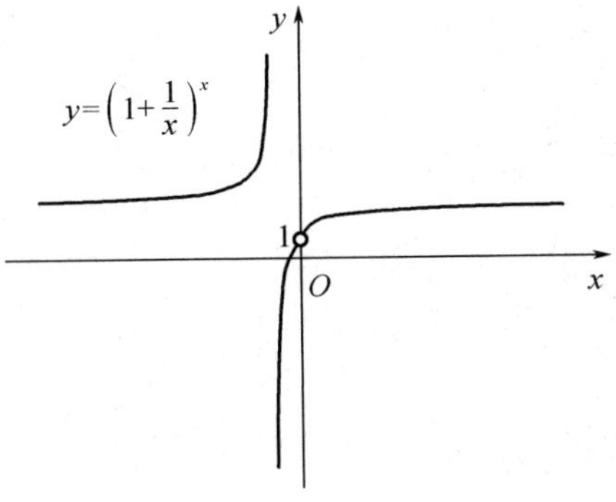

图 2.9

[例 2.28]　计算$\lim\limits_{x\to 0}(1+x)^{\frac{1}{x}}$。

解：令$\frac{1}{x}=t$，当 $x\to 0$ 时，$t\to\infty$，所以有

$$\lim_{x\to 0}(1+x)^{\frac{1}{x}}=\lim_{t\to\infty}\left(1+\frac{1}{t}\right)^t=\mathrm{e}$$

[例 2.29]　计算$\lim\limits_{x\to\infty}\left(1+\frac{3}{x}\right)^x$。

解法 1：$\lim\limits_{x\to\infty}\left(1+\frac{3}{x}\right)^x=\lim\limits_{x\to\infty}\left(1+\frac{3}{x}\right)^{\frac{x}{3}\times 3}=\lim\limits_{x\to\infty}\left[\left(1+\frac{3}{x}\right)^{\frac{x}{3}}\right]^3=\mathrm{e}^3$

解法 2：令 $t=\frac{3}{x}$，则当 $x\to\infty$ 时，$t\to 0$，所以有

$$\lim_{x\to\infty}\left(1+\frac{3}{x}\right)^x=\lim_{t\to 0}(1+t)^{\frac{3}{t}}=\lim_{t\to 0}(1+t)^{\frac{1}{t}\times 3}=\lim_{t\to 0}\left[(1+t)^{\frac{1}{t}}\right]^3=\mathrm{e}^3$$

[例 2.30]　计算$\lim\limits_{x\to\infty}\left(1-\frac{1}{x}\right)^{x-1}$。

解：$\lim\limits_{x\to\infty}\left(1-\frac{1}{x}\right)^{x-1}=\lim\limits_{x\to\infty}\left(1+\frac{1}{-x}\right)^{-x\cdot(-1)-1}=\lim\limits_{x\to\infty}\left(1+\frac{1}{-x}\right)^{-x\cdot(-1)}\cdot\lim\limits_{x\to\infty}\left(1+\frac{1}{-x}\right)^{-1}$

$$=\lim_{x\to\infty}\left[\left(1+\frac{1}{-x}\right)^{-x}\right]^{-1}\cdot\lim_{x\to\infty}\left(1+\frac{1}{-x}\right)^{-1}=\mathrm{e}^{-1}\cdot 1=\frac{1}{\mathrm{e}}$$

[例 2.31]　计算$\lim\limits_{x\to\infty}\left(1+\frac{1}{3x}\right)^{2x+1}$。

解：$\lim\limits_{x\to\infty}\left(1+\frac{1}{3x}\right)^{2x+1}=\lim\limits_{x\to\infty}\left(1+\frac{1}{3x}\right)^{3x\cdot\frac{2}{3}+1}=\lim\limits_{x\to\infty}\left(1+\frac{1}{3x}\right)^{3x\cdot\frac{2}{3}}\cdot\lim\limits_{x\to\infty}\left(1+\frac{1}{3x}\right)^1$

$$=\lim_{x\to\infty}\left[\left(1+\frac{1}{3x}\right)^{3x}\right]^{\frac{2}{3}}\cdot\lim_{x\to\infty}\left(1+\frac{1}{3x}\right)^1=\mathrm{e}^{\frac{2}{3}}\cdot 1=\mathrm{e}^{\frac{2}{3}}$$

[例 2.32] 计算$\lim\limits_{x\to\infty}\left(\dfrac{2x+4}{2x-1}\right)^{x+5}$。

解：$\lim\limits_{x\to\infty}\left(\dfrac{2x+4}{2x-1}\right)^{x+5}=\lim\limits_{x\to\infty}\left(\dfrac{2x-1+5}{2x-1}\right)^{x+5}=\lim\limits_{x\to\infty}\left(1+\dfrac{5}{2x-1}\right)^{x+5}$

$$=\lim_{x\to\infty}\left(1+\frac{5}{2x-1}\right)^{\frac{2x-1}{5}\cdot\frac{5}{2}+\frac{1}{2}+5}$$

$$=\lim_{x\to\infty}\left(1+\frac{5}{2x-1}\right)^{\frac{2x-1}{5}\cdot\frac{5}{2}}\cdot\lim_{x\to\infty}\left(1+\frac{5}{2x-1}\right)^{\frac{11}{2}}$$

$$=\lim_{x\to\infty}\left[\left(1+\frac{5}{2x-1}\right)^{\frac{2x-1}{5}}\right]^{\frac{5}{2}}\cdot\lim_{x\to\infty}\left(1+\frac{5}{2x-1}\right)^{\frac{11}{2}}$$

$$=e^{\frac{5}{2}}\cdot 1=e^{\frac{5}{2}}$$

2.4.3 连续复利与贴现

第二个重要极限在金融学中有一个明确的实际背景——连续复利的计算问题。

1. 连续复利

复利是指将到期后的利息纳入本金继续产生新的利息的结算方式，即把第一期的利息与本金之和作为第二期的本金，然后反复计算利息。

设本金为 p，年利率为 r，一年后的本利和为 S_1，则

$$S_1=p(1+r)$$

第二年的本利和为 S_2，且

$$S_2=S_1+S_1r=p(1+r)+p(1+r)\cdot r=p(1+r)(1+r)=p(1+r)^2$$

第三年的本利和为 S_3，且

$$S_3=S_2+S_2r=p(1+r)^2+p(1+r)^2\cdot r=p(1+r)^2(1+r)=p(1+r)^3$$

如此反复，第 n 年的本利和为

$$S_n=p(1+r)^n$$

这是以年为期的复利公式，若把一年均分为 t 期计息，这时每期利率为$\dfrac{r}{t}$，于是 n 年末的本利和为

$$S_n=p\left(1+\frac{r}{t}\right)^{nt}$$

假设计息期无限缩短，即期数 $t\to\infty$，于是得到连续复利的计算公式为

$$S_n=\lim_{t\to\infty}p\left(1+\frac{r}{t}\right)^{nt}=p\lim_{t\to\infty}\left(1+\frac{r}{t}\right)^{\frac{t}{r}\cdot nr}=p\lim_{t\to\infty}\left[\left(1+\frac{r}{t}\right)^{\frac{t}{r}}\right]^{nr}=pe^{nr}$$

在金融界有人称 e 为银行家常数，它还有一个有趣的解释：你把 1 元钱存入银行，年利率为 10%，10 年后的本利和恰好为 e，即 $S_{10}=1\cdot e^{10\times10\%}=e$。

[例 2.33]　现将 1 000 元现金存入银行，假设年利率为 2%，试用连续复利公式计算 10 年末的本利和。

解：已知 $p=1\ 000$ 元，$r=2\%$，$n=10$ 年，根据连续复利计算公式计算 S_{10} 为

$$S_{10}=pe^{nr}=1\ 000\cdot e^{10\times2\%}=1\ 000e^{0.2}\approx1\ 221.4(\text{元})$$

[例 2.34]　20 000 元本金用于投资，年利率按 10%的连续复利计算，问经过多少天后，投资额将超过 40 000 元？

解：已知 $p=20\ 000$ 元，$r=10\%$，$S_n=40\ 000$ 元，根据连续复利计算公式求 n

$$S_n=pe^{nr}$$

$$20\ 000e^{0.1n}=40\ 000$$

可得 $n\approx6.93$ 年，6.93 年×365 天≈2 529.5 天。即经过 2 529.5 天后，投资额将超过 40 000 元。

2. 贴现问题

已知现在值 p，确定未来值 S_n，这是复利问题；与之相反的问题则是已知未来值 S_n，求现在值 p，这种问题称为贴现问题，这时的利率称为贴现率。

由连续复利公式可得连续贴现公式：

$$p=S_ne^{-nr}$$

[例 2.35]　假定为了养老，你打算在一家银行投入一笔资金，你需要这笔投资 10 年后价值 20 000 元。如果银行以 5%的年普通复利率付息，你应该投资多少元？若年利率不变，但付息方式改为按季度或连续复利付息，你又应该投资多少元？

解：已知 $n=10$ 年，$r=5\%$，$S=20\ 000$ 元。

(1)一年复利一次，10 年后价值为 20 000 元的现值为

$$p=S_n(1+r)^{-n}=20\ 000\times(1+5\%)^{-10}=12\ 278.27(\text{元})$$

(2)按季度付息，即一年复利 4 次，10 年后价值为 20 000 元的现值为

$$p=S_n\left(1+\frac{r}{t}\right)^{-nt}=20\ 000\times\left(1+\frac{5\%}{4}\right)^{-10\times4}=12\ 168.27(\text{元})$$

(3)按连续复利计息，10 年后价值为 20 000 元的现值为

$$p=S_ne^{-nr}=20\ 000e^{-10\times5\%}=12\ 130.61(\text{元})$$

所以在三种付息方式下，你现在的投资额分别应该为 12 278.27 元、12 168.27 元、12 130.61 元。

【知识演练】

1. 求下列函数的极限：

(1) $\lim\limits_{x\to 0}\dfrac{\sin 2x}{4x}$；　(2) $\lim\limits_{x\to 0}\dfrac{\sin 3x}{\sin 4x}$；　(3) $\lim\limits_{x\to 0}\dfrac{\sin^3 x}{5x^2}$；　(4) $\lim\limits_{x\to 0}\left(x^2\sin^2\dfrac{1}{x}\right)$；

(5) $\lim\limits_{x\to \infty}\left(1+\dfrac{2}{x}\right)^{x-1}$；　(6) $\lim\limits_{x\to \infty}\left(\dfrac{2x-1}{2x+1}\right)^{x-1}$；　(7) $\lim\limits_{x\to \infty}\left(1-\dfrac{1}{2x}\right)^{3x+1}$。

2. 现将 2 000 元现金存入银行，假设年利率为 5%，试用连续复利公式计算第 2 年年末的本利和。

3. 假定为了孩子的教育，你打算在一家银行存入一笔资金，你需要这笔投资 3 年后价值 1 000 元，试求：

(1) 如果银行以 10%的年普通复利率付息，你应该投资多少元？

(2) 若年利率不变，但付息方式改为按季度复利付息，你应该投资多少元？

(3) 若年利率不变，但付息方式改为连续复利付息，你应该投资多少元？

2.5 无穷小量的比较

根据无穷小量的有关性质可知，有限个无穷小量的和、差、积仍是无穷小量，但无穷小量的商却未必是无穷小量。例如，当 $x\to 0$ 时，$x,4x,x^3$ 都是无穷小量，但 $\lim\limits_{x\to 0}\dfrac{4x}{x}=4$，$\lim\limits_{x\to 0}\dfrac{x^3}{x}=0$，$\lim\limits_{x\to 0}\dfrac{4x}{x^3}\to\infty$，说明无穷小量的商的极限可能存在，也可能不存在。

究其原因，无穷小量虽然都是以 0 为极限的量，但不同的无穷小趋近于 0 的速度却不一定相同。

观察表 2.4 可知，x^3 趋近于 0 的速度最快，x 和 $4x$ 趋近于 0 的速度相仿。

表 2.4

x	1	0.1	0.01	0.001	…	→0
$4x$	4	0.4	0.04	0.004	…	→0
x^3	1	0.001	0.000 001	0.000 000 001	…	→0

定义 2.9　设 α,β 是自变量 x 的同一变化过程中的两个无穷小量。

(1) 如果 $\lim\dfrac{\alpha}{\beta}=0$，则称 α 是比 β 高阶的无穷小量，记作 $\alpha=o(\beta)$；

(2) 如果 $\lim \frac{\alpha}{\beta} \to \infty$，则称 α 是比 β 低阶的无穷小量；

(3) 如果 $\lim \frac{\alpha}{\beta} = c(c \neq 0)$，则称 α 与 β 是同阶无穷小量。特别地，当 $c=1$ 时，称 α 与 β 是等价无穷小量，记作 $\alpha \sim \beta$。

由定义可知，$\lim\limits_{x \to 0} \frac{x^3}{x} = 0$，所以当 $x \to 0$ 时，x^3 是比 x 高阶的无穷小量，即 x^3 比 x 趋近于 0 的速度更快。

因为 $\lim\limits_{x \to 0} \frac{4x}{x} = 4$，所以当 $x \to 0$ 时，$4x$ 与 x 是同阶无穷小量，即 $4x$ 与 x 趋近于 0 的速度相仿。

[例 2.36]　比较下列无穷小量的阶。

(1) 当 $x \to 2$ 时，无穷小量 $2-x$ 与 $4-2x$；(2) 当 $x \to \infty$ 时，无穷小量 $\frac{2}{x^3}$ 与 $\frac{1}{4x}$。

解：(1) 因为 $\lim\limits_{x \to 2} \frac{2-x}{4-2x} = \lim\limits_{x \to 2} \frac{1}{2} \cdot \frac{2-x}{2-x} = \frac{1}{2}$，所以 $2-x$ 与 $4-2x$ 是同阶无穷小量。

(2) 因为 $\lim\limits_{x \to \infty} \frac{\frac{2}{x^3}}{\frac{1}{4x}} = \lim\limits_{x \to \infty} \frac{8}{x^2} = 0$，所以 $\frac{2}{x^3}$ 是比 $\frac{1}{4x}$ 高阶的无穷小量，即 $\frac{2}{x^3} = o\left(\frac{1}{4x}\right)$。

关于等价无穷小有以下重要定理：

定理 2.6(等价无穷小的代换定理)　若 $\alpha \sim \alpha'$，$\beta \sim \beta'$，且 $\lim \frac{\beta'}{\alpha'}$ 存在，那么 $\lim \frac{\beta}{\alpha} = \lim \frac{\beta'}{\alpha'}$。

证明：$\lim \frac{\beta}{\alpha} = \lim\left(\frac{\beta}{\beta'} \cdot \frac{\beta'}{\alpha'} \cdot \frac{\alpha'}{\alpha}\right) = \lim \frac{\beta}{\beta'} \cdot \lim \frac{\beta'}{\alpha'} \cdot \lim \frac{\alpha'}{\alpha} = \lim \frac{\beta'}{\alpha'}$。

定理 2.6 表明，求两个无穷小量之比的极限时，分子及分母都可用等价无穷小量代替。因此，如果用来代替的无穷小量选用恰当，则可以简化计算。

下面是常用的几个等价无穷小量：

当 $x \to 0$ 时，$\sin x \sim x$，$\tan x \sim x$，$\arcsin x \sim x$，$\arctan x \sim x$，$1-\cos x \sim \frac{1}{2}x^2$，$\ln(1+x) \sim x$，$e^x - 1 \sim x$，$\sqrt[n]{1+x} - 1 \sim \frac{1}{n}x$。

[例 2.37] 利用等价无穷小的代换定理,计算下列极限:

(1) $\lim\limits_{x\to 0}\dfrac{\sin 5x}{3x}$; (2) $\lim\limits_{x\to 0}\dfrac{\tan 2x}{\sin 4x}$; (3) $\lim\limits_{x\to 0}\dfrac{\ln(1+x)}{2x}$;

(4) $\lim\limits_{x\to 0}\dfrac{x^2+3x}{\tan 2x}$; (5) $\lim\limits_{x\to 0}\dfrac{\tan x-\sin x}{x^3}$; (6) $\lim\limits_{x\to 0}\dfrac{(1+x^2)^{\frac{1}{3}}-1}{\cos x-1}$。

解:(1) 当 $x\to 0$ 时,$\sin 5x\sim 5x$,$3x$ 与它本身等价,所以

$$\lim_{x\to 0}\frac{\sin 5x}{3x}=\lim_{x\to 0}\frac{5x}{3x}=\frac{5}{3}$$

(2) 当 $x\to 0$ 时,$\tan 2x\sim 2x$,$\sin 4x\sim 4x$,所以

$$\lim_{x\to 0}\frac{\tan 2x}{\sin 4x}=\lim_{x\to 0}\frac{2x}{4x}=\frac{1}{2}$$

(3) 当 $x\to 0$ 时,$\ln(1+x)\sim x$,$2x$ 与它本身等价,所以

$$\lim_{x\to 0}\frac{\ln(1+x)}{2x}=\lim_{x\to 0}\frac{x}{2x}=\frac{1}{2}$$

(4) 当 $x\to 0$ 时,$\tan 2x\sim 2x$,x^2+3x 与它本身等价,所以

$$\lim_{x\to 0}\frac{x^2+3x}{\tan 2x}=\lim_{x\to 0}\frac{x^2+3x}{2x}=\lim_{x\to 0}\frac{x+3}{2}=\frac{3}{2}$$

(5) 当 $x\to 0$ 时,$\sin x\sim x$,$1-\cos x\sim\dfrac{1}{2}x^2$,所以

$$\lim_{x\to 0}\frac{\tan x-\sin x}{x^3}=\lim_{x\to 0}\frac{\sin x(1-\cos x)}{x^3\cdot\cos x}=\lim_{x\to 0}\frac{x\cdot\frac{1}{2}x^2}{x^3\cdot\cos x}=\lim_{x\to 0}\frac{\frac{1}{2}}{\cos x}=\frac{1}{2}$$

(6) 当 $x\to 0$ 时,$(1+x^2)^{\frac{1}{3}}-1\sim\dfrac{1}{3}x^2$,$\cos x-1\sim-\dfrac{1}{2}x^2$,所以

$$\lim_{x\to 0}\frac{(1+x^2)^{\frac{1}{3}}-1}{\cos x-1}=\lim_{x\to 0}\frac{\frac{1}{3}x^2}{-\frac{1}{2}x^2}=-\frac{2}{3}$$

小结:

应用等价无穷小的代换定理求极限时,要注意以下三点:

(1) 分子、分母都必须是无穷小量;

(2) 用等价无穷小量替换时,只能替换整个分子或者分母中的因子,而不能替换分子或分母中的项;

(3) 只能用等价无穷小量来替换乘积或商中的无穷小量。

【知识演练】

1. 试比较下列各对无穷小量的阶：

(1) 当 $x\to 0$ 时，无穷小量 x^3+2x^2 与 $4x^2$；

(2) 当 $x\to 1$ 时，无穷小量 $1-\sqrt{x}$ 与 $1-x$。

2. 求下列极限：

(1) $\lim\limits_{x\to 0}\dfrac{\sin 5x}{x}$；　(2) $\lim\limits_{x\to 0}\dfrac{\sin 4x}{\sqrt{1+x}-1}$；　(3) $\lim\limits_{x\to 0}\dfrac{x^2}{1-\cos x}$；

(4) $\lim\limits_{x\to 0}\dfrac{\arcsin 5x}{\arctan 2x}$；　(5) $\lim\limits_{x\to 0}\dfrac{\ln(1+x)}{6x}$；　(6) $\lim\limits_{x\to 0}\dfrac{1-\cos x}{x\tan x}$。

2.6　函数的连续性与间断点

在自然界中有许多现象（如动植物的生长、气温的变化、水的流动等）都是连续变化的，自然界中各种物态的连续变化反映在数学上就是函数的连续性，它与极限是密切相关的。

2.6.1　函数的增量

首先引入变量的增量。设变量 u 从它的初值 u_0 变化到终值 u_1，终值 u_1 与初值 u_0 之差称为变量 u 的增量，又称为变量 u 的改变量，记作 Δu，即 $\Delta u=u_1-u_0$。

特别地，当变量 u 表示自变量 x 时，称 Δx 为自变量 x 的增量，$\Delta x=x_1-x_0$；当变量 u 表示函数 $y=f(x)$ 时，称 Δy 为函数 $y=f(x)$ 的增量，$\Delta y=y_1-y_0=f(x_1)-f(x_0)$。

因为 $\Delta x=x_1-x_0$，所以可得 $x_1=x_0+\Delta x$。故若函数 $y=f(x)$ 在点 x_0 及附近有定义，当自变量 x 在点 x_0 的附近从 x_0 变到 $x_0+\Delta x$ 时，函数 y 就相应地从 $f(x_0)$ 变到 $f(x_0+\Delta x)$，因此函数 y 对应的增量可变为

$$\Delta y=y_1-y_0=f(x_1)-f(x_0)=f(x_0+\Delta x)-f(x_0)$$

说明：变量的增量可以是正的，也可以是负的，还可以为零。

2.6.2　函数连续的概念

观察图 2.10 和图 2.11 可知，两条曲线有明显的不同，表现为曲线 $y=f(x)$ 在点 x_0 处不间断，而曲线 $y=g(x)$ 在点 x_0 处是间断的。那么，如何用数学的语言来描述这种差异呢？

对比两个图形，可以发现：如图 2.10 所示，当自变量 x 的改变量 $\Delta x\to 0$ 时，函数相

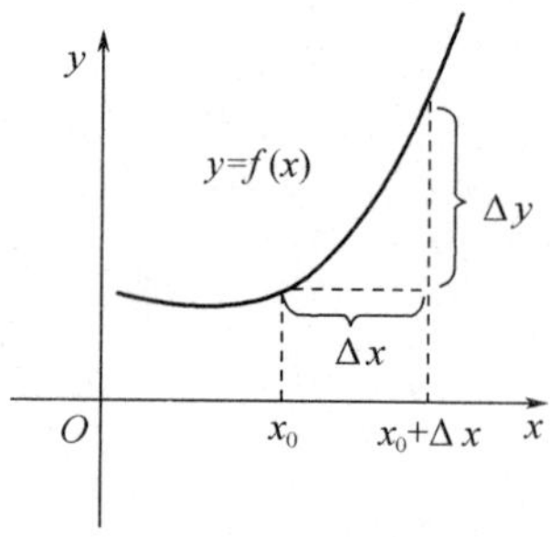

图 2.10

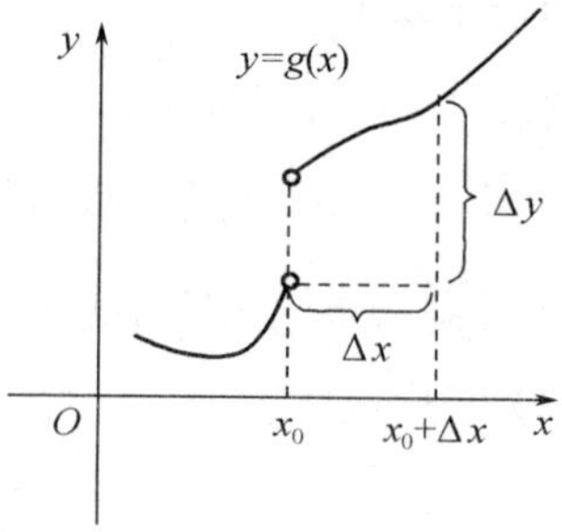

图 2.11

应的改变量 $\Delta y\to0$；如图 2.11 所示，当自变量 x 的改变量 $\Delta x\to0$ 时，函数相应的改变量 Δy 不能够无限趋近于 0。因此可以用增量来定义函数的连续性。

定义 2.10 设函数在点 x_0 及其左右近旁有定义，如果当自变量的改变量 Δx 趋近于 0 时，相应函数的改变量 Δy 也趋近于 0，即

$$\lim_{\Delta x\to0}\Delta y=\lim_{\Delta x\to0}[f(x_0+\Delta x)-f(x_0)]=0$$

则称函数在点 x_0 处连续，称点 x_0 为函数 $f(x)$ 的连续点。

[例 2.38] 证明函数 $y=x^2-3$ 在点 x_0 处连续。

证明：因为

$$\Delta y=f(x_0+\Delta x)-f(x_0)=[(x_0+\Delta x)^2-3]-(x_0^2-3)=2x_0\Delta x+(\Delta x)^2$$

所以

$$\lim_{\Delta x\to0}\Delta y=\lim_{\Delta x\to0}[2x_0\Delta x+(\Delta x)^2]=0$$

故函数 $y=x^2-3$ 在 x_0 处连续。

由点 x_0 的任意性可知，函数 $y=x^2-3$ 在 $(-\infty,+\infty)$ 上连续。

在定义 2.10 中，若令 $x=x_0+\Delta x$，则 $\Delta x=x-x_0$，相应地，函数 $f(x)$ 的改变量为

$$\Delta y=f(x)-f(x_0)$$

当 $\Delta x\to0$ 时，$x\to x_0$。由于当 $\Delta y\to0$ 时，$f(x)\to f(x_0)$，于是可得以下定义：

定义 2.11 设函数在点 x_0 及其左右近旁有定义，如果当 $x\to x_0$ 时，函数 $y=f(x)$ 的极限存在且等于函数 $y=f(x)$ 在点 x_0 处的函数值，即

$$\lim_{x\to x_0}f(x)=f(x_0)$$

则称函数 $y=f(x)$ 在点 x_0 处连续。

由定义 2.11 可知，函数 $y=f(x)$ 在点 x_0 处连续必须满足三个条件：

(1) 函数 $y=f(x)$ 在点 x_0 处有定义，即 $f(x_0)$ 必须存在；

(2) 函数 $y=f(x)$ 在点 x_0 处有极限，即 $\lim\limits_{x\to x_0}f(x)$ 存在；

(3) 函数值等于极限值，即 $\lim\limits_{x \to x_0} f(x) = f(x_0)$。

[例 2.39]　考察函数 $y = \ln x$ 在点 $x = \mathrm{e}$ 处的连续性。

解：因为 $\lim\limits_{x \to e} \ln x = 1$，$f(\mathrm{e}) = \ln \mathrm{e} = 1$，即

$$\lim_{x \to \mathrm{e}} f(x) = f(\mathrm{e})$$

所以函数 $y = \ln x$ 在点 $x = \mathrm{e}$ 处连续。

由函数 $f(x)$ 在点 x_0 处左极限与右极限的定义，可得函数 $f(x)$ 在点 x_0 处左连续与右连续的定义。

定义 2.12　如果函数在点 x_0 处的左极限存在，且等于函数 $y=f(x)$ 在点 x_0 处的函数值，即 $\lim\limits_{x \to x_0^-} f(x) = f(x_0)$，则称函数 $y=f(x)$ 在点 x_0 处左连续。

定义 2.13　如果函数在点 x_0 处的右极限存在，且等于函数 $y=f(x)$ 在点 x_0 处的函数值，即 $\lim\limits_{x \to {}_0^+} f(x) = f(x_0)$，则称函数 $y=f(x)$ 在点 x_0 处右连续。

要判断函数是否连续，除了利用定义之外，还有

$$\lim_{x \to x_0} f(x) = f(x_0) \Leftrightarrow \lim_{x \to x_0^-} f(x) = \lim_{x \to x_0^+} f(x) = f(x_0)$$

即函数 $y=f(x)$ 在点 x_0 处连续的充分必要条件是：函数 $f(x)$ 在点 x_0 处既左连续，又右连续。

[例 2.40]　设函数 $f(x) = \begin{cases} x+5, & x \leqslant 0 \\ \mathrm{e}^x - 2, & x > 0 \end{cases}$，讨论 $f(x)$ 在点 $x = 0$ 处的连续性。

解：$f(x)$ 是分段函数，$x = 0$ 是其分段点。

因为 $f(0) = 5$，又 $\lim\limits_{x \to 0^-} f(x) = \lim\limits_{x \to 0^-} (x+5) = 5$，$\lim\limits_{x \to 0^+} f(x) = \lim\limits_{x \to 0^+} (\mathrm{e}^x - 2) = -1$，所以函数 $f(x)$ 在点 $x = 0$ 处左连续，但右不连续，从而函数 $f(x)$ 在点 $x = 0$ 处不连续。

[例 2.41]　考察函数 $f(x) - \begin{cases} \dfrac{\sin x}{x}, & x \neq 0 \\ 1, & x = 0 \end{cases}$ 在分段点处的连续性。

解：$f(x)$ 是分段函数，$x = 0$ 是其分段点。

因为 $f(0) = 1$，又 $\lim\limits_{x \to 0} f(x) = \lim \dfrac{\sin x}{x} = 1$，即 $\lim\limits_{x \to 0} f(x) = f(0)$，所以函数在点 $x = 0$ 处连续。

小结：讨论分段函数的连续性，一定要讨论在"分段点"的左、右极限，进而判断连续性。

函数在一点连续的定义，可以推广到区间上。

如果函数 $y=f(x)$ 在开区间 (a,b) 内任意一点都连续，则称函数 $y=f(x)$ 在开区间

(a,b)内连续，区间(a,b)称为函数的连续区间。

如果函数$y=f(x)$在开区间(a,b)内连续，且$\lim\limits_{x\to a^+}f(x)=f(a)$，$\lim\limits_{x\to b^-}f(x)=f(b)$，则称函数$y=f(x)$在闭区间$[a,b]$上连续，区间$[a,b]$称为函数的连续区间。

在连续区间上，连续函数的图像是一条延绵不断的曲线。

2.6.3 初等函数的连续性

1. 基本初等函数的连续性

基本初等函数在其定义域内都是连续的。

2. 连续函数的和、差、积、商的连续性

如果$f(x)$，$g(x)$都在点x_0处连续，则$f(x)\pm g(x)$，$f(x)\cdot g(x)$，$\dfrac{f(x)}{g(x)}(g(x)\neq 0)$都在点$x_0$处连续。

3. 复合函数的连续性

设函数$y=f(u)$在点u_0处连续，函数$u=\varphi(x)$在点x_0处连续，则复合函数$y=f[\varphi(x)]$在点x_0处连续。

这说明了连续函数的复合函数仍为连续函数，并可得到如下结论：

$$\lim_{x\to x_0}f[\varphi(x)]=f[\varphi(x_0)]=f[\lim_{x\to x_0}\varphi(x)]$$

特别地，当$\varphi(x)=x$时，$\lim\limits_{x\to x_0}f(x)=f(x_0)=f(\lim\limits_{x\to x_0}x)$，这表示连续函数极限符号与函数符号可以交换次序。

4. 初等函数的连续性

一切初等函数在其定义域内都是连续的。

根据这一结论，求初等函数在其定义域内某点处的极限时，只需要求函数在该点的函数值即可。

［例 2.42］ 求下列函数的极限：

(1) $\lim\limits_{x\to 4}\dfrac{e^x+\sin(x-4)}{\sqrt{x}-3}$；　　(2) $\lim\limits_{x\to 0}\ln\cos x$。

解：(1) 因为该函数是初等函数，且在$x=4$处有定义，故由初等函数的连续性可知

$$\lim_{x\to 4}\frac{e^x+\sin(x-4)}{\sqrt{x}-3}=\frac{e^4+\sin 0}{2-3}=-e^4$$

(2) 因为该函数是初等函数，且在$x=0$处有定义，故由初等函数的连续性可知

$$\lim_{x\to 0}\ln\cos x=\ln\cos 0=0$$

2.6.4　函数的间断点

定义 2.14　如果函数 $f(x)$ 在点 x_0 处不满足连续的条件，则称函数 $f(x)$ 在点 x_0 处不连续或间断，点 x_0 称为函数 $f(x)$ 的不连续点或间断点。

由函数 $f(x)$ 在某点连续的定义可知，若函数 $f(x)$ 在点 x_0 处有下列三种情形之一，则点 x_0 为 $f(x)$ 的间断点：

(1) 函数 $f(x)$ 在点 x_0 处没有定义；

(2) 函数极限 $\lim\limits_{x \to x_0} f(x)$ 不存在；

(3) 虽然 $f(x_0)$ 有定义，且 $\lim\limits_{x \to x_0} f(x)$ 存在，但 $\lim\limits_{x \to x_0} f(x) \neq f(x_0)$。

例如，函数 $y=\dfrac{1}{x+2}$ 在点 $x=-2$ 处无定义，所以函数 $y=\dfrac{1}{x+2}$ 在点 $x=-2$ 处不连续，$x=-2$ 就是函数 $y=\dfrac{1}{x+2}$ 的一个间断点。

[例 2.43]　考察函数 $f(x)=\begin{cases} x-2, & x<0 \\ 0, & x=0 \\ x+2, & x>0 \end{cases}$ 在点 $x=0$ 处的连续性。

解：因为 $\lim\limits_{x \to 0^-} f(x)=\lim\limits_{x \to 0^-}(x-2)=-2$，$\lim\limits_{x \to 0^+} f(x)=\lim\limits_{x \to 0^+}(x+2)=2$，所以 $\lim\limits_{x \to 0} f(x)$ 不存在。

故 $x=0$ 是函数 $f(x)$ 的间断点。

函数的间断点按左、右极限是否存在分类如下：

定义 2.15　设 x_0 是函数 $y=f(x)$ 的间断点，如果函数 $y=f(x)$ 在点 x_0 处的左极限和右极限都存在，则称 x_0 是第一类间断点；非第一类间断点的间断点就是第二类间断点。

根据定义 2.15 可知，例 2.43 的间断点 $x=0$ 属于第一类间断点。通常把左、右极限都存在但不相等的间断点称为跳跃间断点。

[例 2.44]　考察函数 $f(x)=\begin{cases} x+4, & x\neq 0 \\ 0, & x=0 \end{cases}$ 在点 $x=0$ 处的连续性。

解：因为 $\lim\limits_{x \to 0} f(x)=\lim\limits_{x \to 0}(x+4)=4$，但 $f(0)=0$，即 $\lim\limits_{x \to 0} f(x) \neq f(0)$，所以函数 $y=f(x)$ 在点 $x=0$ 处不连续，即 $x=0$ 是间断点。

例 2.44 的这类间断点称为可去间断点。

如果在点 $x=0$ 处定义 $y=4$，那么例 2.44 的函数就变成了在点 $x=0$ 处连续的函数。

[例 2.45]　考察函数 $y=\dfrac{3}{x}$ 在点 $x=0$ 处的连续性。

解：因为函数 $y=\dfrac{3}{x}$ 在点 $x=0$ 处无定义，所以函数 $y=f(x)$ 在点 $x=0$ 处不连续，即 $x=$

0 是间断点。又因为$\lim\limits_{x\to 0}\frac{3}{x}\to\infty$,所以这类间断点称为无穷间断点。

2.6.5 闭区间上连续函数的性质

闭区间上的连续函数有一些重要性质,这些性质在图形上比较明显、直观,因而在此只做介绍,不予证明。

定理 2.7(最值定理) 若函数$f(x)$在闭区间$[a,b]$上连续,则函数$f(x)$在$[a,b]$上一定能取得最大值和最小值(图 2.12)。

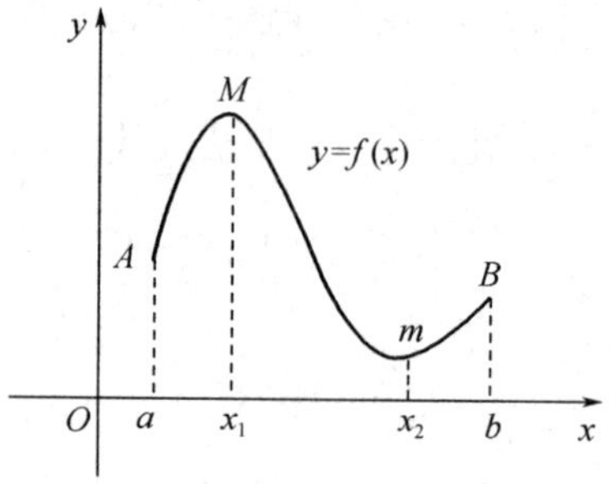

图 2.12

注意定理 2.7 中"闭区间"和"连续"这两个充分条件与结论之间的逻辑关系。例如函数 $y=\cos x$ 在开区间$(0,\pi)$上连续,但它无法取得最大值和最小值。

定理 2.8(介值定理) 若函数 $y=f(x)$在闭区间$[a,b]$上连续,m 和 M 分别为 $y=f(x)$在$[a,b]$上的最小值与最大值,则对介于 m 和 M 之间的任一实数 c,至少存在一点 $\varepsilon\in(a,b)$,使得$f(\varepsilon)=c$(图 2.13)。

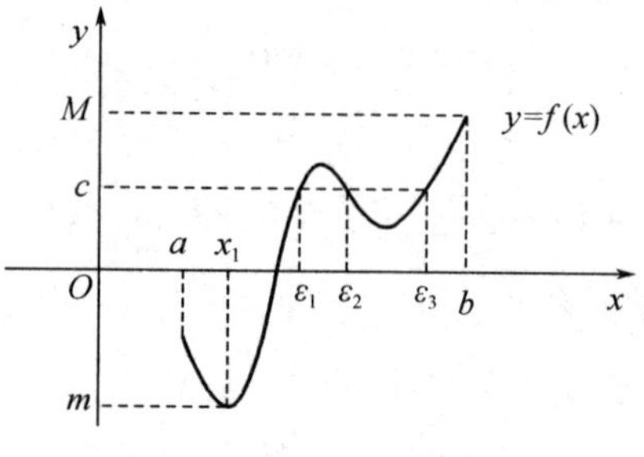

图 2.13

推论 2.5(零点定理或根的存在定理) 若函数 $y=f(x)$在闭区间$[a,b]$上连续,且$f(a)$与$f(b)$异号,则至少存在一点 $\varepsilon\in(a,b)$,使得$f(\varepsilon)=0$(图 2.14)。

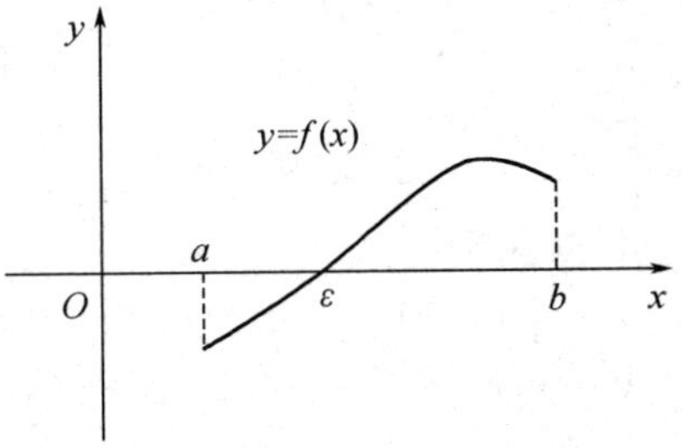

图 2.14

[例 2.46]　证明方程 $x^2-4x+2=0$ 在区间 $(0,1)$ 内至少有一个根。

证明：$f(x)=x^2-4x+2$ 在闭区间 $[0,1]$ 上连续，又 $f(0)=2>0$，$f(1)=-1<0$。

根据零点定理，在区间 $(0,1)$ 内至少有一点 ε，使得 $f(\varepsilon)=0$，即方程 $x^2-4x+2=0$ 在区间 $(0,1)$ 内至少有一个根是 ε。

【知识演练】

1. 讨论下列函数在给定点处的连续性：

(1) $f(x)=\dfrac{x^2-4}{x-2}$，点 $x=2$；　　(2) $f(x)=\begin{cases}x+1, & 0<x\leqslant 1\\ 3-x, & 1<x\leqslant 4\end{cases}$，点 $x=1$；

(3) $f(x)=\begin{cases}\dfrac{\sin 3x}{x}, & x\neq 0\\ 2, & x=0\end{cases}$，点 $x=0$；　　(4) $f(x)=\begin{cases}\dfrac{x^2-4}{x+2}, & x\neq 2\\ 4, & x=-2\end{cases}$，点 $x=-2$。

2. 已知函数 $f(x)=\begin{cases}\sqrt{x^2+4}, & x<0\\ a, & x=0\\ 2x+b, & x>0\end{cases}$ 在点 $x=0$ 处连续，求 a 与 b 的值。

3. 求下列函数的间断点，并判断其类型：

(1) $f(x)=x\sin\dfrac{1}{x}$；　　(2) $f(x)=\dfrac{x^2-1}{x^2-3x+2}$。

4. 试证明方程 $x^3-5x+2=0$ 在区间 $(-3,3)$ 内至少有一个根。

【复习题 2】

一、填空题

1. $\lim\limits_{x\to 3}\dfrac{x^2-2x+k}{x-3}=4$，则 $k=$__________。

2. 函数 $y=\dfrac{x^2-1}{x^2-3x+2}$ 的间断点是__________。

3. 当 $x\to0$ 时,无穷小量 $1-\sqrt{1-x}$ 与 x 相比较是________无穷小。

4. 已知分段函数 $f(x)=\begin{cases}\dfrac{\sin x}{x},x>0\\x+a,x\leqslant0\end{cases}$ 连续,则 $a=$________。

5. 由重要极限可知,$\lim\limits_{x\to+\infty}\left(1+\dfrac{1}{2x}\right)^{x}=$________。

6. 极限 $\lim\limits_{x\to\infty}\dfrac{\sqrt{x^2+1}-1}{x}=$________。

二、选择题

1. 如果 $\lim\limits_{n\to\infty}x_n=a$,则数列 x_n 是(　　)。

A. 单调递增数列　B. 有界数列　C. 发散数列　D. 无界数列

2. 当 $x\to0$ 时,e^x-1 是 x 的(　　)。

A. 高阶无穷小　B. 低阶无穷小　C. 等价无穷小　D. 同阶无穷小

3. 如果函数 $f(x)$ 在 $x\to x_0$ 时存在极限,则函数 $f(x)$ 在 x_0 处(　　)。

A. 有定义　B. 无定义　C. 不一定有定义

4. 点 $x=0$ 是函数 $\arctan\dfrac{1}{x}$ 的(　　)。

A. 连续点　B. 第一类间断点　C. 第二类间断点　D. 第三类间断点

5. 设函数 $f(x)=\dfrac{|x|}{x}$,则 $\lim\limits_{x\to0}f(x)=$(　　)。

A. 1　B. −1　C. 0　D. 不存在

6. 当 $x\to0$ 时,$\sin\dfrac{1}{x}$(　　)。

A. 极限为 0　B. 极限为 ∞　C. 是有界变量　D. 是无界变量

7. 若函数 $f(x)=\begin{cases}e^{-x}, & x\geqslant0\\a+\cos x, & x<0\end{cases}$ 在 $x=0$ 处连续,则常数 $a=$(　　)。

A. 0　B. ∞　C. −1　D. −2

8. 函数 $f(x)=\begin{cases}2,x\leqslant0\\-2,x>0\end{cases}$ 在 $x=0$ 处(　　)。

A. 间断　B. 右连续　C. 连续　D. 以上均错

9. 若 $\lim\limits_{x\to\infty}\left[\dfrac{x^2+1}{x+1}-(ax+b)\right]=0$,则常数 a,b 分别等于(　　)。

A. $a=1,b=-1$　B. $a=-1,b=-1$　C. $a=1,b=1$　D. $a=-1,b=1$

三、计算题。

1. 求下列极限：

(1) $\lim\limits_{x\to 1}\dfrac{x^2-1}{\sqrt{3-x}-\sqrt{1+x}}$；　(2) $\lim\limits_{n\to\infty}\dfrac{1+2+3+\cdots+(n-1)}{n^2}$；　(3) $\lim\limits_{x\to 2}\dfrac{x^2+5}{x-3}$；

(4) $\lim\limits_{x\to 1}\dfrac{x^2-2x+1}{x^2-1}$；　(5) $\lim\limits_{x\to 1}\left(\dfrac{1}{1-x}-\dfrac{3}{1-x^3}\right)$；　(6) $\lim\limits_{x\to 0}\dfrac{\tan 3x}{2x}$；

(7) $\lim\limits_{x\to\infty}\dfrac{x-\cos x}{x+\cos x}$；　(8) $\lim\limits_{x\to\infty}\ln\left(1+\dfrac{1}{x}\right)$；　(9) $\lim\limits_{x\to\infty}\left(\dfrac{x-1}{x+1}\right)^x$；

(10) $\lim\limits_{x\to 0}\dfrac{x\sin x}{\sqrt{1+x^2}-1}$；　(11) $\lim\limits_{x\to 0}\dfrac{1-\cos x}{x^2}$；　(12) $\lim\limits_{x\to\infty}\dfrac{1-3x^2}{x^2+1}$；

(13) $\lim\limits_{x\to\infty}(\sqrt{x^2+x+1}-\sqrt{x^2-x+1})$；　(14) $\lim\limits_{x\leftarrow\infty}\dfrac{1-3x^2}{x^2+1}$。

2. 已知 $f(x)=\begin{cases}ax^2+b, 0<x<1\\ 2, \quad x=1\\ bx+1, \ x>1\end{cases}$，问当 a,b 为何值时，$f(x)$ 在 $x=1$ 处连续？

3. 讨论函数 $f(x)=\begin{cases}x-1, x\leqslant 1\\ 3-x, \ x>1\end{cases}$ 在 $x=1$ 处是否连续。

4. 求下列函数的间断点：

(1) $y=\dfrac{1}{(x+3)^2}$；　(2) $y=\dfrac{x+2}{x^2+6x+8}$；

(3) $y=\begin{cases}x+\dfrac{\sin 2x}{x}, x<0\\ 0, \quad x=0\\ x\cos\dfrac{1}{x}, \ x>0\end{cases}$；　(4) $f(x)=\begin{cases}-\dfrac{1}{x}, \quad x\leqslant -1\\ 2+x, \quad -1<x\leqslant 0\\ x\sin\dfrac{1}{x}, 0<x\leqslant 2\end{cases}$。

5. 证明方程 $4x-2^x=0$ 在区间 $(0,1)$ 内至少有一个根。

6. 已知 $\lim\limits_{x\to\infty}\left(\dfrac{x}{x-k}\right)=2$，求常数 k。

7. 现将 1 000 元现金投入银行，月利率为 1%，分别用离散型和连续型的复利公式计算 10 年末的本利和（不扣利息税）。

第 3 章　一元函数微分学

学习目标

解决实际问题时，在建立了变量之间的函数关系之后，经常需要进一步回答变量变化快慢的问题，如物体运动的速度、人口增长的速度、国民经济增长的速度等。这些问题在数量关系上都归结为函数的变化率。而导数与微分就是从研究因变量相对于自变量的变化率的问题中抽象出来的数学概念。导数与微分是由英国数学家牛顿(Newton)和德国数学家莱布尼茨(Leibniz)在分别研究力学与几何学的过程中建立的，在自然科学和社会科学领域有着广泛的应用，是微分学的基本内容，也是微积分的重要组成部分。本章包含下列主题：

(1)导数的概念；

(2)导数的计算，隐函数和由参数方程确定的函数的导数计算；

(3)微分及其应用；

(4)未定型极限与洛必达法则；

(5)利用一阶导数判断函数的单调性和极值；

(6)利用二阶导数判断曲线的凹凸性和拐点；

(7)函数的最值与最优化问题；

(8)导数在经济中的应用：边际分析与弹性分析。

3.1　导数的概念

【案例提出】

[案例 3.1]　求曲线的切线的斜率。

先引入曲线上一点处切线和法线的概念。设 M_0 是曲线 L 上的定点，M 是曲线 L 上的动点，当 M 沿曲线 L 无限趋近于 M_0 时，如果割线 M_0M 的极限位置切线 M_0T 存在，则称它为曲线 L 在点 M_0 处的切线。称过点 M_0 且垂直于切线 M_0T 的直线为曲线 L 在点 M_0 处的法线。

设曲线方程为 $y=f(x)$(图 3.1)，求点 $M_0(x_0,f(x_0))$ 处切线的斜率 k。

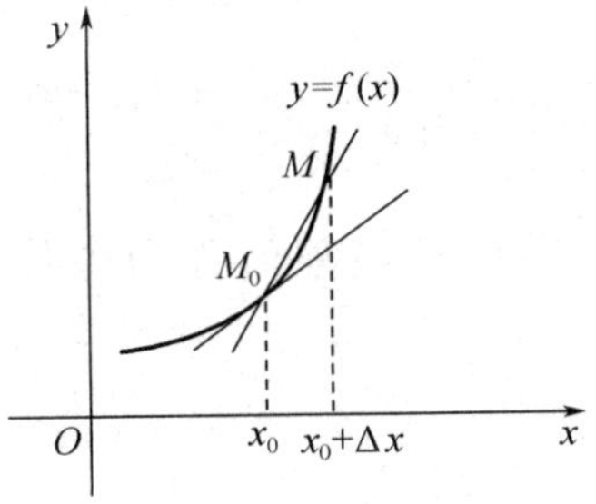

图 3.1

在曲线上另取一点 $M(x_0+\Delta x,f(x_0+\Delta x))$，则割线 M_0M 的斜率为

$$\frac{f(x_0+\Delta x)-f(x_0)}{(x_0+\Delta x)-x_0}=\frac{f(x_0+\Delta x)-f(x_0)}{\Delta x}$$

当 M 点沿曲线无限趋近于 M_0，也就是 $\Delta x\to 0$ 时，割线 M_0M 的极限位置是切线 M_0T，相应地，割线斜率的极限就是切线的斜率 k，即

$$k=\lim_{\Delta x\to 0}\frac{f(x_0+\Delta x)-f(x_0)}{\Delta x}$$

[案例 3.2]　求变速直线运动的瞬时速度。

设某一质点做变速直线运动，它经过的路程为时间 t 的函数 $s(t)$，求 t_0 时刻的瞬时速度 $v(t_0)$。

先看平均速度。从 t_0 时刻到 t_1 时刻所走的路程为 $s(t_1)-s(t_0)$，$t_0\sim t_1$ 时段内的平均速度为$\frac{s(t_1)-s(t_0)}{t_1-t_0}$。平均速度只能表示 $t_0\sim t_1$ 时段内速度的平均快慢程度，而不能表示 t_0 时刻的瞬时速度。但如果时间间隔很小，则平均速度近似于瞬时速度。为了得到瞬时速度，很自然地应当写出如下求极限过程：

取一段很短的时间间隔 Δt，则在 $t_0\sim t_0+\Delta t$ 时段内的平均速度为

$$\bar{v}=\frac{s(t_0+\Delta t)-s(t_0)}{\Delta t}$$

令 $\Delta t\to 0$，平均速度的极限就是 t_0 时刻的瞬时速度 $v(t_0)$，即

$$v(t_0)=\lim_{\Delta t\to 0}\frac{s(t_0+\Delta t)-s(t_0)}{\Delta t}$$

【相关知识】

1. 函数在一点处的导数

定义 3.1　设函数 $y=f(x)$ 在点 x_0 的某一邻域内有定义。给自变量一个改变量 Δx，

使 $x_0+\Delta x$ 仍在该邻域内，相应的函数改变量为 $\Delta y=f(x_0+\Delta x)-f(x)$。如果极限

$$\lim_{\Delta x\to 0}\frac{\Delta y}{\Delta x}=\lim_{\Delta x\to 0}\frac{f(x_0+\Delta x)-f(x_0)}{\Delta x}$$

存在，则称函数 $f(x)$ 在点 x_0 处可导，极限值称为函数 $f(x)$ 在点 x_0 处的导数，记作 $f'(x_0)$，$y'|_{x=x_0}$，$\frac{dy}{dx}|_{x=x_0}$或$\frac{df}{dx}|_{x=x_0}$，即

$$f(x_0)=\lim_{\Delta x\to 0}\frac{f(x_0+\Delta x)-f(x_0)}{\Delta x} \tag{3-1}$$

在上述导数定义中，若令 $x=x_0+\Delta x$，则 $\Delta x=x-x_0$，当 $\Delta x\to 0$ 时就有 $x\to x_0$。由此，可得导数的等价定义形式为

$$f'(x)=\lim_{x\to x_0}\frac{f(x)-f(x_0)}{x-x_0} \tag{3-2}$$

2. 导数的几何意义

由案例 3.1 可知，曲线 $y=f(x)$ 在点 $M_0(x_0,f(x_0))$ 处的切线斜率就是导数。因此，若曲线 $y=f(x)$ 在点 x_0 处可导，则过点 $(x_0,f(x_0))$ 处的切线方程为

$$y-f(x_0)=f'(x_0)(x-x_0)$$

若 $f'(x_0)\neq 0$，则过该点的法线方程为

$$y-f(x_0)=-\frac{1}{f'(x_0)}(x-x_0)$$

3. 导函数的定义

定义 3.2 若函数 $y=f(x)$ 在区间 (a,b) 内每一点都可导，则称函数 $f(x)$ 在区间 (a,b) 内可导，或者称 $f(x)$ 为区间 (a,b) 内的可导函数。此时，每一点 $x\in(a,b)$ 都有一个对应的导数值，所以导数也是 x 的函数，称为导函数，简称导数，记作 $f'(x)$，y'，$\frac{dy}{dx}$或$\frac{df}{dx}$，即

$$f'(x)=\lim_{\Delta x\to 0}\frac{f(x+\Delta x)-f(x)}{\Delta x}$$

一般情况下，为求导数 $f'(x_0)$，可先求导函数 $f'(x)$，然后再求导函数 $f'(x)$ 在点 x_0 处的函数值，即 $f'(x_0)=f'(x)|_{x=x_0}$。

4. 可导与连续的关系

定理 3.1 如果函数 $y=f(x)$ 在点 x_0 处可导，则 $y=f(x)$ 在点 x_0 处一定连续。

注意：该定理的逆命题不成立，即使函数 $y=f(x)$ 在点 x_0 处连续，其在点 x_0 处也不一定可导。例如，函数 $y=|x|$ 在点 $x=0$ 处连续，但在 $x=0$ 处不可导（见例 3.5）。

【拓展知识】*

在式(3-1)和式(3-2)中,将极限分别改成左、右极限,若相应的左、右极限存在,则分别称其值为函数 $y=f(x)$ 在点 x_0 处的左、右导数,记为 $f'_-(x_0)$ 和 $f'_+(x_0)$。即

左导数

$$f'_-(x_0)=\lim_{\Delta x\to 0^-}\frac{\Delta y}{\Delta x}=\lim_{\Delta x\to 0^-}\frac{f(x_0+\Delta x)-f(x_0)}{\Delta x}=\lim_{x\to x_0^-}\frac{f(x)-f(x_0)}{x-x_0}$$

右导数

$$f'_+(x_0)=\lim_{\Delta x\to 0^+}\frac{\Delta y}{\Delta x}=\lim_{\Delta x\to 0^+}\frac{f(x_0+\Delta x)-f(x_0)}{\Delta x}=\lim_{x\to x_0^+}\frac{f(x)-f(x_0)}{x-x_0}$$

左、右导数主要用于讨论分段函数在分段点处的可导性,有以下定理:

定理 3.2 函数 $y=f(x)$ 在 x_0 处可导的充分必要条件是 $f(x)$ 在点 x_0 处的左、右导数都存在,且左、右导数相等。

【例题精选】

[例 3.1] 利用定义求函数 $y=2x+1$ 在点 $x=0$ 处的导数值。

解:$y'|_{x=0}=\lim\limits_{\Delta x\to 0}\dfrac{[2\times(0+\Delta x)+1]-(2\times 0+1)}{\Delta x}=\lim\limits_{\Delta x\to 0}\dfrac{2\Delta x}{\Delta x}=2$

[例 3.2] 利用定义求幂函数 $y=x^\alpha$(α 为正整数)的导数。

解:$y'=\lim\limits_{\Delta x\to 0}\dfrac{\Delta y}{\Delta x}=\lim\limits_{\Delta x\to 0}\dfrac{(x+\Delta x)^\alpha-x^\alpha}{\Delta x}$

$$=\lim_{\Delta x\to 0}\frac{\left[x^\alpha+\alpha x^{\alpha-1}\Delta x+\dfrac{\alpha(\alpha-1)}{2}x^{\alpha-2}(\Delta x)^2+\cdots+(\Delta x)^\alpha\right]-x^\alpha}{\Delta x}$$

$$=\lim_{\Delta x\to 0}\left[\alpha x^{\alpha-1}+\frac{\alpha(\alpha-1)}{2}x^{\alpha-2}\Delta x+\cdots+(\Delta x)^{\alpha-1}\right]=\alpha x^{\alpha-1}$$

不难证明,如果 α 为任意非 0 实数而且函数 $y=x^\alpha$ 在点 x 处可导,则在该点处也有 $(x^\alpha)'=\alpha x^{\alpha-1}$。

[例 3.3] 利用定义求对数函数 $y=\ln x$ 的导数 y' 及 $y'|_{x=e}$。

解:$y'=\lim\limits_{\Delta x\to 0}\dfrac{\Delta y}{\Delta x}=\lim\limits_{\Delta x\to 0}\dfrac{\ln(x+\Delta x)-\ln x}{\Delta x}$

$$=\lim_{\Delta x\to 0}\frac{1}{\Delta x}\ln\left(1+\frac{\Delta x}{x}\right)=\lim_{\Delta x\to 0}\frac{1}{x}\ln\left(1+\frac{\Delta x}{x}\right)^{\frac{x}{\Delta x}}=\frac{1}{x}\lim_{\Delta x\to 0}\ln\left(1+\frac{\Delta x}{x}\right)^{\frac{x}{\Delta x}}$$

$$=\frac{1}{x}\ln e=\frac{1}{x}$$

$$y'|_{x=e}=\frac{1}{x}\bigg|_{x=e}=\frac{1}{e}$$

[例 3.4] 求曲线 $y=\ln x$ 在点(e,1)处的切线方程和法线方程。

解:由例 3.3 知 $f'(e)=\frac{1}{e}$,因而切线方程为 $y-1=\frac{1}{e}(x-e)$,化简得 $x-ey=0$;法线方程为 $y-1=-e(x-e)$,化简得 $ex+y-(1+e^2)=0$。

[例 3.5]* 讨论函数 $y=|x|$ 在点 $x=0$ 处的连续性和可导性。

解:因为

$$\lim_{\Delta x\to 0}\Delta y=\lim_{\Delta x\to 0}(|0+\Delta x|-|0|)=\lim_{\Delta x\to 0}|\Delta x|=0$$

所以 $y=|x|$ 在点 $x=0$ 处连续。

下面讨论可导性。在点 $x=0$ 处

$$\Delta y=f(0+\Delta x)-f(0)=|\Delta x|=\begin{cases}\Delta x, & \Delta x\geqslant 0\\ -\Delta x, & \Delta x<0\end{cases}$$

所以有

$$f'_-(0)=\lim_{\Delta x\to 0^-}\frac{\Delta y}{\Delta x}=\lim_{\Delta x\to 0^-}\frac{-\Delta x}{\Delta x}=-1$$

$$f'_+(0)=\lim_{\Delta x\to 0^+}\frac{\Delta y}{\Delta x}=\lim_{\Delta\to 0^+}\frac{\Delta x}{\Delta x}=1$$

左、右导数虽然都存在却不相等,所以函数 $y=|x|$ 在点 $x=0$ 处不可导。

说明:图 3.2 是函数 $y=|x|$ 的图形。从图形上看,点 $x=0$ 处函数有尖点(也称为不光滑点)。一般地,函数在尖点处的切线不存在,也就是不可导的。

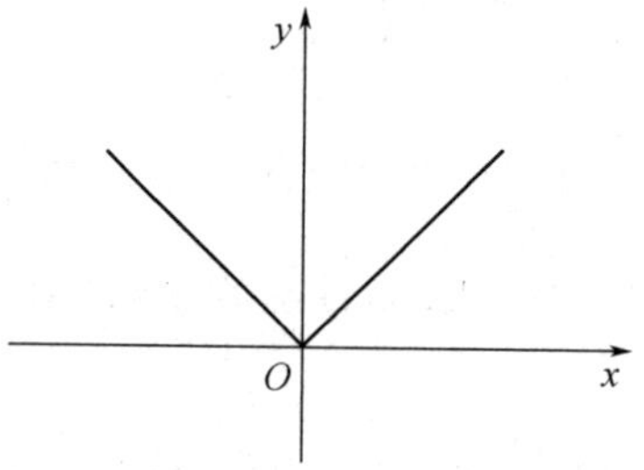

图 3.2

【知识应用】

在科技、生产领域中很多重要的量都可以用导数来表示。为了将导数更广泛地应用于各种不同的领域,需要对导数的概念做深入的理解。

对函数 $y=f(x)$，当自变量在 x 处有改变量 Δx 时，因变量对应的改变量为 $\Delta y=f(x+\Delta x)-f(x)$，两者之比 $\frac{\Delta y}{\Delta x}$ 表示变化率（准确地说，是因变量 y 在区间 $[x,x+\Delta x]$ 上的平均变化率）。当 $\Delta x\to 0$ 时，极限 $\lim\limits_{\Delta x\to 0}\frac{\Delta y}{\Delta x}$ 表示因变量 y 在点 x 处的瞬时变化率。

由上面的分析得知，函数在某点处的导数就表示它在该点处的瞬时变化率，它反映了因变量随着自变量的变化而变化的快慢程度。在科学领域，凡是研究变化率的问题，特别是不均匀变化的量的变化率问题，都需要借助导数来解决。在经济问题中，往往会考虑一些常见经济量的变化率，比如成本对产量的变化率、收入或利润对市场需求量的变化率等。利用导数分析和研究各种经济变量之间的关系及变化过程，就产生了经济学中的边际分析方法。本书将在 3.4.1 节中对此做简单介绍。

【知识演练】

1. 利用导数定义求函数 $y=\frac{1}{x}(x\neq 0)$ 的导数。

2. 试求曲线 $y=\frac{1}{x}$ 在点 $(1,1)$ 处的切线方程和法线方程。

3. 抛物线 $y=x^2$ 上哪一点的切线有以下性质？

(1) 平行于 x 轴；　　(2) 与 x 轴成 $30°$ 角。

4*. 设 $f(x)=\begin{cases}\sin x, & x>0\\ x^2+2x, & x\leqslant 0\end{cases}$，讨论 $f(x)$ 在 $x=0$ 处的可导性。

3.2　导数的计算

3.2.1　求导公式与求导法则

【案例提出】

[案例 3.3]　对于形式稍复杂的函数，如 $y=x^3\cos x+\sin x$，$y=\ln\sin x$ 等，利用定义来求导数十分烦琐。有没有快速计算导数的方法和公式呢？下面给出求导公式和求导法则。

【相关知识】

1. 基本初等函数的求导公式

(1) $(C)'=0$（C 为常数）；

(2) $(x^{\alpha})'=\alpha x^{\alpha-1}$($\alpha$ 为非 0 常数,$x>0$);

(3) $(a^{x})'=a^{x}\ln a(a>0,a\neq1)$,特别地,若 $a=\mathrm{e}$,则有 $(\mathrm{e}^{x})'=\mathrm{e}^{x}$;

(4) $(\log_{a}x)'=\dfrac{1}{x\ln a}(a>0,a\neq1)$,特别地,若 $a=\mathrm{e}$,则有 $(\ln x)'=\dfrac{1}{x}$;

(5) $(\sin x)'=\cos x$;

(6) $(\cos x)'=-\sin x$;

(7) $(\tan x)'=\dfrac{1}{\cos^{2}x}$;

(8) $(\cot x)'=-\dfrac{1}{\sin^{2}x}$。

2. 函数的和、差、积、商的求导法则

定理 3.3 设函数 $u(x)$ 和 $v(x)$ 在点 x 处可导,则 $u\pm v$,uv 和 $\dfrac{u}{v}(v\neq0)$ 在点 x 处也可导,且有:

(1) $(u\pm v)'=u'\pm v'$;

(2) $(uv)'=u'v+uv'$;

(3) $\left(\dfrac{u}{v}\right)'=\dfrac{u'v-uv'}{v^{2}}(v(x)\neq0)$。

推论 3.1 $[Cu(x)]'=Cu'(x)$(C 为常数)。

推论 3.2 $\left[\dfrac{1}{v(x)}\right]'=\dfrac{v'(x)}{v^{2}(x)}$。

以上推论都可由定理 3.3 简单推导得到。

3. 复合函数的求导法则

定理 3.4 设 $u=\varphi(x)$ 在点 x 处可导,$y=f(x)$ 在点 u 处可导,则复合函数 $y=f[\varphi(x)]$ 在点 x 处也可导,且有

$$y'_{x}=y'_{u}\cdot u'_{x}=f'(u)\cdot\varphi'(x)\quad 或\quad \frac{\mathrm{d}y}{\mathrm{d}x}=\frac{\mathrm{d}y}{\mathrm{d}u}\cdot\frac{\mathrm{d}u}{\mathrm{d}x}$$

这里下标是注明对哪个变量求导,证明略。

从定理 3.4 可以看出,复合函数的求导法则是一环一环地求下去,不能丢掉其中任何一环,因此也称定理 3.4 为链锁法则。当有两个以上的函数相复合时,该法则仍适用。例如,若函数 $y=f(u)$,$u=g(v)$,$v=\varphi(x)$ 都可导,则复合函数 $y=f\{g[\varphi(x)]\}$ 也可导,且有

$$y'_{x}=y'_{u}\cdot u'_{v}\cdot v'_{x}=f'(u)\cdot g'(v)\cdot\varphi'(x)\quad 或\quad \frac{\mathrm{d}y}{\mathrm{d}x}=\frac{\mathrm{d}y}{\mathrm{d}u}\cdot\frac{\mathrm{d}u}{\mathrm{d}v}\cdot\frac{\mathrm{d}v}{\mathrm{d}x}$$

在初等函数的求导过程中，经常会遇到同一个函数的求导过程中既有四则运算求导，又有复合函数求导的情况，我们应当很好地理解函数的结构，特别是复合函数的内外层次结构，通过不断练习，熟练掌握以上求导方法。

4. 反函数的导数

定理 3.5　设函数 $x=\varphi(y)$ 在某区间内单调、可导，且 $\varphi'(y)\neq 0$，则其反函数 $y=f(x)$ 在对应区间内也单调、可导，且有

$$f'(x)=\frac{1}{\varphi'(y)} \quad 或 \quad \frac{\mathrm{d}y}{\mathrm{d}x}=\frac{1}{\frac{\mathrm{d}x}{\mathrm{d}y}}$$

即在一定条件下，反函数的导数等于原函数的导数的倒数。

5. 高阶导数

定义 3.3　设函数 $y=f(x)$ 在区间 (a,b) 内可导，那么它的导数 $y'=f'(x)$ 又构成了一个新的函数，如果这个新的函数 $y'=f'(x)$ 在区间 (a,b) 内仍是可导的，则称 $f'(x)$ 的导(函)数为函数 $y=f(x)$ 的**二阶导数**，记作 $f''(x)$，y''，$\frac{\mathrm{d}^2y}{\mathrm{d}x^2}$ 或 $\frac{\mathrm{d}^2f}{\mathrm{d}x^2}$。

类似地，二阶导数的导(函)数就称为函数 $y=f(x)$ 的**三阶导数**，记作 $f'''(x)$，y'''，$\frac{\mathrm{d}^3y}{\mathrm{d}x^3}$ 或 $\frac{\mathrm{d}^3f}{\mathrm{d}x^3}$。

一般地，定义 $y=f(x)$ 的 n 阶导数为 $y=f(x)$ 的 $n-1$ 阶导数的导数，记作 $f^{(n)}(x)$，$y^{(n)}$，$\frac{\mathrm{d}^ny}{\mathrm{d}x^n}$ 或 $\frac{\mathrm{d}^nf}{\mathrm{d}x^n}(n=2,3,\cdots)$。

二阶和二阶以上的导数统称为高阶导数，而前面所说的导数可称为**一阶导数**。在点 x_0 处函数的各阶导数值记作 $f'(x_0)$，$f''(x_0)$，…，$f^{(n)}(x_0)$ 或 $y'|_{x=x_0}$，$y''|_{x=x_0}$，…，$y^{(n)}|_{x=x_0}$。

【拓展知识】*

反三角函数的导数

借助三角函数的基本求导公式和反函数求导方法，可以得到反三角函数的导数公式(请读者自行推导)。

(1) $(\arcsin x)'=\frac{1}{\sqrt{1-x^2}}$；　　(2) $(\arccos x)'=-\frac{1}{\sqrt{1-x^2}}$；

(3) $(\arctan x)'=\frac{1}{1+x^2}$；　　(4) $(\operatorname{arccot} x)'=-\frac{1}{1+x^2}$。

【例题精选】

[例 3.6] 求 $y=x^3+2x^{\frac{5}{2}}+17$ 的导数。

解：$y'=(x^3)'+(2x^{\frac{5}{2}})'+(17)'=3x^2+5x^{\frac{3}{2}}$

[例 3.7] 求 $y=x^3\sin x$ 的导数。

解：$y'=(x^3\sin x)'=(x^3)'\sin x+x^3(\sin x)'=3x^2\sin x+x^3\cos x$

[例 3.8] 求 $y=\dfrac{\ln x}{x}$ 的导数。

解：$y'=\left(\dfrac{\ln x}{x}\right)'=\dfrac{(\ln x)'x-x'\ln x}{x^2}=\dfrac{\dfrac{1}{x}\cdot x-\ln x}{x^2}=\dfrac{1-\ln x}{x^2}$

[例 3.9] 求 $y=\dfrac{x+1}{x-1}$ 的导数。

解：$y'=\dfrac{(x+1)'(x-1)-(x+1)(x-1)'}{(x-1)^2}=\dfrac{(x-1)-(x+1)}{(x-1)^2}=-\dfrac{2}{(x-1)^2}$

[例 3.10] 求 $y=\cos 5x$ 的导数。

解：$y=\cos 5x$ 可看成 $y=\cos u,u=5x$ 的复合，所以

$$y'=(\cos u)'_u(5x)'_x=(-\sin u)\cdot 5=-5\sin 5x$$

[例 3.11] 求 $y=e^{x^2}$ 的导数。

解：$y=e^{x^2}$ 可看成 $y=e^u,u=x^2$ 的复合，所以

$$y'=(e^u)'_u(x^2)'_x=e^u\cdot 2x=2xe^{x^2}$$

说明：计算比较熟练后，可以省略中间变量，简写为如下形式：

$$y'=e^{x^2}\cdot(x^2)'=2xe^{x^2}$$

[例 3.12] 求 $y=\ln(1+x^2)$ 的导数。

解：$y'=\dfrac{1}{1+x^2}(1+x^2)'=\dfrac{2x}{1+x^2}$

[例 3.13]* 求函数 $y=\arctan(3x+4)$ 的导数。

解：$y'=\dfrac{1}{1+(3x+4)^2}(3x+4)'=\dfrac{3}{9x^2+24x+17}$

[例 3.14] 求 $y=\ln\cos\dfrac{x}{3}$ 的导数。

解：$y'=\dfrac{1}{\cos\dfrac{x}{3}}\left(\cos\dfrac{x}{3}\right)'=\dfrac{1}{\cos\dfrac{x}{3}}\left(-\sin\dfrac{x}{3}\right)\left(\dfrac{x}{3}\right)'=-\dfrac{1}{3}\tan\dfrac{x}{3}$

[例 3.15]　求 $y=(\cos x-\sin x)^2$ 的导数。

解：$y'=2(\cos x-\sin x)\cdot(\cos x-\sin x)'=2(\cos x-\sin x)(-\sin x-\cos x)$

$=-2(\cos^2 x-\sin^2 x)=-2\cos 2x$

[例 3.16]　求 $y=\sqrt{x^2-e^{-x}}$ 的导数。

解：$y'=\dfrac{1}{2}(x^2-e^{-x})^{-\frac{1}{2}}(x^2-e^{-x})'=\dfrac{1}{2}(x^2-e^{-x})^{-\frac{1}{2}}[(x^2)'-(e^{-x})']$

$=\dfrac{1}{2}(x^2-e^{-x})^{-\frac{1}{2}}[2x-e^{-x}(-x)']=\dfrac{1}{2}(x^2-e^{-x})^{-\frac{1}{2}}(2x+e^{-x})$

[例 3.17]　求 $y=\dfrac{x}{\sqrt{x^2-1}}$ 的导数，并求 $y'|_{x=3}$。

解：$y'=\dfrac{x'\sqrt{x^2-1}-x(\sqrt{x^2-1})'}{(\sqrt{x^2-1})^2}=\dfrac{\sqrt{x^2-1}-x\dfrac{1}{2\sqrt{x^2-1}}(x^2-1)'}{x^2-1}$

$=\dfrac{\sqrt{x^2-1}-\dfrac{2x^2}{2\sqrt{x^2-1}}}{x^2-1}=\dfrac{-1}{(x^2-1)^{\frac{3}{2}}}$

$y'|_{x=3}=\dfrac{-1}{(3^2-1)^{\frac{3}{2}}}=-\dfrac{\sqrt{2}}{32}$

[例 3.18]　已知 $f(x)$ 可导，求：

(1) $\ln f(x)$，$f^3(x)$，$\sin f(x)$ 的导数；

(2) $f(\ln x)$，$f(x^2+1)$ 的导数。

解：(1) $[\ln f(x)]'=\dfrac{1}{f(x)}[f(x)]'=\dfrac{f'(x)}{f(x)}$

$[f^3(x)]'=3f^2(x)[f(x)]'=3f^2(x)f'(x)$

$[\sin f(x)]'=\cos f(x)[f(x)]'=\cos f(x)f'(x)$

(2) $[f(\ln x)]'=f'(\ln x)(\ln x)'=f'(\ln x)\cdot\dfrac{1}{x}$

$[f(x^2+1)]'=f'(x^2+1)(x^2+1)'=2xf'(x^2+1)$

请读者注意抽象函数的导数记号中的一些差别：$[f(x)]'=f'(x)$，但 $[f(\ln x)]'\neq f'(\ln x)$。

[例 3.19]　求下列函数指定的高阶导数：

(1) 设函数 $y=x^2e^x$，求 y'' 及 $y''|_{x=0}$；

(2) 已知 $f^{(8)}(x)=6x^2-5$，求 $f^{(10)}(x)$；

(3)求函数 $y=a^x$ 的 n 阶导数 $y^{(n)}$。

解:(1) $y'=(x^2e^x)'=2xe^x+x^2e^x=(2x+x^2)e^x$

$y''=(y')'=[(2x+x^2)e^x]'=(2+2x)e^x+(2x+x^2)e^x=(x^2+4x+2)e^x$

$y''|_{x=0}=2$

(2) $f^{(9)}(x)=[f^{(8)}(x)]'=(6x^2-5)'=12x$

$f^{(10)}(x)=[f^{(9)}(x)]'=(12x)'=12$

(3) $y'=a^x\ln a, y''=a^x(\ln a)^2, y'''=a^x(\ln a)^3, \cdots, y^{(n)}=a^x(\ln a)^n$

说明:由(3)可知,$(e^x)^{(n)}=e^x$。

【知识演练】

1. 求下列函数在指定点处的导数:

(1) $y=3x^2-1(x=1)$;　　(2) $y=\dfrac{3}{5-x}+\dfrac{x^3}{5}(x=0)$;

(3) $y=2\tan x+\cos\dfrac{\pi}{3}\left(x=\dfrac{\pi}{3}\right)$;　　(4) $y=x\ln x-x(x=e)$。

2. 求下列函数的导数:

(1) $y=4x^3-2x^2+5$;　　(2) $y=2^x\ln x$;　　(3) $y=2x^3\sin x$;

(4) $y=x^3+5\tan 2x$;　　(5) $y=e^{5x}+\ln^2 x$;　　(6) $y=\dfrac{e^x}{x^2}+\dfrac{2}{x}$;

(7) $y=\dfrac{1+\sin t}{1+\cos t}$;　　(8) $y=\sqrt{1+3^x}$;　　(9) $y=(x-\sqrt{x})^2$;

(10) $y=\sin^3(\ln x)$。

3. 求下列各题中指定的各阶导数:

(1) $y=(2x+7)^4$,求 y''和$y''|_{x=-3}$;

(2) $f(x)=\ln\dfrac{1+x}{1-x}$,求 $f''(0)$;

(3)已知 $f^{(4)}(x)=e^{\frac{x}{3}}\sin 2x$,求 $f^{(6)}(0)$。

3.2.2　隐函数和由参数方程确定的函数的导数

【案例提出】

前面讨论的求导方法主要适用于 $y=f(x)$ 这种用一个变量明显地表示另一个变量的函数形式,这种函数称为显函数。但是函数的表现形式是多样的,隐函数和参数方程也是函数的重要表现形式。

[案例 3.4]　在二元方程 $y^5+3y-x-3x^7=0$ 中,对于区间$(-\infty,+\infty)$内任意的 x 值,都可确定唯一的 y 值与之对应,也即该方程在$(-\infty,+\infty)$内确定了一个隐函数 $y=y(x)$。试求 y'。

[案例 3.5]　求摆线$\begin{cases}x=a(t-\sin t)\\y=a(1-\cos t)\end{cases}$($a$ 为常数)在 $t=\dfrac{\pi}{2}$时的切线方程。

在这两个案例中,我们遇到了隐函数和参数方程确定的函数的求导问题。一般情况下,将隐函数和参数方程转化为显函数会有一定困难,那么在无法转化的情况下应该如何求 y'?

【相关知识】

1. 隐函数求导

假设隐函数 $y=f(x)$ 由方程 $F(x,y)=0$ 确定,将方程 $F(x,y)=0$ 中的 y 看成 x 的函数,于是 $F(x,y)=0$ 成为一个恒等式。将恒等式两边对 x 求导,并把其中的 y 看作中间变量,得到含有 y'的方程,解出 y'即为隐函数的导数。

2. 由参数方程确定的函数的导数

设由参数方程

$$\begin{cases}x=\varphi(t)\\y=\psi(t)\end{cases}(t\text{ 为参数})\tag{3-3}$$

确定了 y 与 x 之间的函数关系 $y=y(x)$,其中 $x=\varphi(t)$ 与 $y=\psi(t)$ 都可导,且 $\varphi'(t)\neq0$。由复合函数和反函数的求导法则,有

$$\frac{\mathrm{d}y}{\mathrm{d}x}=\frac{\mathrm{d}y}{\mathrm{d}t}\cdot\frac{1}{\frac{\mathrm{d}x}{\mathrm{d}t}}=\frac{\frac{\mathrm{d}y}{\mathrm{d}t}}{\frac{\mathrm{d}x}{\mathrm{d}t}}=\frac{\psi'(t)}{\varphi'(t)}$$

所以参数方程(3-3)所确定的函数的导数公式为

$$\frac{\mathrm{d}y}{\mathrm{d}x}=\frac{y'_t}{x'_t}=\frac{\psi'(t)}{\varphi'(t)}\tag{3-4}$$

注意:在用式(3-4)求参数方程的导数时,注意不要把分子和分母写颠倒。

【拓展知识】*

对数求导法

对数求导法是一种求函数导数的方法。具体做法如下:

(1)对要求导的函数 $y=f(x)$($f(x)>0$)两边取对数 $\ln y=\ln f(x)$;

(2)由隐函数求导方法,$\ln y=\ln f(x)$两边同时关于x求导,有$\frac{y'}{y}=[\ln f(x)]'$,两边同乘$f(x)$就得到$y'=f(x)[\ln f(x)]'$。

对数求导法主要用于幂指函数$u(x)^{v(x)}(u(x)>0)$和多个函数相乘的函数的求导情形,使用对数求导法计算这些函数的导数可以降低运算的难度和计算量。

说明:形如$u(x)^{v(x)}(u(x)>0)$的函数,由于底数和指数中都含有自变量,所以其既不是幂函数,也不是指数函数,通常称其为幂指函数。

【例题精选】

[例 3.20] 设$y=y(x)$由方程$e^x-e^y-x^2y=1$确定,求y'。

解:方程两边同时对x求导,得

$$e^x-e^y y'-2xy-x^2y'=0$$

解得

$$y'=\frac{e^x-2xy}{e^y+x^2}$$

注意:

(1)这里e^x对x求导时应看成$e^{y(x)}$,即有$[e^{y(x)}]'_x=e^{y(x)}\cdot y'(x)$,$x^2y$对$x$求导也是同理;

(2)隐函数导数的结果式中往往既含自变量x,又含因变量y。这一点与显函数不同。

[例 3.21] 设$y=y(x)$由方程$y^5+3y-x-3x^7=0$确定,求$y'|_{x=0}$。

解:方程两边同时对x求导,得

$$5y^4\cdot y'+3y'-1-21x^6=0$$

解得

$$y'=\frac{1+21x^6}{5y^4+3}$$

将$x=0$代入原方程可得$y|_{x=0}=0$,所以$y'|_{x=0}=\frac{1}{3}$。

[例 3.22] 求参数方程$\begin{cases}x=a\sin^3 t\\ y=a\cos^3 t\end{cases}$确定的函数的导数$\frac{dy}{dx}$。

解:$\frac{dy}{dx}=\frac{y'_t}{x'_t}=\frac{(a\cos^3 t)_t'}{(a\sin^3 t)_t'}=\frac{-3a\cos^2 t\cdot\sin t}{3a\sin^2 t\cdot\cos t}=-\cot t$

[例 3.23] 求摆线$\begin{cases}x=a(t-\sin t)\\ y=a(1-\cos t)\end{cases}$($a$为常数)在$t=\frac{\pi}{2}$时的切线方程。

解：摆线上 $t=\frac{\pi}{2}$ 时对应的点为 $M_0\left(\frac{(\pi-2)a}{2},a\right)$，又

$$\frac{\mathrm{d}y}{\mathrm{d}x}=\frac{[a(1-\cos t)]'}{[a(t-\sin t)]'}=\frac{\sin t}{1-\cos t}=\cot\frac{t}{2}$$

故摆线在 M_0 处切线的斜率 $y'|_{t=\frac{\pi}{2}}=1$，所求的切线方程为

$$y-a=x-\frac{(\pi-2)a}{2}$$

即

$$x-y+\frac{(4-\pi)a}{2}=0$$

[例 3.24]* 　求 $y=(1+x)^{\frac{1}{x}}$ 的导数。

解：这是幂指函数求导问题，可采用对数求导法对 $y=(1+x)^{\frac{1}{x}}$ 两边取对数，得

$$\ln y=\frac{\ln(1+x)}{x}$$

上式两边对 x 求导数，得

$$\frac{1}{y}\cdot y'=\frac{\frac{1}{1+x}\cdot x-\ln(1+x)}{x^2}$$

所以

$$y'=y\cdot\frac{x-(1+x)\ln(1+x)}{x^2(1+x)}=(1+x)^{\frac{1}{x}}\cdot\frac{x-(1+x)\ln(1+x)}{x^2(1+x)}$$

[例 3.25]* 　设 $y=(2x-1)^2\sqrt{\frac{x-2}{x-3}}$，求 y'。

解：本题如果直接求导，比较烦琐，可采用对数求导法。

在等式两边取对数，有

$$\ln y=2\ln(2x-1)+\frac{1}{2}\cdot\ln(x-2)-\frac{1}{2}\ln(x-3)$$

上式两边分别对 x 求导，有

$$y'=(2x-1)^2\sqrt{\frac{x-2}{x-3}}\left[\frac{4}{2x+1}+\frac{1}{2(x-2)}-\frac{1}{2(x-3)}\right]$$

说明：严格来讲，在函数两边取对数之前应先在两边取绝对值，即有

$$\ln|y|=2\ln|2x-1|+\frac{1}{2}\ln|x-2|-\frac{1}{2}\ln|x-3|$$

容易验证,取绝对值后再应用对数求导法,所得的结果不变。因此使用对数求导法处理此类问题时,习惯上常略去取绝对值的步骤。

【知识演练】

1. 求出下列方程所确定的隐函数的导数:

(1) $x\cos y=\sin(2x+y)$;　　(2) $\tan xy=2x+3y$;

(3) $xe^y-ye^x=x^2$;　　(4) $\frac{x}{y}=\ln xy$。

2. 求下列参数方程所确定的函数的导数:

(1) $\begin{cases}x=1+t\\y=1+t^2\end{cases}$;　　(2) $\begin{cases}x=t\cos t\\y=\sin t\end{cases}$。

3. 求椭圆 $\frac{x^2}{4}+\frac{y^2}{2}=1$ 在点 $M(\sqrt{2},1)$ 处的切线方程。

4. 求由参数方程 $\begin{cases}x=3e^t\\y=e^{-t}\end{cases}$ 确定的函数在 $t=0$ 处的切线方程和法线方程。

5.* 求下列函数的导数:

(1) $y=x^{\sqrt{x}}$;　　(2) $y=\frac{(3-x)^4\sqrt{x+2}}{(x+1)^5}$。

3.2.3　函数的微分

【案例提出】

[**案例 3.6**]　某种产品的总成本 y 是产量 x 的函数,$y=100+6x-0.4x^2+0.02x^3$,试问当生产水平从 $x=10$ 万件增加到 $x+\Delta x=10.01$ 万件时,总成本需增加多少?

解法 1:当从 $x=10$ 万件增加到 $x+\Delta x=10.01$ 万件时,总成本 y 的改变量为

$$\begin{aligned}\Delta y&=f(x+\Delta x)-f(x)\\&=100+6\times10.01-0.4\times10.01^2+0.02\times10.01^3-(100+6\times10-0.4\times10^2+0.02\times10^3)\\&=0.040\,020\,02\end{aligned}$$

解法 2:由于导数是改变量比值的极限,从而可以认为

$$\Delta y\approx f'(x)\Delta x=(6-0.8x+0.06x^2)\big|_{x=10}\times0.01=0.04$$

两种方法的计算结果相差不大,但解法 2 的计算更为方便。由函数在某一点的导数定义不难知道,当 $|\Delta x|$ 很小时,解法 2 的计算是有效的,且 $|\Delta x|$ 越小,解法 2 的计算结果精确度越高。

【相关知识】

1. 微分的定义

定义 3.4　设函数 $y=f(x)$ 在点 x_0 处可导，则称 $f'(x_0)\Delta x$ 为函数 $y=f(x)$ 在 x_0 处的微分，记作 dy，即 $dy=f'(x_0)\Delta x$。此时称函数 $y=f(x)$ 在点 x_0 处**可微**。

设函数 $y=f(x)$ 在区间 (a,b) 内可导，那么函数 $y=f(x)$ 在该区间内每一点必可微，把函数 $y=f(x)$ 在区间 (a,b) 内的微分记作 dy，且有 $dy=f'(x)\Delta x$。此时，也称函数 $y=f(x)$ 为区间 (a,b) 内的可微函数。

通常把自变量 x 的改变量 Δx 称为自变量的微分，记作 dx，则有 $dx=x'\Delta x=\Delta x$，也即自变量的微分 dx 等于它的改变量 Δx。于是函数 $y=f(x)$ 的微分又可记作

$$dy=f'(x)dx \tag{3-5}$$

式(3-5)一方面提供了计算函数 $y=f(x)$ 微分的一种方法，另一方面也能帮助我们更好地理解函数导数和微分之间的联系。在式(3-5)两边同除以 dx，得

$$\frac{dy}{dx}=f'(x)$$

即函数的微分 dy 与自变量的微分 dx 之商等于该函数的导数。因此，导数也称为微商。

2. 微分的几何意义

考虑函数 $y=f(x)$ 的图形，设自变量 $x=x_0$ 时，曲线上对应点为 M；当自变量有改变量 Δx，即 $x=x_0+\Delta x$ 时，对应得到曲线上另一个点 N。过点 M 作曲线的切线 MT，设它的倾角为 α，则此切线的斜率 $\tan\alpha=f'(x_0)$。从图 3.3 中可以看出，曲线上两点 M,N 的纵坐标之差为 Δy，切线上相应的纵坐标之差为 dy，当 $|\Delta x|$ 很小时，$\Delta y\approx dy$。也就是说，在点 M 的附近，可以用切线纵坐标的改变量 dy 来近似代替曲线纵坐标的改变量 Δy。

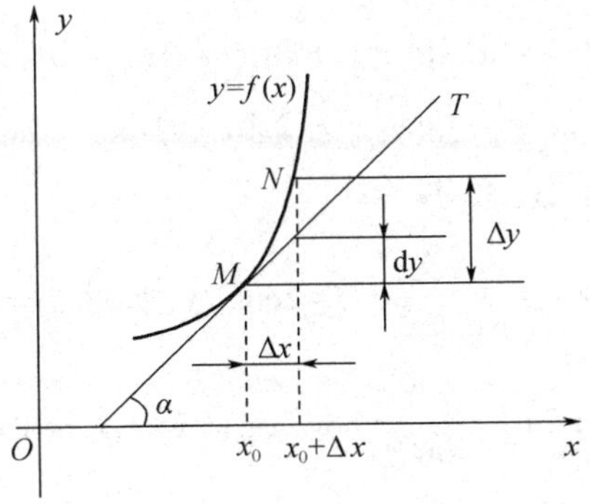

图 3.3

【拓展知识】*

1. 微分的四则运算法则

类似导数的四则运算法则，微分也有四则运算法则：

(1) $d(u\pm v)=du\pm dv$；

(2) $d(Cu)=Cdu$（C 为常数）；

(3) $d(uv)=vdu+udv$；

(4) $d\left(\frac{u}{v}\right)=\frac{vdu-udv}{v^2}(v\neq 0)$。

2. 一阶微分的形式不变性

设 $y=f(u)$，$u=\varphi(x)$ 都可微，则复合函数 $y=f[\varphi(x)]$ 也可微，且

$$dy=y'_x dx=f'(u)\cdot\varphi'(x)dx$$

因为 $\varphi'(x)dx=du$，所以有 $dy=f'(u)du$。

定理 3.6 设 $y=f(u)$ 可微，不论 u 是自变量还是中间变量，总有

$$dy=f'(u)du$$

这一性质称为一阶微分的形式不变性。

计算微分时，除了利用式(3-5)外，也可用上述微分的四则运算法则和一阶微分的形式不变性来计算。

【例题精选】

[例 3.26] 设 $dy=f'(u)du$，$y=\sin x+\cos 2x$，求微分 dy。

解法 1：因为 $y'=\cos x+(-\sin 2x)\cdot(2x)'=\cos x-2\sin 2x$，所以 $dy=(\cos x-2\sin 2x)dx$。

解法 2：（利用微分法则）*

$$\begin{aligned}dy&=d(\sin x+\cos 2x)=d(\sin x)+d(\cos 2x)=\cos x dx-\sin 2x d(2x)\\&=\cos x dx-2\sin 2x dx=(\cos x-2\sin 2x)dx\end{aligned}$$

[例 3.27] 设 $y=\ln\sin 2x$，求 dy。

解法 1：$y'=\frac{1}{\sin 2x}(\sin 2x)'=\frac{\cos 2x}{\sin 2x}\cdot 2=2\cot 2x$，所以 $dy=2\cot 2x dx$。

解法 2*：$dy=\frac{1}{\sin 2x}d(\sin 2x)=\frac{1}{\sin 2x}\cos 2x d(2x)=2\cot 2x dx$。

[例 3.28] 设 $y=\sqrt{x^2+x+2}$，求 dy。

解法 1：$y'=\frac{1}{2\sqrt{x^2+x+2}}(x^2+x+2)'=\frac{2x+1}{1\sqrt{x^2+x+2}}$，所以 $dy=\frac{2x+1}{2\sqrt{x^2+x+2}}dx$。

解法 2* ：$dy=\frac{1}{2\sqrt{x^2+x+2}}d(x^2+x+2)=\frac{d(x^2)+dx+d(1)}{2\sqrt{x^2+x+2}}=\frac{2x+1}{2\sqrt{x^2+x+2}}dx$。

[例 3.29]　已知 $y=\ln(x^2-1)$，求 $dy, dy|_{x=2}$。

解：$dy=[\ln(x^2-1)]'dx=\frac{2x}{x^2-1}dx$

$dy|_{x=2}=\frac{4}{3}dx$

【知识应用】

近似计算是在解决实际问题的过程中经常采用的一种方法，而利用微分往往可以把一些复杂的计算公式用简单的近似公式来替代，因此微分在近似计算中有较大优势和可实践性。

根据之前的讨论，若函数 $y=f(x)$ 在点 x_0 处可微，则当 $|\Delta x|$ 很小时，有 $\Delta y\approx dy$，即

$$\Delta y=f(x_0+\Delta x)-f(x_0)\approx f'(x_0)\Delta x$$

移项可得

$$f(x_0+\Delta x)\approx f(x_0)+f'(x_0)\Delta x \tag{3-6}$$

如果记 $x=x_0+\Delta x$，则 $\Delta x=x-x_0$，式(3-6)可改写为

$$f(x)\approx f(x_0)+f'(x_0)(x-x_0) \tag{3-7}$$

[例 3.30]　计算 $\sqrt{2}$ 的近似值。

解：令函数 $f(x)=\sqrt{x}$，则 $f'(x)=\frac{1}{2\sqrt{x}}$。

因为 $\sqrt{2}=\sqrt{1.96+0.04}$，所以可取 $x_0=1.96, \Delta x=0.04$。

由式(3-6)可得

$$\sqrt{2}=\sqrt{1.96+0.04}\approx f(1.96)+f'(1.96)\times 0.04$$
$$=\sqrt{1.96}+\frac{1}{2\sqrt{1.96}}\times 0.04=1.4+\frac{0.04}{2.8}\approx 1.4143$$

[例 3.31]　某工厂生产某种产品，根据销售分析，得出的利润 L（单位：万元）与日产量 Q（单位：t）的关系为 $L(Q)=120Q+\sqrt{Q}-1\,350$，若日产量由 16 t 增加到 16.2 t，求利润增加的近似值。

解：由题意知，日产量 Q 由 16 t 增加到 16.2 t，利润 L 增加了 ΔL，因此，这是函数改变量的近似值问题。

由微分的近似计算公式得

$$\Delta L\approx L'(Q)\Delta Q=\left(120+\frac{1}{2\sqrt{Q}}\right)\Delta Q$$

由题意 $Q=16, \Delta Q=0.2$，所以

$$\Delta L \approx \left(120+\frac{1}{2\sqrt{16}}\right)\times 0.2 = 24.025(\text{万元})$$

即日产量由 16 t 增加到 16.2 t 时，利润增加了约 24 万元。

【知识演练】

1. 求下列函数的微分：

(1) $y=\frac{1}{x}+2\sqrt{x}$；　　(2) $y=x^2\cos x$；

(3) $y=\frac{1}{\sqrt{x+1}}$；　　(4) $y=x\ln\frac{x}{2}+e^{x^2}$。

2. 在括号内填入适当的函数，使等式成立。

(1) $x\mathrm{d}x=\mathrm{d}(\quad)$；　　(2) $\cos x\mathrm{d}x=\mathrm{d}(\quad)$；

(3) $\frac{1}{x^2}\mathrm{d}x=\mathrm{d}(\quad)$；　　(4) $\frac{1}{\sqrt{x}}\mathrm{d}x=\mathrm{d}(\quad)$。

3. 某商店每周销售商品 x 件，所获利润 y（单位：元）依下式进行计算：$y=6\sqrt{100x-x^2}$。当每周销量由 10 件增加到 11 件时，试用微分计算利润增加的近似值。

4. 设某商品的需求函数为 $Q=8.2e^{-\frac{P}{5}}$，其中 P（单位：元）为单位商品的价格，Q（单位：千件）为商品的月需求量。试用微分方法估计当该商品的价格从 8 元增加到 8.2 元时，月需求量变化的情况。

5. 一家汽车销售商利用电视广告来促进其汽车销售，由过去记录得到每个月投放的广告量 x（单位：次）与汽车销量 y（单位：辆）有如下关系：$y=-0.005x^3+0.485x^2-1.85x+300$，试用微分的方法估计当每个月投放广告从 20 次增加到 21 次时，汽车销售量的增加情况。

3.3　导数的应用

3.3.1　洛必达法则

【案例提出】

[案例 3.7]　在求极限的过程中，如果当 $x\to x_0$（或 $x\to\infty$）时，两个函数 $f(x)$ 与 $g(x)$ 都趋于 0 或都趋于无穷大，则通常把这种极限称为未定型，并分别简记为“$\frac{0}{0}$”型或

“$\frac{\infty}{\infty}$”型。在第 1 章中对这类极限已进行了初步讨论，如$\lim\limits_{x\to2}\frac{x^2-3x+2}{x^2+3x-10}$，但是目前还无法求出极限$\lim\limits_{x\to0^+}\frac{\ln\tan x}{\ln x}$。借助导数这个工具，可以用新的方法来求解此类极限，这就是洛必达（L' Hospital）法则。

【相关知识】

定理 3.7（洛必达法则）　设在自变量的某一变化过程中，函数 $f(x)$ 与 $g(x)$ 可导，且 $g'(x)\neq0$。如果极限 $\lim\frac{f(x)}{g(x)}$是“$\frac{0}{0}$”型未定式（或“$\frac{\infty}{\infty}$”型未定式），且$\lim\frac{f'(x)}{g'(x)}$存在或为∞，则

$$\lim\frac{f(x)}{g(x)}=\lim\frac{f'(x)}{g'(x)}$$

需要注意的是，洛必达法则只能用于“$\frac{0}{0}$”型或“$\frac{\infty}{\infty}$”型未定式极限。其他常见的未定式，如“$0\cdot\infty$”型、“$\infty-\infty$”型、“1^∞”型、“∞^0”型和“0^0”型等未定式，是不能直接应用洛必达法则的，需先将函数进行恒等变形，化为“$\frac{0}{0}$”型或“$\frac{\infty}{\infty}$”型未定式，才可以用洛必达法则计算。

【拓展知识】*

微分中值定理

微分中值定理在微积分理论中占有重要地位，它建立了导数与函数之间的关系，这些公式对于用导数研究函数是极为重要的。

定理 3.8（罗尔（Rolle）定理）　设函数 $f(x)$ 在闭区间 $[a,b]$ 上连续，在开区间 (a,b) 内可导，且 $f(a)=f(b)$，则在开区间 (a,b) 内至少存在一点 ξ，使得 $f'(\xi)=0$。

罗尔定理的几何意义是：若 $y=f(x)$ 满足罗尔定理的条件，则在曲线 $y=f(x)$ 上至少能作出一条切线与 x 轴平行（图 3.4）。

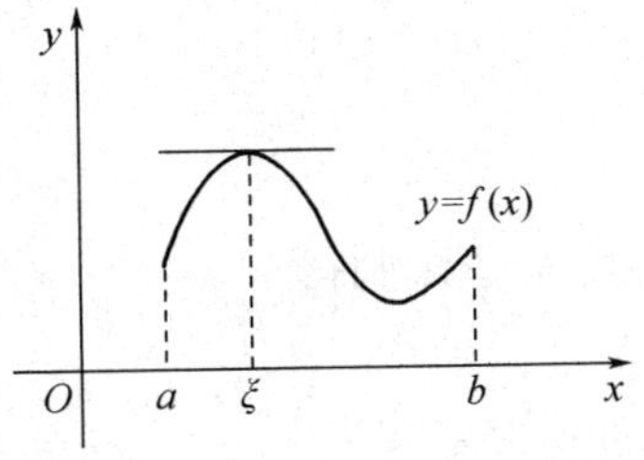

图 3.4

定理 3.9(拉格朗日(Lagrange)中值定理) 设函数$f(x)$在闭区间$[a,b]$上连续,在开区间(a,b)内可导,则在开区间(a,b)内至少存在一点ξ,使得

$$f'(\xi)=\frac{f(b)-f(a)}{b-a}$$

即$f(b)-f(a)=f'(\xi)(b-a)(a<\xi<b)$。

拉格朗日中值定理的几何意义如下:

如图 3.5 所示,直线 AB 的斜率为 $\frac{f(b)-f(a)}{b-a}$,而过曲线上点 C 的切线斜率为 $f'(\xi)$。因此拉格朗日中值定理的几何意义是:如果 $y=f(x)$ 满足定理的全部条件,则在曲线 $y=f(x)$ 上至少能作出一条切线与直线 AB 平行。

从图 3.5 中还可看出,若将坐标轴进行旋转,使 x 轴与直线 AB 平行,则此时 A 与 B 两点的函数值相等,即曲线满足罗尔定理的条件。因此罗尔定理是拉格朗日中值定理的特殊形式。

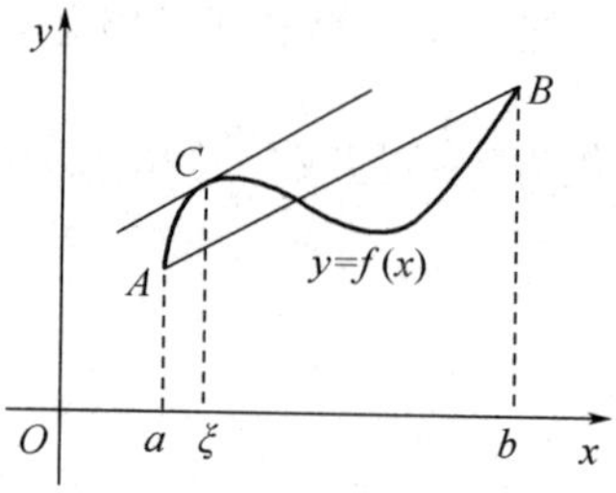

图 3.5

推论 3.3 若函数$f(x)$在区间I内的导数恒为 0,则$f(x)$在区间I内恒为常数。

推论 3.4 若函数$f(x)$,$g(x)$在区间I内的导数相等,即$f'(x)=g'(x)(x\in I)$,则$f(x)$与$g(x)$在区间I内恒相差一常数。

【例题精选】

[**例 3.32**] 求$\lim\limits_{x\to 0}\frac{xe^{-x}}{e^x-1}$。

解:所求极限为“$\frac{0}{0}$”型,由洛必达法则得

$$\lim_{x\to 0}\frac{xe^{-x}}{e^x-1}=\lim_{x\to 0}\frac{e^{-x}-xe^{-x}}{e^x}=1$$

[例 3.33]　求$\lim\limits_{x\to1}\dfrac{x^3-3x+2}{x^4-2x^2+1}$。

解:所求极限为“$\dfrac{0}{0}$”型,由洛必达法则得

$$\lim_{x\to1}\frac{x^3-3x+2}{x^4-2x^2+1}=\lim_{x\to1}\frac{(x^3-3x+2)'}{(x^4-2x^2+1)'}=\lim_{x\to1}\frac{3x^2-3}{4x^3-4x}\text{(仍为“}\frac{0}{0}\text{”型)}$$

$$=\lim_{x\to1}\frac{(3x^2-3)'}{(4x^3-4x)'}=\lim_{x\to1}\frac{6x}{12x^2-4}=\frac{3}{4}$$

说明:如果利用洛必达法则之后所得到的导数之比的极限仍是“$\dfrac{0}{0}$”型或“$\dfrac{\infty}{\infty}$”型未定式,且仍满足法则的条件,那么可以继续使用洛必达法则。

[例 3.34]　求$\lim\limits_{x\to0^+}\dfrac{\ln\tan x}{\ln x}$。

解:所求极限为“$\dfrac{\infty}{\infty}$”型,由洛必达法则得

$$\lim_{x\to0^+}\frac{\ln\tan x}{\ln x}=\lim_{x\to0^+}\frac{(\ln\tan x)'}{(\ln x)'}=\lim_{x\to0^+}\frac{\dfrac{1}{\tan x\cos^2x}}{\dfrac{1}{x}}$$

$$=\lim_{x\to0^+}x\cdot\frac{\cos x}{\sin x}\cdot\frac{1}{\cos^2x}=\lim_{x\to0^+}\frac{x}{\sin x}\cdot\frac{1}{\cos x}=1$$

[例 3.35]　求$\lim\limits_{x\to0^+}\dfrac{\ln\tan 3x}{\ln\tan 5x}$。

解:所求极限为“$\dfrac{\infty}{\infty}$”型,由洛必达法则,得

$$\lim_{x\to0^+}\frac{\ln\tan 3x}{\ln\tan 5x}=\lim_{x\to0^+}\frac{(\ln\tan 3x)'}{(\ln\tan 5x)'}=\lim_{x\to0^+}\frac{\dfrac{3}{\tan 3x\cos^2 3x}}{\dfrac{5}{\tan 5x\cos^2 5x}}$$

$$=\frac{3}{5}\lim_{x\to0^+}\frac{\sin 10x}{\sin 6x}=\frac{3}{5}\lim_{x\to0^+}\frac{10x}{6x}=1$$

说明:在倒数第二个等号中,利用了等价无穷小代换 $\sin 10x\sim10x,\sin 6x\sim6x(x\to0)$。在用洛必达法则时,可结合使用第 1 章学过的一些求极限技巧,常能简化运算。

[例 3.36]　求$\lim\limits_{x\to0^+}x\ln x$。

解:所求极限为“$\infty-\infty$”型,先化为“$\dfrac{0}{0}$”或“$\dfrac{\infty}{\infty}$”型,再用洛必达法则计算

$$\lim_{x\to0^+}x\ln x=\lim_{x\to0^+}\frac{\ln x}{\frac{1}{x}}\left(“\frac{\infty}{\infty}”\text{型}\right)$$

$$=\lim_{x\to0^+}\frac{(\ln x)'}{\left(\frac{1}{x}\right)'}=\lim_{x\to0^+}\frac{\frac{1}{x}}{-\frac{1}{x^2}}=-\lim_{x\to0^+}x=0$$

[例 3.37]　求$\lim\limits_{x\to1}\left(\dfrac{x}{x-1}-\dfrac{1}{\ln x}\right)$。

解:所求极限为“$\infty-\infty$”型,先化为“$\dfrac{0}{0}$”或“$\dfrac{\infty}{\infty}$”型,再用洛必达法则计算

$$\lim_{x\to1}\left(\frac{x}{x-1}-\frac{1}{\ln x}\right)=\lim_{x\to1}\frac{x\ln x-x+1}{(x-1)\ln x}\left(“\frac{0}{0}”\text{型}\right)$$

$$=\lim_{x\to1}\frac{(x\ln x-x+1)'}{[(x-1)\ln x]'}=\lim_{x\to1}\frac{\ln x+1-1}{\ln x+\frac{x-1}{x}}$$

$$=\lim_{x\to1}\frac{x\ln x}{x\ln x+x-1}\left(“\frac{0}{0}”\text{型}\right)$$

$$=\lim_{x\to1}\frac{(x\ln x)'}{(x\ln x+x-1)'}=\lim_{x\to1}\frac{\ln x+1}{\ln x+2}=\frac{1}{2}$$

[例 3.38]　求$\lim\limits_{x\to0^+}x^{\sin x}$。

分析:当所求极限为“1^∞”型、“∞”型 或“0^0”型时,可以通过取对数的方法转化后再用洛必达法则。

解:因为$x^{\sin x}=e^{\ln x^{\sin x}}=e^{\sin x\ln x}$,所以$\lim\limits_{x\to0^+}x^{\sin x}=e^{\lim\limits_{x\to0^+}\sin x\ln x}$。

而$\lim\limits_{x\to0^+}\sin x\ln x=\lim\limits_{x\to0^+}\dfrac{\ln x}{\frac{1}{\sin x}}=\lim\limits_{x\to0^+}\dfrac{\frac{1}{x}}{\frac{-\cos x}{\sin^2x}}=\lim\limits_{x\to0^+}\dfrac{\sin^2x}{-x\cos x}=0$,所以原式$=e^0=1$。

【知识演练】

1.* 下列函数在给定的区间上是否满足罗尔定理的条件？如果满足,求出定理结论中的数值ξ。

(1)$f(x)=\dfrac{1}{x^2}$,给定区间为$[-2,2]$;　　(2)$f(x)=\ln x$,给定区间为$[1,3]$。

2.* 下列函数在给定区间上是否满足拉格朗日中值定理的条件？如果满足,求出定理结论中的数值ξ。

(1) $f(x)=x^3+2x$，给定区间为 $[0,3]$；　　(2) $f(x)=\ln x$，给定区间为 $[1,\mathrm{e}]$。

3. 用洛必达法则求下列极限：

(1) $\lim\limits_{x\to 0}\dfrac{\mathrm{e}^x-\mathrm{e}^{-x}-2x}{x-\sin x}$；　(2) $\lim\limits_{x\to 0}\dfrac{\sin x-x}{x-\tan x}$；　(3) $\lim\limits_{x\to 0}\dfrac{\ln\cos 2x}{\ln\cos 3x}$；

(4) $\lim\limits_{x\to \pi}\dfrac{\sin 3x}{\tan 5x}$；　(5) $\lim\limits_{x\to +\infty}\dfrac{\ln(1+\mathrm{e}^x)}{x^2}$；　(6) $\lim\limits_{x\to 0}\dfrac{\tan x-x}{x^2(\mathrm{e}^{2x}-1)}$；

(7) $\lim\limits_{x\to 0^+} x\mathrm{e}^{\frac{1}{x}}$；　(8) $\lim\limits_{x\to \frac{\pi}{2}}\left(\dfrac{1}{\cos x}-\tan x\right)$。

3.3.2　函数的单调性和极值

【案例提出】

[**案例 3.8**]　在生活中，随着经济的发展，人们或多或少都会接触股市。在股市中，人们特别关注股指曲线（图 3.6），关心在哪一段时间股票价格指数会上升，哪一段时间股票价格指数会下降；或者在何时股票价格指数达到峰值，何时股票价格指数达到低谷，低谷的值是多少。从数学的角度看，这种曲线的上升与下降便是函数的单调性，而图上的峰值和低谷则对应了函数的极值。

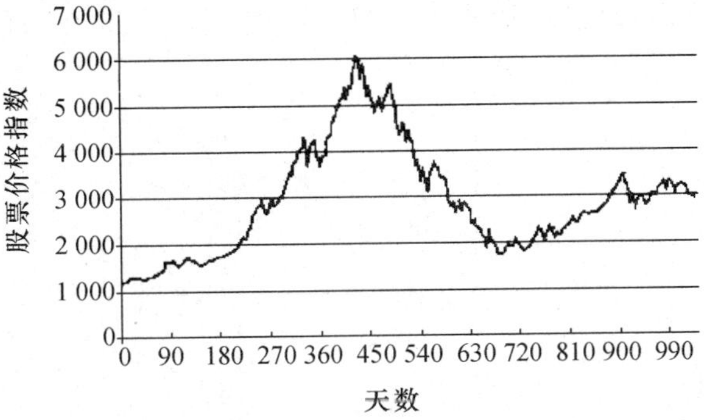

图 3.6

【相关知识】

1. 函数单调性的判别

观察图 3.7 不难发现，如果函数是单调递增的，则其图像上任一点处的切线与 x 轴的夹角总是锐角（图 3.7(a)）；如果函数是单调递减的，则其图像上任一点处的切线与 x 轴的夹角总是钝角（图 3.7(b)）。由此可得函数单调性的判别定理。

定理 3.10　设函数 $y=f(x)$ 在 (a,b) 内可导，则：

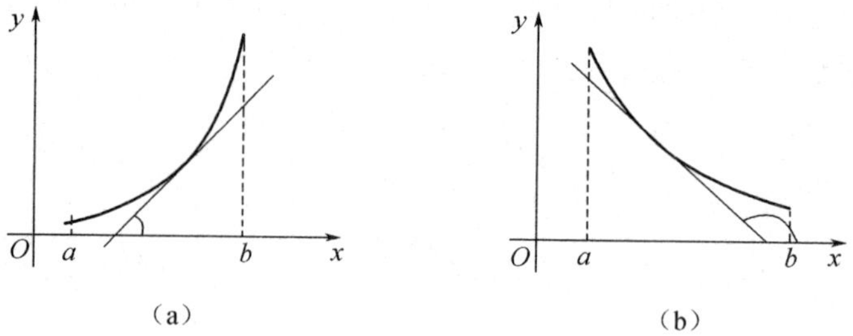

图 3.7

(1) 如果在区间 (a,b) 内恒有 $f'(x)>0$，那么 $f(x)$ 在 (a,b) 内单调递增；

(2) 如果在区间 (a,b) 内恒有 $f'(x)<0$，那么 $f(x)$ 在 (a,b) 内单调递减。

2. 函数的极值

定义 3.5 设函数 $f(x)$ 在点 x_0 的某邻域内有定义，如果对该邻域内任何异于 x_0 的 x，都有：

(1) $f(x)<f(x_0)$，则称 $f(x_0)$ 为 $f(x)$ 的一个极大值，x_0 为 $f(x)$ 的极大值点；

(2) $f(x)>f(x_0)$，则称 $f(x_0)$ 为 $f(x)$ 的一个极小值，x_0 为 $f(x)$ 的极小值点。

函数的极大值与极小值统称为函数的极值，极大值点与极小值点统称为极值点。

例如，在图 3.8 中，函数 $f(x)$ 有极大值 $f(x_2)$，$f(x_5)$；有极小值 $f(x_1)$，$f(x_4)$，$f(x_6)$。

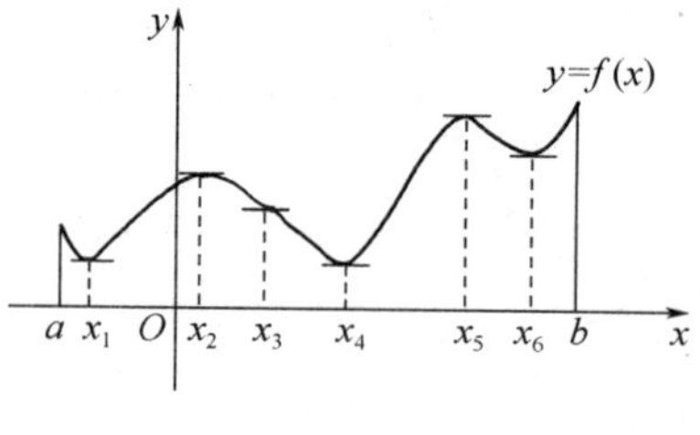

图 3.8

观察图 3.8，不难发现以下结论：

(1) 极值是一个局部性概念，因此极大值和极小值之间没有必然的大小关系，如图 3.8 中极大值 $f(x_2)$ 比极小值 $f(x_6)$ 小，这一点与最值不同；

(2) 极值点处如果存在切线，则切线一定是水平的，如图 3.8 中 x_1，x_2，x_5，x_6 对应点处；

(3) 有水平切线的点不一定是极值点，如图 3.8 中 x_3 对应点处有水平切线，但 x_3 对应点并不是极值点；

(4)不可导点有可能是极值点,如图 3.8 中 x_4 是极小值点,而 x_4 对应点是不可导的尖点。

定理 3.11(极值的必要条件)　设函数 $f(x)$ 在点 x_0 处可导,且 x_0 为 $f(x)$ 的极值点,则 $f'(x_0)=0$。

定义 3.6　使函数的导数等于 0 的点,称为该函数的驻点。

由上面的论述可知,驻点和导数不存在的点有可能成为函数的极值点。这两类点通常容易求出。下面讨论判别极值点的方法。

定理 3.12(判定极值的第一充分条件)　设函数 $y=f(x)$ 在点 x_0 的邻域内可导,则:

(1)如果当 $x<x_0$ 时 $f'(x)>0$,当 $x>x_0$ 时 $f'(x)<0$,那么 x_0 为 $f(x)$ 的极大值点;

(2)如果当 $x<x_0$ 时 $f'(x)<0$,当 $x>x_0$ 时 $f'(x)>0$,那么 x_0 为 $f(x)$ 的极小值点;

(3)如果 $f'(x)$ 在 x_0 的两侧保持相同的符号,那么 x_0 不是 $f(x)$ 的极值点。

定理 3.12 的几何直观解释如图 3.9 所示。

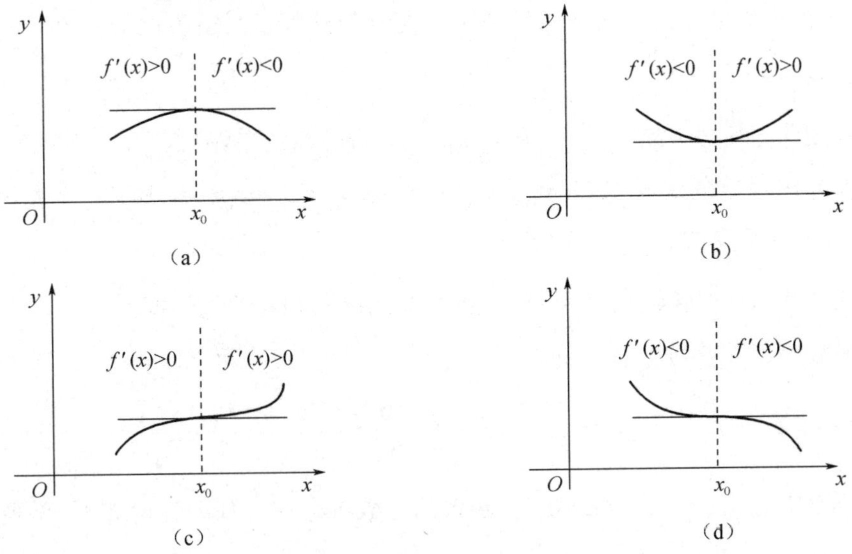

图 3.9

在求极值时,若函数 $f(x)$ 在驻点处存在不为 0 的二阶导数,则有极值的另一个判别定理。

定理 3.13(判定极值的第二充分条件)　设函数 $y=f(x)$ 在点 x_0 处存在二阶导数,且 $f'(x_0)=0$,$f''(x_0)\neq 0$,则:

(1)当 $f''(x_0)<0$ 时,x_0 为 $f(x)$ 的极大值点;

(2)当 $f''(x_0)>0$ 时,x_0 为 $f(x)$ 的极小值点。

需注意,定理3.13只能用于判别一阶导数等于0且二阶导数不等于0的点,对于导数不存在或二阶导数等于0的点,该定理是无法判别的。

3. 判别函数单调区间和求函数极值点的一般步骤

函数的单调性和极值是两个联系非常紧密的概念,经常会放在一起讨论。

(1)确定函数 $y=f(x)$ 的单调区间的一般步骤如下:

①确定函数 $f(x)$ 的定义域;

②求 $f'(x)$,找出 $f(x)$ 的驻点及导数不存在的连续点;

③用②中所求出的点将定义域分成若干区间,在各区间内讨论 $f'(x)$ 的符号,进一步判断 $f(x)$ 在各区间内的单调性。

(2)求函数 $y=f(x)$ 的极值点的一般步骤如下:

①确定函数 $f(x)$ 的定义域;

②求 $f'(x)$,找出 $f(x)$ 的驻点及导数不存在的连续点;

③利用判定极值的第一充分条件或第二充分条件判定②中各点是否为极值点。

【例题精选】

[例3.39] 判别函数 $y=2x+\cos x$ 在 $(-\infty,+\infty)$ 内的单调性。

解:因为在函数的定义域 $(-\infty,+\infty)$ 内恒有 $y'=2-\sin x>0$,所以 $y=2x+\cos x$ 在 $(-\infty,+\infty)$ 内单调递增。

[例3.40] 判别函数 $y=(2x-5)\sqrt[3]{x^2}$ 的单调区间和极值的情况。

解:函数的定义域为 $(-\infty,+\infty)$。

因为 $y=(2x-5)\sqrt[3]{x^2}=2x^{\frac{5}{3}}-5x^{\frac{2}{3}}$,所以 $y'=\frac{10}{3}x^{\frac{2}{3}}-\frac{10}{3}x^{-\frac{1}{3}}=\frac{10}{3}\cdot\frac{x-1}{\sqrt[3]{x}}$。

令 $y'=0$ 得驻点 $x=1$。当 $x=0$ 时,函数的导数不存在。列表讨论如下,见表3.1。

表3.1

x	$(-\infty,0)$	0	$(0,1)$	1	$(1,+\infty)$
y'	+	不存在	−	0	+
y	↑	极大值0	↓	极小值−3	↑

注:表中记号"↑"代表在该区间上单调递增,"↓"代表在该区间上单调递减。

所以函数 $f(x)$ 分别在区间 $(-\infty,0)$ 和 $(1,+\infty)$ 上单调递增,在区间 $(0,1)$ 上单调递减;极大值点为 $x=0$,极大值为 $f(0)=0$;极小值点为 $x=1$,极小值为 $f(1)=-3$。

[例 3.41] 判别函数$f(x)=1+\frac{36x}{(x+3)^2}$的单调区间和极值的情况。

解:所给函数的定义域为$(-\infty,-3)\cup(-3,+\infty)$,$f'(x)=\frac{36(3-x)}{(x+3)^3}$。

令$f'(x)=0$得驻点为$x=3$。定义域内无不可导点。列表讨论如下,见表 3.2。

表 3.2

x	$(-\infty,-3)$	$(-3,3)$	3	$(3,+\infty)$
$f'(x)$	−	+	0	−
$f(x)$	↓	↑	极大值 4	↓

因此函数分别在区间$(-\infty,-3)$和$(3,+\infty)$上单调递减,在区间$(-3,3)$上单调递增;$x=3$时函数取得极大值$f(3)=4$。

说明:此例中一定要注意函数的定义域。$x=-3$不是定义域中的点,所以不出现在列表讨论中,更不可能成为极值点。

[例 3.42] 求$y=x^3-3x$的极值点与极值。

解:函数的定义域为$(-\infty,+\infty)$,$y'=3x^2-3=3(x-1)(x+1)$。

令$y'=0$,可知$x_1=-1$,$x_2=1$为驻点,无不可导点。

$y''=6x$,因为$y''|_{x=-1}=-6<0$,$y''|_{x=1}=6>0$,所以$x_1=-1$为极大值点,相应的极大值为$f(-1)=2$;$x_2=1$为极小值点,相应的极小值为$f(1)=-2$。

说明:此例中函数没有不可导点,且二阶导数在驻点处均不为0,这种情况下用判定极值的第二充分条件判别更为简洁。

【知识应用】

函数的单调性应用广泛,可利用它解方程、证明等式与不等式、求参数的取值范围等,在此主要讨论单调性在不等式证明中的应用。

利用函数的单调性证明不等式是不等式证明最常用的方法之一。通常做法是根据需要证明的不等式去构造合适的函数,通过判别该函数的单调性得到不等关系,进而得到所要证明的结论。

[例 3.43] 证明:当$x>0$时,$1+\frac{1}{3}x>\sqrt[3]{1+x}$。

证明:设函数$f(x)=1+\frac{1}{3}x-\sqrt[3]{1+x}$,则

$$f'(x)=\frac{1}{3}-\frac{1}{3\sqrt[3]{(1+x)^2}}=\frac{1}{3}\left[1-\frac{1}{\sqrt[3]{(1+x)^2}}\right]$$

当 $x>0$ 时，$f'(x)>0$，所以 $f(x)$ 在 $(0,+\infty)$ 上单调递增。

又因为 $f(0)=0$，所以 $x>0$ 时有 $f(x)>f(0)$，即 $1+\frac{1}{3}x-\sqrt[3]{1+x}>0$。

因此当 $x>0$ 时，$1+\frac{1}{3}x>\sqrt[3]{1+x}$，命题得证。

【知识演练】

1. 求下列函数的单调区间、极值与极值点：

(1) $f(x)=x^3-12x$；　　(2) $f(x)=x-\ln(1+x)$；　　(3) $f(x)=\frac{2x}{x^2+1}-2$。

2. 试问 a 为何值时，函数 $f(x)=a\sin x+\frac{1}{3}x$ 在 $x=\frac{\pi}{3}$ 处取得极值？它是极大值还是极小值？求此极值。

3. 证明：当 $x<0$ 时，$e^x\leqslant\frac{1}{1-x}$（提示：只需证当 $x<0$ 时，$e^x(1-x)-1\leqslant 0$ 成立即可）。

3.3.3　曲线的凹凸性与拐点

【案例提出】

[**案例 3.9**]　观察曲线 $y=x^3$ 的图形（图 3.10），虽然在 $(-\infty,+\infty)$ 上曲线都是单调递增的，但负半轴和正半轴图形差别比较大。在 $(-\infty,0)$ 内曲线是向上弯曲的，在 $(0,+\infty)$ 内曲线是向下弯曲的，数学上将这种向上或向下弯曲的性质称为凹凸性。

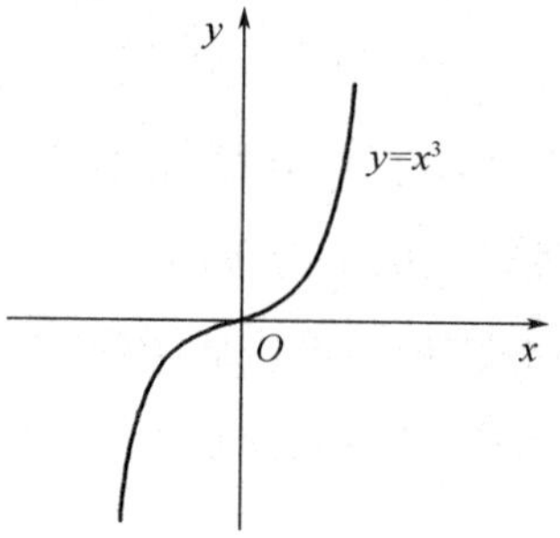

图 3.10

【相关知识】

1. 曲线的凹凸性和拐点

观察图 3.11,发现曲线的凹凸性可以通过曲线自身与其上任一点切线的位置关系来描述。下面给出这种方式下曲线凹凸性的定义。

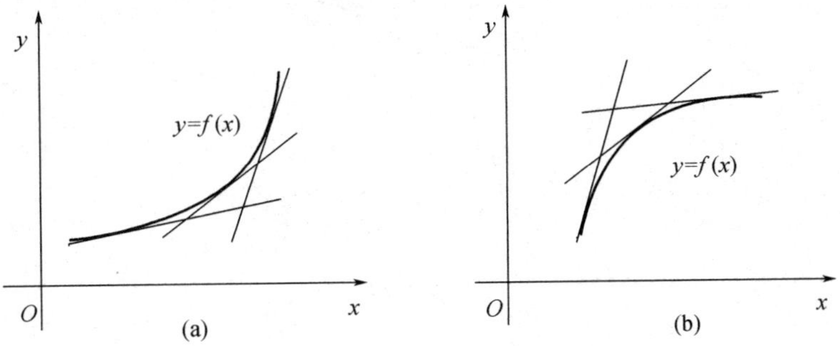

图 3.11

定义 3.7　若在某区间 I 内,曲线总在它每一点的切线的上方,则称此曲线在区间 I 内是凹的(或凹弧);若在某区间 I 内,曲线总在它每一点的切线的下方,则称此曲线在区间 I 内是凸的(或凸弧)。曲线上凹弧与凸弧的分界点称为曲线的拐点。

案例 3.9 中,曲线 $y=x^3$ 在 $(-\infty,0)$ 内是凸的,在 $(0,+\infty)$ 内是凹的,$(0,0)$ 是该曲线的拐点。

2. 曲线凹凸性和拐点的判定

定理 3.14　设函数 $f(x)$ 在区间 (a,b) 内有二阶连续导数 $f''(x)$,则:

(1)若在 (a,b) 内恒有 $f''(x)>0$,则 $f(x)$ 在区间 (a,b) 内是凹的;

(2)若在 (a,b) 内恒有 $f''(x)<0$,则 $f(x)$ 在区间 (a,b) 内是凸的。

一般情况下,$f(x)$ 的二阶导数等于 0 的点与二阶导数不存在的连续点可能成为拐点,所以求函数在定义域上的凹凸性与拐点可以分为以下步骤:

①确定函数 $f(x)$ 的定义域;

②求 $f''(x)$,找出 $f''(x)=0$ 的点及 $f''(x)$ 不存在的连续点;

③用②中所求出的点将定义域分成若干区间,在各区间内讨论 $f''(x)$ 的正负,进一步判断曲线 $f(x)$ 的凹凸区间并求出拐点。

【拓展知识】*

曲线的渐近线

给定函数 $y=f(x)$,通过判别其单调性和图形的凹凸性,可以对函数的图形有初步的了解。如果想更准确、更直观地认识函数,还需要知道曲线的渐近线。

定义 3.8 动点 M 沿曲线 $y=f(x)$ 无限远离坐标原点时,若点 M 与某定直线 L 之间的距离无限趋近于 0,则称直线 L 为曲线 $y=f(x)$ 的一条渐近线(图 3.12)。

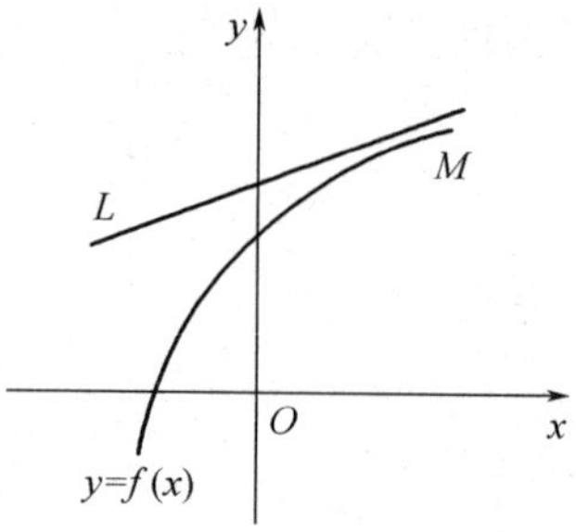

图 3.12

在平面直角坐标系中,渐近线根据其位置可分为水平渐近线、垂直渐近线和斜渐近线三种。在此只讨论水平渐近线与垂直渐近线。

(1)若渐近线 L 与 x 轴平行,则称直线 L 为曲线 $y=f(x)$ 的水平渐近线(图 3.13);

(2)若渐近线 L 与 x 轴垂直,则称直线 L 为曲线 $y=f(x)$ 的垂直渐近线。

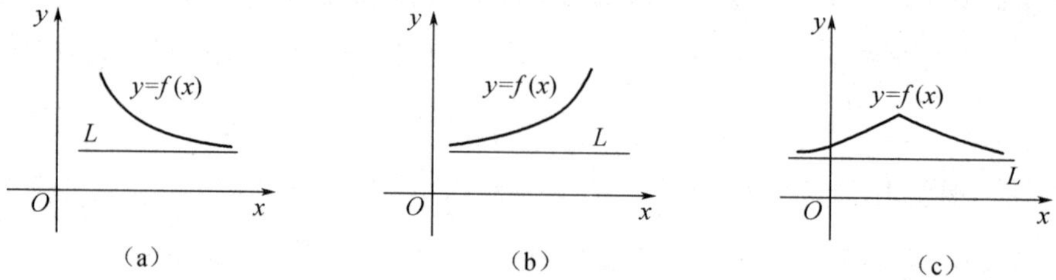

图 3.13

由渐近线的定义,再结合图 3.13,容易看出,当且仅当 $\lim\limits_{x\to+\infty} f(x)=c$, $\lim\limits_{x\to-\infty} f(x)=c$, $\lim\limits_{x\to\infty} f(x)=c$ 三种情形之一成立时,直线 $y=c$ 为曲线 $y=f(x)$ 的水平渐近线。

类似地,由渐近线定义容易知道,当且仅当 $\lim\limits_{x\to x_0^+} f(x)\to\infty$, $\lim\limits_{x\to x_0^-} f(x)\to\infty$, $\lim\limits_{x\to x_0} f(x)\to\infty$ 三种情形之一成立时,直线 $x=x_0$ 为曲线 $y=f(x)$ 的垂直渐近线。

【例题精选】

[例 3.44] 判别曲线 $y=\dfrac{10}{3}x^3+5x^2+10$ 的凹凸区间与拐点。

解:函数的定义域为 $(-\infty,+\infty)$, $y'=10x^2+10x$, $y''=20x+10$。

令 $y''=0$,得 $x=-\dfrac{1}{2}$。列表讨论如下,见表 3.3。

表 3.3

x	$\left(-\infty,-\frac{1}{2}\right)$	$-\frac{1}{2}$	$\left(-\frac{1}{2},+\infty\right)$
y''	$-$	0	$+$
y	$\cap$	拐点	$\cup$

注：表中记号“$\cup$”表示曲线在该区间上是凹的；“$\cap$”表示曲线在该区间上是凸的。

所以曲线的凹区间为$\left(-\frac{1}{2},+\infty\right)$，凸区间为$\left(-\infty,-\frac{1}{2}\right)$，拐点为 $x=-\frac{1}{2}$。

[**例 3.45**]　判别曲线 $y=(x-1)\cdot\sqrt[3]{x^5}$ 的凹凸性，并求拐点。

解：函数的定义域为$(-\infty,+\infty)$，因为 $y'=x^{\frac{5}{3}}+(x-1)\cdot\frac{5}{3}\cdot x^{\frac{2}{3}}=\frac{8}{3}x^{\frac{5}{3}}-\frac{5}{3}x^{\frac{2}{3}}$，

$y''=\frac{40}{9}x^{\frac{2}{3}}-\frac{10}{9}x^{-\frac{1}{3}}=\frac{10}{9}\cdot\frac{4x-1}{\sqrt[3]{x}}$。

令 $y''=0$，得 $x_1=\frac{1}{4}$；另外，$x_2=0$ 是二阶导数不存在的连续点。列表讨论如下，见表 3.4。

表 3.4

x	$(-\infty,0)$	0	$\left(0,\frac{1}{4}\right)$	$\frac{1}{4}$	$\left(\frac{1}{4},+\infty\right)$
y''	$+$	不存在	$-$	0	$+$
y	$\cup$	拐点$(0,0)$	$\cap$	拐点$\left(\frac{1}{4},-\frac{3\sqrt[3]{4}}{64}\right)$	$\cup$

所以曲线的凹区间为$(-\infty,0)$和$\left(\frac{1}{4},+\infty\right)$，凸区间为$\left(0,\frac{1}{4}\right)$，拐点为$(0,0)$和$\left(\frac{1}{4},-\frac{3\sqrt[3]{4}}{64}\right)$。

[**例 3.46**]*　求曲线 $y=\frac{x^2}{x^2-4}$ 的渐近线。

解：因为$\lim\limits_{x\to\infty}\frac{x^2}{x^2-4}=1$，所以 $y=1$ 是该曲线的水平渐近线。

又因为$\lim\limits_{x\to\pm2}\frac{x^2}{x^2-4}\to\infty$，所以 $x=\pm2$ 是该曲线的垂直渐近线。

【知识应用】

通过中学所学知识,分析函数的奇偶性、周期性等特性;利用函数的一阶、二阶导数,分析函数的单调性、极值点、极值、凹凸性与拐点等,并求出曲线的渐近线,然后再描点作图,可以比较准确地描绘出一般函数的图形。这种作图方法称为分析作图法。其一般步骤如下:

①确定函数 $y=f(x)$ 的定义域;

②判定函数 $y=f(x)$ 的奇偶性及周期性。如果函数 $y=f(x)$ 为奇函数或偶函数,只需研究当 $x\geqslant 0$ 时函数的性质并作出其图形即可,另一半曲线的图形可由对称性得出。如果函数 $y=f(x)$ 为周期函数,只需研究其在一个周期内的性质并作出其图形即可,其余部分利用周期性得出。

③求出函数 $y=f(x)$ 的一阶、二阶导数,据此求出属于定义域内的驻点、导数不存在的连续点,以及使二阶导数等于 0 的点、二阶导数不存在的连续点。

④用上述求得的点将定义域分成若干部分,列表讨论函数的单调性、极值点、极值、凹凸性、拐点。

⑤确定曲线的渐近线。

⑥根据上面讨论出来的函数的性质,适当补充一些曲线上的点,描绘出函数的图形。

[例 3.47]* 作函数 $\varphi(x)=\dfrac{1}{\sqrt{2\pi}}e^{-\frac{x^2}{2}}$ 的图形。

解:函数的定义域为 $(-\infty,+\infty)$,是偶函数,因此只讨论 $[0,+\infty)$ 上该函数的图形。

对 $\varphi(x)$ 求导可得 $\varphi'(x)=-\dfrac{1}{\sqrt{2\pi}}xe^{-\frac{x^2}{2}}$。

令 $\varphi'(x)=0$,求得驻点 $x_1=0$。

对 $\varphi'(x)$ 求导可得 $\varphi''(x)=-\dfrac{1}{\sqrt{2\pi}}\left[e^{-\frac{x^2}{2}}+xe^{-\frac{x^2}{2}}(-x)\right]=\dfrac{1}{\sqrt{2\pi}}e^{-\frac{x^2}{2}}(x^2-1)$。

令 $\varphi''(x)=0$,求得驻点 $x_2=1$。

以 $x=0$ 和 $x=1$ 为分界点将 $[0,+\infty)$ 分段,列表讨论如下,见表 3.5。

表 3.5

x	0	$(0,1)$	1	$(1,+\infty)$
$\varphi'(x)$	0	$-$	$-\dfrac{1}{\sqrt{2\pi e}}$	$-$

续表3.5

x	0	$(0,1)$	1	$(1,+\infty)$
$\varphi''(x)$	$-\frac{1}{\sqrt{2\pi}}$	$-$	0	$+$
$\varphi(x)$	极大值$\frac{1}{\sqrt{2\pi}}$	$\downarrow,\cap$	拐点$\left(1,\frac{1}{\sqrt{2\pi e}}\right)$	$\downarrow,\cup$

因为 $\lim\limits_{x\to+\infty}\frac{1}{\sqrt{2\pi}}e^{-\frac{x^2}{2}}=0$，所以 $y=0$ 为水平渐近线，且图形无垂直渐近线。

补充曲线上的点 $\left(2,\frac{1}{\sqrt{2\pi}e^2}\right)$，作出函数在 $[0,+\infty)$ 上的图形，再利用偶函数的图形特点作出函数在 $(-\infty,+\infty)$ 内的完整图形（图 3.14）。

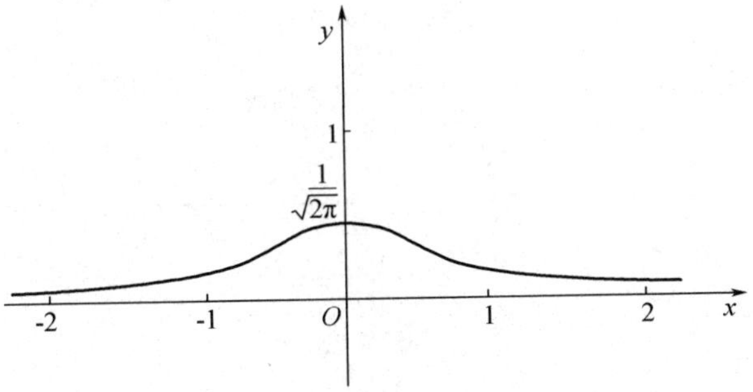

图 3.14

这里特别说明一下，图 3.14 这个呈铃状的函数曲线是概率论与数理统计中非常重要的曲线，它是标准正态分布的分布曲线。

【知识演练】

1. 求下列曲线的凹凸区间与拐点：

(1) $y=x^3-6x^2+9x-3$；　(2) $y=e^{-(x-1)^2}$；　(3) $y=x^2+\frac{1}{x}$。

2. 根据下列条件画出曲线：

(1) 画出一条曲线，使得它的一阶、二阶导数处处为正；

(2) 画出一条曲线，使得它的二阶导数处处为负，但一阶导数处处为正；

(3) 画出一条曲线，使得它的二阶导数处处为正，但一阶导数处处为负；

(4) 画出一条曲线，使得它的一阶、二阶导数处处为负。

3.* 求函数 $y=\frac{1-2x}{x^2}+1$ 图形的渐近线，并作出该函数的图形。

3.3.4 函数的最值与最优化问题

【案例提出】

［案例 3.10］ 在工业管理中，我们往往关心投入与产量之间的关系，希望知道产量随投入变化的情况，即生产曲线（图 3.15）。这类问题一般都可以转化为求一个函数的最大值和最小值的问题。

【相关知识】

1. 函数的最值

函数的最大值和最小值统称为最值。显然，函数的最值和函数的极值是两个完全不同的概念。极值是一个局部的概念，最值是全局的概念，但二者之间也有联系。

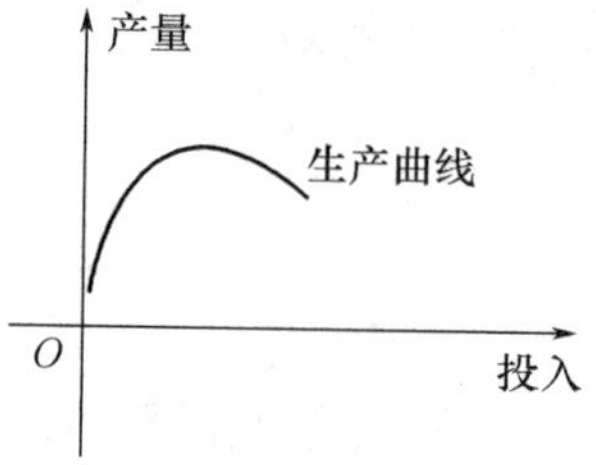

图 3.15

若 $f(x)$ 在 $[a,b]$ 上连续，则 $f(x)$ 在 $[a,b]$ 上必存在最大值与最小值。若最值不在两个端点处取得，而在区间内部取得，则此最值必为极值。由此可得求函数最大值与最小值的方法。

设 $f(x)$ 在闭区间 $[a,b]$ 上连续，求 $f(x)$ 在 $[a,b]$ 上的最大值与最小值的步骤如下：

(1) 求出 $f(x)$ 在开区间 (a,b) 内的所有驻点及导数不存在的连续点，并求出相应的函数值；

(2) 将所求得点的函数值与 $f(x)$ 在两端点处的函数值 $f(a)$，$f(b)$ 相比较，最大者即为最大值，最小者即为最小值。

2. 最优化问题

在实际问题中，以下两类特殊情况可以方便又快捷地解决一些最优化问题：

(1) 若 $f(x)$ 在一个区间（有限区间或无限区间，开区间或闭区间）内可导且只有唯一的极值点 x_0，那么，当 $f(x_0)$ 是极大值时，$f(x_0)$ 就是 $f(x)$ 在该区间内的最大值；当 $f(x_0)$ 是极小值时，$f(x_0)$ 就是 $f(x)$ 在该区间内的最小值。

(2) 根据问题的实际意义可以断定可导函数 $f(x)$ 确有最大值或最小值，而且一定在定义区间内取得。此时若$f(x)$在定义区间内部只有唯一驻点x_0，则可以断定$f(x_0)$就是所求函数的最大值或最小值。

【例题精选】

[**例 3.48**]　求$f(x)=\frac{2}{3}x-\sqrt[3]{x^2}$在闭区间$[-1,2]$上的最大值与最小值。

解：函数$f(x)$为$[-1,2]$上的连续函数。令$f'(x)=\frac{2}{3}\left(1-\frac{1}{\sqrt[3]{x}}\right)=0$，得到在区间$(-1,2)$内的驻点为$x_1=1$，导数不存在的点为$x_2=0$。相应的函数值为$f(1)=-\frac{1}{3}$，$f(0)=0$。

$f(x)$在区间两端点的函数值为$f(-1)=-\frac{5}{3}$，$f(2)=\frac{4}{3}-\sqrt[3]{4}$。

比较后可知，$f(x)=\frac{2}{3}x-\sqrt[3]{x^2}$在闭区间$[-1,2]$上的最大值为$f(2)=\frac{4}{3}-\sqrt[3]{4}$，最小值为$f(-1)=-\frac{5}{3}$。

[**例 3.49**]　设某产品的需求函数为$Q=125-5P$，其中Q代表产品需求量，P代表产品单价（单位：元）。若工厂生产该种产品的单位成本为 3 元，工厂自产自销，试问每单位产品如何定价，才能使工厂获得最大利润？并求出相应的利润。

解：设收入函数为$R(P)$，成本函数为$C(P)$，利润函数为$L(P)$，根据题意得

$$R(P)=PQ=P(125-5P)=125P-5P^2$$

$$C(P)=3Q=375-15P$$

于是$L(P)=R(P)-C(P)=-5P^2+140P-375$，$P\in(0,25)$。$L'(P)=-10P+140$，令$L'(P)=0$，即$-10P+140=0$，得$P=14$。

又因为$L''(P)=-10<0$，所以$P=14$是区间$(0,25)$内唯一的极大值点，从而也是最大值点。故最大利润为$L(14)=605$元。

[**例 3.50**]　设某工厂某种物资每年耗用量为m（单位：kg），采购费每次为a元，平均库存量为采购批量的一半，每千克物资储存一年的保管费为b元，试求能使一年内采购费用与保管费用之和最小的采购批量。

解：设一年内采购费用与保管费用之和为y，每次采购批量为x。

由题意，$y=\frac{ma}{x}+\frac{b}{2}x$，$x\in(0,m)$。

$y'=-\frac{ma}{x^2}+\frac{b}{2}$，令$y'=0$，得$x=\pm\sqrt{\frac{2ma}{b}}$（负值不符合经济意义，舍去）。

又因为 $y''=\frac{2ma}{x^3}>0(x>0)$，所以 $x=\sqrt{\frac{2ma}{b}}$ 是区间 $(0,m)$ 内的唯一极小值点，从而也是最小值点。故当每次采购批量为 $\sqrt{\frac{2ma}{b}}$ 时，能使一年内采购费用与保管费用之和取得最小值 $y\big|_{x=\sqrt{\frac{2ma}{b}}}=\sqrt{2mab}$。

[例 3.51] 某房地产公司有 50 套公寓要出租。当租金定为每月 720 元时，公寓刚好会全部租出去；租金每增加 40 元，就有一套公寓租不出去。而租出去的公寓每月需花费 80 元进行整修维护。试问房租定为多少可获得最大收入？

解：设租金为每月 x 元，租出的公寓有 $50-\frac{x-720}{40}$ 套，又设月收入为 $R(x)$，则

$$R(x)=(x-80)\left(50-\frac{x-720}{40}\right)=(x-80)\left(68-\frac{x}{40}\right)$$

$$R'(x)=\left(68-\frac{x}{40}\right)+(x-80)\left(-\frac{1}{40}\right)=70-\frac{x}{20}$$

令 $R'(x)=0$，得唯一驻点 $x=1\,400$。由问题的实际意义知房租收入必存在最大值，所以当租金为每月 1 400 元时，可获得最大收入，最大收入为 $R(1\,400)=43\,560$ 元。

[例 3.52] 设某工厂生产某型号产品 Q 件时，其成本函数为 $C(Q)=300+30Q-60\ln Q$（单位：元），试求：

(1) 平均成本函数 $\bar{C}(Q)$；(2) 最小平均成本；(3) $\bar{C}(Q)=C'(Q)$ 时的产量 Q_0。

解：(1) $\bar{C}(Q)=\frac{C(Q)}{Q}=\frac{300}{Q}+30-60\frac{\ln Q}{Q}$

(2) $\bar{C}(Q)=-\frac{300}{Q^2}-60\cdot\frac{\frac{1}{Q}\cdot Q-\ln Q}{Q^2}=60\cdot\left(-\frac{65}{Q^2}-\frac{1-\ln Q}{Q^2}\right)=60\cdot\frac{\ln Q-66}{Q^2}$

其中，$Q>0$。令 $\bar{C}(Q)=0$，得 $C(Q)$ 的唯一驻点为 $Q=\mathrm{e}^6$。

由问题的实际意义知必存在最小平均成本。因此，当 $Q=\mathrm{e}^6\approx403$（件）时，达到最小平均成本为

$$\bar{C}(Q)=\frac{300}{403}+30-\frac{360}{403}\approx29.85(\text{元})$$

(3) $C'(Q)=30-\frac{60}{Q}$，若 $\bar{C}(Q)=C'(Q)$，即有 $\frac{300}{Q}+30-60\cdot\frac{\ln Q}{Q}=30-\frac{60}{Q}$，解得 $Q_0=\mathrm{e}^6$。

【知识应用】

从例 3.52 中不难发现：达到平均成本最小时的产量和满足 $\bar{C}(Q)=C'(Q)$ 的产量是

一致的。这不是一个偶然现象。经济学中的最小平均成本往往出现在平均成本与成本函数的导数相等的情况下。

假设成本函数 $C=C(Q)$ 可导,其中 Q 为产量,则平均成本函数为 $\bar{C}(Q)=\dfrac{C(Q)}{Q}$。

$\bar{C}'(Q)=\dfrac{QC'(Q)-C(Q)}{Q^2}$,令 $\bar{C}'(Q)=0$,得驻点 Q_0 满足 $Q_0=\dfrac{C(Q_0)}{C'(Q_0)}$。

经济学中的平均成本曲线通常呈“U”形(图 3.16),即是凹曲线,所以有 $\bar{C}''(Q)>0$。于是 Q_0 是平均成本 $\bar{C}(Q)$ 的唯一极小值点,从而是最小值点。

上述分析表明,要使得平均成本 $\bar{C}(Q)$ 达到最小值,必有 $Q=\dfrac{C(Q)}{C'(Q)}$,即 $\bar{C}(Q)=C'(Q)$ 成立。

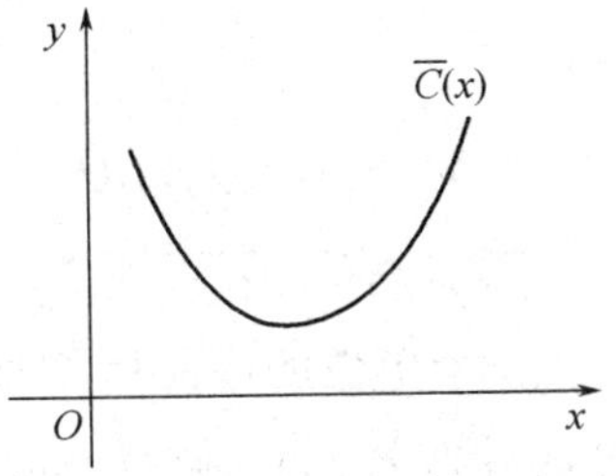

图 3.16

【知识演练】

1. 求下列函数在给定区间上的最大、最小值:

(1)$f(x)=x^3-3x^2-9x+5$,给定区间为$[-2,4]$;

(2)$f(x)=\ln(x^2+1)$,给定区间为$[-1,2]$。

2. 已知某产品的成本函数为 $C(x)=1\ 600+0.25x^2$ 其中 x(单位:件)是产品数量,试求最小平均成本(单位:元)。

3. 某公司销售一种灯具,设 x(单位:件)表示每月销量,这种灯具依据往年的数据统计,其价格需求函数为 $P=100-0.01x$,其中 P(单位:元)为灯具价格,试求其达到最大收入时的每月销量。

4. 某专门卖宠物用品连锁店的市场推销部门研究它们销售的金鱼缸泵价格需求曲线近似为

$$P = 120 - 20\ln x$$

其中,x 为每周销售这种泵的数量$(0<x<99)$;P 是每个泵的价格。若每个泵的成本为 30 元,试求每周取得利润的最大值及相应的每周泵的销量。

3.4　导数在经济分析中的应用

3.4.1　边际分析

【案例提出】

［案例 3.11］　设成本函数 $C=C(Q)$，其中 Q 为产量。经济管理中经常需要考虑如下问题：当产量达到 Q_0 时，再多生产一个单位产品所增加的成本是多少？

一般地，令 ΔC 表示当产量从 Q_0 增加（或减少）到 $Q_0+\Delta Q$ 后成本的增加（或减少）量，即

$$\Delta C = C(Q_0 + \Delta Q) - C(Q_0)$$

由微分的近似计算公式，知

$$\Delta C \approx C'(Q_0)\Delta Q$$

取 $\Delta Q=1$，则有 $\Delta C=C(Q_0+1)-C(Q_0)\approx C'(Q_0)$。

因此当产量为 Q_0 时，再生产一个单位的产品所增加的成本 $\Delta C=C(Q_0+1)-C(Q_0)$ 可以用成本函数 $C(Q)$ 在 Q_0 处的导数 $C'(Q_0)$ 近似表示。

【相关知识】

定义 3.9　设函数 $y=f(x)$ 是可导的，那么导函数 $f(x)$ 在经济学中也被称为边际函数。

在经济学中主要的边际函数有边际成本、边际收入、边际利润等。

例如，成本函数 $C(Q)$ 的导数 $C'(Q)$ 称为边际成本，记作 MC，即 $MC=C'(Q)$。其经济意义可解释为当产量为 Q 个单位时，每多生产一个单位的产品，企业成本的增加量。

类似地，收入函数 $R(Q)$ 的导数 $R'(Q)$ 称为边际收入，记作 MR。利润函数 $L(Q)$ 的导数 $L'(Q)$ 称为边际利润，记作 ML。需求函数 $Q(P)$ 的导数 $Q'(P)$ 称为边际需求，记作 MQ。其经济意义都类似于边际成本的经济意义。

【例题精选】

［例 3.53］　某厂生产 Q 个单位某产品的总成本为

$$C(Q) = Q^2 + 12Q + 100$$

求：(1) 当产量为 20 个单位时的总成本；

(2) 当产量从 20 个单位增加到 40 个单位时，总成本的平均变化率；

(3) 当产量分别为 20 个单位和 40 个单位时的边际成本，并说明其经济意义。

解：(1) 产量为 20 个单位时的总成本为

$$C(20)=20^2+12\times20+100=740$$

(2) 当产量从 20 个单位增加到 40 个单位时，总成本的平均变化率是

$$\frac{\Delta C}{\Delta Q}=\frac{C(40)-C(20)}{40-20}=\frac{2\ 180-740}{20}=72$$

(3) 由题可知 $C'(Q)=2Q+12$。

当产量为 20 个单位时的边际成本为

$$C'(20)=2\times20+12=52$$

当产量为 40 个单位时的边际成本为

$$C'(40)=2\times40+12=92$$

该结果表明，当产量为 20 个单位时，再增加一个单位产量，总成本增加 52；当产量为 40 个单位时，再增加一个单位产品的产量，总成本增加 92。

[例 3.54]　设生产某种产品的固定成本为 3 000 元，变动成本为每件 30 元，价格函数为 $P=50-\frac{x}{500}$，其中 x（单位：件）为销量，试求：

(1) 边际利润函数；

(2) $x=200$ 件时的边际利润，并说明其经济意义；

(3) 最大利润。

解：(1) 成本函数为

$$C(x)=3\ 000+30x$$

收入函数为

$$R(x)=Px=\left(50-\frac{x}{500}\right)x=50x-\frac{x^2}{500}$$

利润函数为

$$L(x)=R(x)-C(x)=50x-\frac{x^2}{500}-(3\ 000+30x)=-\frac{x^2}{500}+20x-3\ 000$$

边际利润函数为

$$L'(x)=-\frac{x}{250}+20$$

(2) $x=200$ 件时，边际利润函数为 $L'(200)=19.2$ 元，其实际意义是当销量为 200 件时，若再销售一件产品，所增加的利润为 19.2 元。

(3) 令 $L'(x)=0$ 得唯一驻点为 $x=5\ 000$ 件，又因为 $L''(x)=-\frac{1}{250}<0$，所以 $x=5\ 000$ 件是唯一极大值点，从而是最大值点，即当销量为 5 000 件时，利润最大为 $L(5\ 000)=$

47 000 元。

【知识应用】

微观经济学中的利润最大化原则是指：当边际收入等于边际成本，并且边际收入的变化率小于边际成本的变化率时，利润取得最大值。下面来推导这一原则。

设某产品的成本函数为 $C(Q)$，收入函数为 $R(Q)$，则利润函数为 $L(Q)=R(Q)-C(Q)$。若 $L(Q)$ 可导，则在其极值点处应有 $L'(Q)=R'(Q)-C'(Q)=0$，即 $R'(Q)=C'(Q)$。

为使 $L(Q)$ 取得极大值，还应满足 $L''(Q)=R''(Q)-C''(Q)<0$，即 $R''(Q)<C''(Q)$。从而得到利润最大化原则 $\begin{cases} R'(Q)=C'(Q) \\ R''(Q)<C''(Q) \end{cases}$。

【知识演练】

1. 已知某工厂生产某种商品的固定成本为 $C_0=1\,000$ 元，生产 Q 个单位该商品的可变成本为 $C_1(Q)=\dfrac{Q^2}{4}$。求总成本 $C(Q)$、平均成本 $\bar{C}(Q)$ 及边际成本 $C'(Q)$。

2. 已知某商品的收入函数为 $R(Q)=-60+16Q-\dfrac{Q^2}{4}$（单位：元），其中 Q 是销量，试求 $Q=20$ 时的收入和边际收入。

3. 设某产品的价格 P（单位：元）关于销量 x 的函数关系为 $P=80-0.1x$，成本函数为 $C(x)=5\,000+20x$（单位：元）。

（1）试求利润函数 $L(x)$ 及边际利润 $L'(x)$；

（2）分别求 $x=150$ 和 $x=400$ 时的边际利润，并说明其经济意义；

（3）销量 x 为多少时，其利润最大？

3.4.2 弹性分析

【案例提出】

[案例 1.12] 某股市中介向人们推荐两种股票，简称 A 股和 B 股，并预测今后三个月内 A 股和 B 股每股都可能上涨 2 元，那么买哪个股票能使收益更大呢？此时如果仅知道每股涨价的绝对值显然是不够的。为了确定买哪种股票，还要注意每股涨价的相对增加率。设 A 股每股为 10 元，B 股每股为 40 元，则 A 股在今后三个月内股价将提高 20%，而 B 股的股价仅提高 5%。显然，如果该中介所推荐情况属实，则应该购买 A 股而不是 B 股。

【相关知识】

1. 函数弹性的概念

在边际分析中所研究的是函数的绝对改变量与绝对变化率。但在例 3. 12 中我们更关心的是函数的相对变化率,即一个变量对另一个变量的相对变化情况,为此引入函数弹性的概念。

定义 3. 10　设函数 $y=f(x)$ 可导,函数的相对改变量 $\frac{\Delta y}{y}=\frac{f(x+\Delta x)-f(x)}{f(x)}$ 与自变量的相对改变量 $\frac{\Delta x}{x}$ 之比 $\frac{\frac{\Delta y}{y}}{\frac{\Delta x}{x}}$ 称为函数 $f(x)$ 在 x 与 $x+\Delta x$ 两点间的弹性,而极限 $\lim\limits_{\Delta x\to 0}\frac{\frac{\Delta y}{y}}{\frac{\Delta x}{x}}=\lim\limits_{\Delta x\to 0}\frac{\Delta y}{\Delta x}\cdot\frac{x}{y}=x\cdot\frac{y'}{y}$ 称为函数 $f(x)$ 在点 x 处的弹性函数,记为 $\frac{Ef(x)}{Ex}$ 或 $\frac{Ey}{Ex}$,即

$$\frac{Ef(x)}{Ex}=\frac{Ey}{Ex}=x\cdot\frac{y'}{y}$$

当 $|\Delta x|$ 的值很小时,有 $\frac{Ey}{Ex}\approx\frac{\frac{\Delta y}{y}}{\frac{\Delta x}{x}}$,即 $\frac{\Delta y}{y}\approx\frac{Ey}{Ex}\cdot\frac{\Delta x}{x}$。

若 $\left|\frac{\Delta x}{x}\right|=1$,则

$$\left|\frac{\Delta y}{y}\right|\approx\left|\frac{Ey}{Ex}\right|\cdot\left|\frac{\Delta x}{x}\right|=\left|\frac{Ey}{Ex}\right|$$

上式说明:函数 $f(x)$ 在点 x 处,当自变量 x 发生 1%的改变时,函数 $f(x)$ 会近似改变 $\left|\frac{Ey}{Ex}\right|\%$,所以函数 $f(x)$ 在点 x 处的弹性 $\frac{Ey}{Ex}$ 反映了 $f(x)$ 随 x 变化幅度的大小,即 $f(x)$ 对 x 变化反应的强烈程度或敏感程度。

2. 需求弹性

弹性概念在经济学中应用广泛。在市场经济中,经常要分析一个经济量相对另一个经济量变化的灵敏程度,这就是经济量的弹性。下面介绍常用的弹性函数之一——需求弹性,其用于反映商品需求量对价格变化的敏感程度。

定义 3. 11　设需求函数 $Q=Q(P)$ 可导,其中 P 表示产品的价格。定义该产品在价格为 P 时的需求弹性为

$$\eta = \eta(P) = \lim_{\Delta P \to 0} \frac{\frac{\Delta Q}{Q}}{\frac{\Delta P}{P}} = \lim_{\Delta P \to 0} \frac{\Delta Q}{\Delta P} \cdot \frac{P}{Q} = P \cdot \frac{Q'(P)}{Q(P)}$$

说明：一般情况下，$Q(P)$是关于P的单调递减函数，$Q'(P)<0$，所以$P \cdot \frac{Q'(P)}{Q(P)}<0$，即需求弹性$\eta(P)$为负值。但在衡量需求量对价格变化的敏感程度方面，考虑其符号并无特殊意义，故一般都用绝对值$|\eta(P)|$来表示需求弹性。

当$|\Delta P|$很小时，有

$$\eta(P) = P \cdot \frac{Q'(P)}{Q(P)} \approx \frac{P}{\Delta P} \cdot \frac{\Delta Q}{Q(P)}$$

其经济意义是：产品价格为P，当价格上涨1%时，则需求量近似减少$|\eta(P)|$%；当价格下跌1%时，则需求量近似增加$|\eta(P)|$%。

在经济学中，根据$|\eta|$的大小，将需求弹性划分为以下几个范围：

(1)当$|\eta|<1$时，称为低弹性(或缺乏弹性)，当商品的价格上涨(或下跌)1%时，需求量减少(或增加)的比例小于1%，即需求量变动的幅度小于价格变动的幅度。

(2)当$|\eta|=1$时，称为单位弹性，当商品价格上涨(或下跌)1%时，需求量相应减少(或增加)1%，即需求量与价格变动的幅度相同。

(3)当$|\eta|>1$时，称为高弹性(或富于弹性)，当商品的价格上涨(或下跌)1%时，需求量减少(或增加)的比例大于1%，即需求量变动的幅度大于价格变动的幅度。

3. 需求弹性对于总收入的影响

在商品经济中，商品经营者关心的是提价($\Delta P>0$)或降价($\Delta P<0$)对总收入的影响，利用需求弹性的概念可以对此进行分析。

设产品的价格为P，需求函数为$Q(P)$，则收入函数为$R(P)=P \cdot Q(P)$。

因为

$$\begin{aligned} R'(P) &= [P \cdot Q(P)]' = Q(P) + PQ'(P) \\ &= Q(P)\left[1 + P\frac{Q'(P)}{Q(P)}\right] = Q(P)(1+\eta) \\ &= Q(P)(1-|\eta|) \end{aligned}$$

所以当$|\Delta P|$很小时，有$\Delta R \approx Q(P)(1-|\eta|)\Delta P$。于是：

(1)当$|\eta|<1$(低弹性)时，商品若降价($\Delta P<0$)，则有$\Delta R<0$，即收入减少；而商品若提价($\Delta P>0$)，则有$\Delta R>0$，即收入增加；

(2)当$|\eta|>1$(高弹性)时，商品降价可使收入增加，商品提价可使收入减少；

(3)当$|\eta|=1$(单位弹性)时,$\Delta R\approx 0$,意味着提价或降价对收入基本无影响。

进一步,由 $R'(P)=Q(P)(1-|\eta|)$ 可得收入(对价格的)弹性为

$$\frac{ER}{EP}=P\cdot\frac{R'}{R}\cdot=P\cdot\frac{Q(P)(1-|\eta|)}{P\cdot Q(P)}=1-|\eta|$$

其经济意义表示当商品的价格变动 1%时,收入变动$(1-|\eta|)\%$。

【例题精选】

[例 3.55]　求函数 $y=200e^{-3x}$ 的弹性$\frac{Ey}{Ex}$及$\left.\frac{Ey}{Ex}\right|_{x=5}$。

解:由于 $y'=-600e^{-3x}$,所以

$$\frac{Ey}{Ex}=x\cdot\frac{y'}{y}=-600e^{-3x}\frac{x}{200e^{-3x}}=-3x$$

$$\left.\frac{Ey}{Ex}\right|_{x=5}=-3x|_{x=5}=-15$$

[例 3.56]　设某商品的需求函数为 $Q=30\,000e^{-\frac{P}{3}}$,求:

(1)需求弹性 $\eta(P)$;

(2)$\eta(1)$,$\eta(3)$,$\eta(9)$,并说明其经济意义。

解:(1)$\eta(P)=P\cdot\frac{Q'}{Q}=\frac{P\cdot 30\,000\times\left(\frac{1}{3}\right)e^{-\frac{P}{3}}}{30\,000e^{-\frac{P}{3}}}=-\frac{P}{3}$

(2)$\eta(1)\approx-0.33$,$\eta(3)=-1$,$\eta(9)=-3$。

$\eta(1)\approx-0.33$,说明当价格 $P=1$ 时,若价格再上涨 1%,需求只减少 0.33%,此时需求为低弹性,即需求变动的幅度小于价格变动的幅度。

$\eta(3)=-1$,说明当价格 $P=3$ 时,价格与需求变动的幅度相同,此时需求为单位弹性。

$\eta(9)=-3$,说明当价格 $P=9$ 时,若价格再上涨 1%,需求将减少 3%,此时需求为高弹性,即需求变动的幅度大于价格变动的幅度。

[例 3.57]　某企业根据市场调查,建立了某商品需求量与价格 P 之间的函数关系为 $Q=150-3P$,请解答以下问题:

(1)求需求弹性 $\eta(P)$;

(2)当价格 P 分别为 18 元和 35 元时,要使销售收入增加,应采取何种价格政策?

解:(1)$\eta(P)=P\cdot\frac{Q'}{Q}=P\cdot\frac{-3}{150-3P}=\frac{-P}{50-P}$

(2)$\eta(18)=\frac{-18}{50-18}\approx-0.56$,因$|\eta|<1$,低弹性,故应提价。

$\eta(35)=\frac{-35}{50-35}=-2.33$，因$|\eta|>1$，高弹性，故应降价。

［例 3.58］ 某商品需求函数为$Q=12-\frac{1}{2}P$。

(1)求需求弹性$\eta(P)$；

(2)当$P=6$时，若价格P上涨1%，收入将变化百分之几？是增加还是减少？

(3)当$P=13$时，若价格P上涨1%，收入将变化百分之几？是增加还是减少？

解：(1)$\eta(P)=P\cdot\frac{Q'}{Q}=P\cdot\frac{-\frac{1}{2}}{12-\frac{P}{2}}=-\frac{P}{24-P}$

(2)$\eta(6)=-\frac{6}{24-6}=-\frac{1}{3}$，$\left.\frac{ER}{EP}\right|_{P=6}=1-|\eta(6)|=1-\frac{1}{3}\approx 0.667$。

所以当$P=6$时，价格上涨1%，收入将增加0.667%。

(3)$\eta(13)=-\frac{13}{24-13}\approx-1.182$，$\left.\frac{ER}{EP}\right|_{P=13}=1-|\eta(13)|\approx 1-1.182=-0.182$。

所以当$P=13$时，价格上涨1%，收入将减少0.182%。

【知识演练】

1. 求函数$f(x)=x^{\alpha}$（α为常数）的弹性函数$\frac{Ef(x)}{Ex}$。

2. 设某商品需求函数为$Q=1\,600\cdot\left(\frac{1}{4}\right)^{P}$。

(1)求需求弹性$\eta(P)$；

(2)分别求$P=0.5$和$P=5$时的需求弹性，并说明其经济意义。

3. 设某商品需求函数为$Q=30-5\ln P$。

(1)求需求弹性$\eta(P)$；

(2)$P=6$时，若价格上涨1%，需求量将如何变化？

(3)$P=6$时，若价格上涨1%，总收入将如何变化？

4. 设某商品的需求函数为$Q=75-P^2$。

(1)求$P=4$时的边际需求，并说明其经济意义；

(2)求$P=4$时的需求弹性，并说明其经济意义；

(3)当$P=4$时，若价格P上涨1%，收入将变化百分之几？是增加还是减少？

阅读材料一

牛顿、莱布尼茨和微积分的创立

艾萨克·牛顿(Isaac Newton)于1643年出生于英格兰。少年时的牛顿成绩一般,但他喜欢读书,喜欢自己动手制作些小玩意儿,如风车、木钟、折叠式提灯等。他在设计灵巧的机械模型和实验中,显示出了才能。

1654年,牛顿进入金格斯皇家中学读书。牛顿酷爱读书,对自然现象(如颜色、影子的移动等)有好奇心。他也对几何学、日心说很感兴趣。

后来由于家庭生活困难,牛顿的母亲让牛顿停学在家务农。但牛顿一有机会就埋头读书,以致经常忘了干活。后来,金格斯皇家中学的校长亨利·斯托克斯(Henry Stokes)说服了牛顿的母亲,于是牛顿又被送回了学校以完成他的学业。牛顿在18岁时完成了中学的学业,并进入了剑桥大学的三一学院。

1665年,牛顿发现了广义二项式定理,并开始发展一套新的数学理论,也就是后来为世人所熟知的微积分学。同年,由于凶猛的鼠疫,剑桥大学停课了。在此后两年里,牛顿在家中继续研究微积分学、光学和万有引力定律。1667年,牛顿完成了象征着微积分学问世的《流数法》手稿(发表时间为1671年)。1687年,牛顿发表了划时代的巨著《自然哲学的数学原理》,牛顿运动定律和万有引力定律开创了经典力学研究的新时代。

1692年,牛顿得了奇怪的病,持续了大约两年,以致他有些精神错乱。晚年,尽管身体很差,他仍从事一些科学研究。1703年,牛顿被选为皇家学会主席,一直连任到他去世。1705年,牛顿被封为爵士。英国著名的物理学家、百科全书式的“全才”牛顿于1727年病逝,享年84岁。

牛顿一生历经坎坷,数次因为客观原因中断学业,但他仍不忘学习研究,因此取得了很多辉煌的成就。他的有些研究成果没有及时发表,因此他与戈特弗里德·威廉·莱布尼茨在谁具有微积分发现的优先权上争议颇多。

戈特弗里德·威廉·莱布尼茨(Gottfried Wilhelm Leibniz)出生于德国莱比锡,毕业于莱比锡大学,德国哲学家、数学家,被誉为“17世纪的亚里士多德”。莱布尼茨在数学史和哲学史上都占有重要地位。他本人是一名律师,经常往返于各大城镇,许多的公式都是他在颠簸的马车上完成的。莱布尼茨于1684年发表了他的第一篇微分论文,定义了微分概念,采用了微分符号 dx, dy。1686年,莱布尼茨又发表了积分论文,讨论了微分与积分,使用了积分符号 $\int$。莱布尼茨发明的这套简明、方便的微积分符号至今仍在使用。

如今学术界将微积分的发明权判定为牛顿和莱布尼茨两人共同享有,两个人的智慧结晶也为全人类所共享。牛顿从运动学的观点出发,而莱布尼茨则是从几何学的角度去考虑,各自独立地创造了微积分。尽管牛顿发现微积分要比莱布尼茨早若干年,但他很晚才出版自己的著作。牛顿对数学的研究十分深入,知识面较广;而莱布尼茨所使用的微积分的数学符号被更广泛地使用。

尽管两位科学巨匠在微积分发明的优先权上产生了分歧,但他们都是品格高尚的人。莱布尼茨对牛顿所做出的杰出贡献评价为"在从世界开始到牛顿生活的时代的全部数学中,牛顿的工作超过一半"。牛顿对自己工作的评价是:"我不知道世间把我看成什么样的人,但对我自己来说,我就像一个在海边玩耍的小孩,不时为找到一块比较平滑的卵石或格外漂亮的贝壳而感到高兴,在我面前的是完全没有被探明的真理之海。"

第4章　一元函数积分学

学习目标

积分是微积分学的另一个重要组成部分,在经济管理、科学技术等诸多领域有着广泛的应用。一元函数积分主要由两部分构成:一部分是不定积分,它是微分的逆运算,主要解决根据某个函数的导数(或微分)求此函数的问题;另一部分是定积分,主要解决求平面图形的面积、求变速直线运动的路程和求经济学中的总量等问题,是解决很多实际问题的有力工具。定积分和不定积分看似是两个不相关的概念,牛顿和莱布尼茨却都发现了它们的内在联系(微积分基本公式),从而得到了定积分计算的一般方法。本章包含下列主题:

(1)不定积分的概念与性质;

(2)基本积分公式与不定积分的计算方法;

(3)定积分的概念和性质;

(4)牛顿-莱布尼茨公式与定积分的计算方法;

(5)广义积分;

(6)定积分的应用。

4.1　不定积分的概念与性质

4.1.1　不定积分的概念

【案例提出】

[案例4.1]　某企业生产 x t 产品的总成本函数为 $C(x)$,已知边际成本函数 $MC(x)=C'(x)=2x$,并且固定成本 $C(0)=100$,求总成本函数 $C(x)$。

【相关知识】

1. 原函数的定义

定义4.1　若在区间 I 上函数 $F(x)$ 与 $f(x)$ 满足:对任一 $x\in I$ 都有

$$F'(x)=f(x) \quad 或 \quad dF(x)=f(x)dx$$

则称函数 $F(x)$ 是 $f(x)$ 在区间 I 上的一个原函数。

根据原函数的定义,边际成本 $MC(x)=C'(x)$,所以总成本函数 $C(x)$ 是边际成本函数 $MC(x)$ 的一个原函数。

由于 $(x^2)'=2x$,$(x^2+1)'=2x$,$(x^2+C)'=2x$,$x\in(-\infty,+\infty)$,所以 x^2,x^2+1,x^2+C 均是 $2x$ 在区间 $(-\infty,+\infty)$ 内的一个原函数。

那么,什么样的函数存在原函数呢?如果存在,它唯一吗?如果不唯一,又该如何表示呢?

如果一个函数连续,那么它一定存在原函数。如果一个函数 $f(x)$ 有一个原函数 $F(x)$,那么它一定有无穷多个原函数。

一般地,如果 $F(x)$ 为 $f(x)$ 的一个原函数,那么 $F(x)+C$(C 为任意常数)都是 $f(x)$ 的原函数。因为 $[F(x)+C]'=F'(x)=f(x)$,故 $F(x)+C$(C 为任意常数)可表示为 $f(x)$ 的全体原函数。

2. 不定积分的概念

定义 4.2 函数 $f(x)$ 的全体原函数 $F(x)+C$ 称为 $f(x)$ 的**不定积分**,记作

$$\int f(x)dx$$

其中,$\int$ 称为积分符号;$f(x)$ 称为被积函数;$f(x)dx$ 称为被积表达式;x 称为积分变量;C 称为积分常数,即 $\int f(x)dx = F(x) + C$(C 为任意常数)。

【例题精选】

[例 4.1] 根据定义求下列不定积分:

(1) $\int 3x^2dx$; (2) $\int 3^x dx$; (3) $\int e^x dx$。

解:(1)因为 $(x^3)'=3x^2$,所以有 $\int 3x^2dx=x^3+C$。

(2)因为 $\left(\dfrac{3^x}{\ln 3}\right)'=3^x$,所以有 $\int 3^x dx=\dfrac{3^x}{\ln 3}+C$。

(3)因为 $(e^x)'=e^x$,所以有 $\int e^x dx=e^x+C$。

[例 4.2] 求不定积分 $\int \dfrac{1}{x}dx$。

解:当 $x>0$ 时,$(\ln x)'=\dfrac{1}{x}$。

当 $x<0$ 时，$[\ln(-x)]'=\frac{1}{-x}\cdot(-1)=\frac{1}{x}$。因此

$$\int\frac{1}{x}\mathrm{d}x=\ln|x|+C$$

【知识演练】

根据原函数和不定积分的定义填空：

(1)已知 $f(x)$ 的一个原函数是 $\sin(2x-6)$，则 $f(x)=$ ________；

(2)已知 $f(x)$ 的一个原函数是 e^{3x+1}，则 $\int f(x)\mathrm{d}x=$ ________；

(3)(________)$'=\cos x$，所以 $\int\cos x\mathrm{d}x=$ ________；

(4)(________)$'=x^2$，所以 $\int x^2\mathrm{d}x=$ ________。

4.1.2　不定积分的基本积分公式和性质

【案例提出】

[案例4.2]　某企业生产 x t 产品的总成本函数为 $C(x)$，已知边际成本函数 $MC(x)=C'(x)=\frac{1}{\sqrt{x}}+10$，并且固定成本 $C(0)=100$，求总成本函数 $C(x)$。

【相关知识】

1. 基本积分公式

积分运算与微分运算是互逆运算，所以由基本初等函数的求导公式可以推导出相应的基本积分公式：

$$\int 0\mathrm{d}x=C$$

$$\int\frac{1}{\sqrt{x}}\mathrm{d}x=2\sqrt{x}+C$$

$$\int x^{\alpha}\mathrm{d}x=\frac{1}{\alpha+1}x^{\alpha+1}+C(\alpha\neq-1)$$

$$\int\frac{1}{x}\mathrm{d}x=\ln|x|+C$$

$$\int a^{x}\mathrm{d}x=\frac{a^{x}}{\ln a}+C(a>0,a\neq1)$$

$$\int\mathrm{e}^{x}\mathrm{d}x=\mathrm{e}^{x}+C$$

$$\int \sin x\mathrm{d}x = -\cos x + C$$

$$\int \cos x\mathrm{d}x = \sin x + C$$

2. 积分运算性质

因为求不定积分和求导数(或微分)互为逆运算,所以可以推导出如下结论:

性质 4.1 $[\int f(x)\mathrm{d}x]' = f(x)$ 或 $\mathrm{d}\int f(x)\mathrm{d}x = f(x)\mathrm{d}x$。

性质 4.2 $\int F'(x)\mathrm{d}x = F(x) + C$ 或 $\int \mathrm{d}F(x) = F(x) + C$。

性质 4.3 若函数 $f(x)$ 和 $g(x)$ 都是可积函数,则

$$\int [f(x) \pm g(x)]\mathrm{d}x = \int f(x)\mathrm{d}x \pm \int g(x)\mathrm{d}x$$

性质 4.4 若函数 $f(x)$ 可积,k 是一个常数且 $k\neq 0$,则

$$\int kf(x)\mathrm{d}x = k\int f(x)\mathrm{d}x$$

性质 4.3 和性质 4.4 说明积分运算性质与微分运算性质的一个重要区别为:积分运算只有加减和数乘运算法则,无乘除运算法则。

【拓展知识】*

基本积分公式除了上面介绍的以外,还有以下两个涉及反三角函数的公式:

$$\int \frac{1}{\sqrt{1-x^2}}\mathrm{d}x = \arcsin x + C = -\arccos x + C$$

$$\int \frac{1}{1+x^2}\mathrm{d}x = \arctan x + C = -\mathrm{arccot}\, x + C$$

【例题精选】

[例 4.3] 求 $\int \left(x^2 - \sin x + \frac{3}{x}\right)\mathrm{d}x$。

解:$\int \left(x^2 - \sin x + \frac{3}{x}\right)\mathrm{d}x = \int x^2\mathrm{d}x - \int \sin x\mathrm{d}x + 3\int \frac{1}{x}\mathrm{d}x$

$$= \frac{x^3}{3} + C_1 + \cos x + C_2 + 3\ln|x| + C_3$$

令 $C = C_1 + C_2 + C_3$,所以

$$\int \left(x^2 - \sin x + \frac{3}{x}\right)\mathrm{d}x = \frac{x^3}{3} + \cos x + 3\ln|x| + C$$

说明:求解过程中,当所有积分积出时,可以用一个积分常数 C 代替 C_1, C_2, C_3,因此

运算过程中,可以省略不写 C_1,C_2,C_3,用一个积分常数 C 来代替。

[**例 4.4**]　求 $\int 3^x e^x dx$。

解:$\int 3^x e^x dx = \int (3e)^x dx = \dfrac{(3e)^x}{1+\ln 3} + C$

[**例 4.5**]　求 $\int \sqrt{x\sqrt{x}}(1-x)dx$。

解:$\int \sqrt{x\sqrt{x}}(1-x)dx = \int x^{\frac{1}{2}}x^{\frac{1}{4}}(1-x)dx = \int (x^{\frac{3}{4}} - x^{\frac{7}{4}})dx$

$$= \frac{4}{7}x^{\frac{7}{4}} + \frac{4}{11}x^{\frac{11}{4}} + C$$

[**例 4.6**]　求 $\int \dfrac{(1+x)^2}{x}dx$。

解:$\int \dfrac{(1+x)^2}{x}dx = \int\left(x + 2 + \dfrac{1}{x}\right)dx = \int x dx + 2\int dx + \int \dfrac{1}{x}dx$

$$= \frac{x^2}{2} + 2x + \ln|x| + C$$

[**例 4.7**]　求 $\int \dfrac{x^2-4}{x-2}dx$。

解:$\int \dfrac{x^2-4}{x-2}dx = \int (x+2)dx = \int x dx + 2\int dx = \dfrac{x^2}{2} + 2x + C$

【知识应用】

[**例 4.8**]　某企业生产 x t 产品的总成本函数为 $C(x)$,已知边际成本函数 $MC(x) = C'(x) = 2x$,并且固定成本 $C(0) = 100$,求总成本函数 $C(x)$。

解:因为 $\int C'(x)dx = C(x) + C$,故有

$$C(x) = \int 2x dx = x^2 + C$$

又 $C(0) = 100$,从而得总成本函数

$$C(x) = x^2 + 100$$

[**例 4.9**]　某企业生产 x t 产品的总成本函数为 $C(x)$,已知边际成本函数 $MC(x) = C'(x) = \dfrac{1}{\sqrt{x}} + 10$,并且固定成本 $C(0) = 100$,求总成本函数 $C(x)$。

解:由题意可知,边际成本函数为

$$C(x) = \int C'(x)dx = \int\left(\frac{1}{\sqrt{x}} + 10\right)dx = 2\sqrt{x} + 10x + C$$

又 $C(0)=100$,从而得总成本函数

$$C(x)=2\sqrt{x}+10x+100$$

[例 4.10] 求通过点(0,1)的曲线 $y=f(x)$,使它在任意一点 x 处的切线斜率为 x^2。

解:根据 $f'(x)=x^2$ 求出 $f(x)$ 的全体原函数,然后再从中找到经过点(0,1)的函数 $f(x)$ 即可。

$f(x)$ 的全体原函数为

$$\int f'(x)\,\mathrm{d}x=\int x^2\,\mathrm{d}x=\frac{x^3}{3}+C(C\text{ 为任意常数})$$

将点(0,1)代入上式,有

$$1=0+C$$

得

$$C=1$$

故所求曲线为

$$f(x)=\frac{x^3}{3}+1$$

[例 4.11] 已知生产某产品 x 万件的边际收入为 $R'(x)=80-5x$(单位:万元),求总收入函数 $R(x)$。

解:总收入函数 $R(x)$ 为

$$R(x)=\int R'(x)\,\mathrm{d}x=\int(80-5x)\,\mathrm{d}x=80x-\frac{5x^2}{2}+C$$

注意到销售量 $x=0$ 时,总收入 $R(0)=0$,代入上式得

$$C=0$$

因此,总收入函数 $R(x)=80x-\frac{5x^2}{2}$。

【知识演练】

1. 求下列不定积分:

(1) $\int\left(2x+\frac{1}{x^2}\right)\mathrm{d}x$;　(2) $\int\left(2^x+\frac{3}{x}\right)\mathrm{d}x$;　(3) $\int\sqrt{x}(x-4)\,\mathrm{d}x$;

(4) $\int\frac{2\cdot 7^x+5\cdot 2^x}{7^x}\mathrm{d}x$;　(5) $\int(3^x-5x^3)\,\mathrm{d}x$;　(6) $\int(1+6\sin x-\cos x)\,\mathrm{d}x$;

(7) $\int\frac{3}{1+x^2}\mathrm{d}x$;　(8) * $\int\frac{4}{\sqrt{1-x^2}}\mathrm{d}x$。

2. 设曲线在某一点 x 处的切线斜率为 $\frac{1}{\sqrt{x}}-2x$，且曲线过点（1，5），试求该曲线的方程。

3. 已知某企业生产产品 Q 万件的边际成本 $MC(Q)=6+Q$（单位：万元），边际收入 $MR(Q)=-Q+18$（单位：万元），固定成本为 5 万元，求：

（1）总成本函数 $C(Q)$ 和总收入函数 $R(Q)$；

（2）取得最大利润时的产量及最大利润。

4. 设某商品的需求量 Q 是价格 P 的函数，该商品的最大需求量为 1 000（即 $P=0$ 时，$Q=1\ 000$）。已知需求量的变化率（边际需求）为

$$Q'(P)=-1\ 000\ln 3\left(\frac{1}{3}\right)^{P}$$

求需求量 Q。

4.2　不定积分的计算

利用基本积分公式与性质可以解决的不定积分问题是十分有限的，因此，有必要进一步研究不定积分的计算方法。本节主要包括两个方面的内容：一方面，利用换元的思想，将不可以利用基本积分公式的不定积分代换成可以利用基本积分公式的不定积分，从而积出不定积分，这种方法称为换元积分法；另一方面，利用函数乘法的求导公式推导出不定积分的另一解法，这种方法称为分部积分法。

4.2.1　换元积分法

【案例提出】

[案例 4.3]　求不定积分 $\int\cos 2x\mathrm{d}x$。

解：分析发现该题不能直接利用基本积分公式求解。

若作适当的换元，令 $u=2x$，则 $\mathrm{d}u=2\mathrm{d}x$，于是原不定积分变形为

$$\int\cos 2x\mathrm{d}x=\int\cos u\cdot\frac{1}{2}\mathrm{d}u=\frac{1}{2}\int\cos u\mathrm{d}u=\frac{1}{2}\sin u+C$$

最后将变量 u 还原成 $2x$，问题就解决了，即

$$\int\cos 2x\mathrm{d}x=\frac{1}{2}\sin 2x+C$$

这就是换元的思想：把不易积分的问题作适当变形转化成容易积分的问题，此时问

题就迎刃而解。

【相关知识】

1. 第一换元积分法(凑微分法)

定理 4.1 设函数 $f(u)$ 的一个原函数是 $F(u)$，而 $u=\varphi(x)$ 具有连续的导数，则

$$\int f[\varphi(x)]\varphi'(x)\mathrm{d}x=\int f(u)\mathrm{d}u=F(u)+C=F[\varphi(x)]+C$$

以上积分方法称为第一换元积分法，也称为**凑微分法**。

2. 第二换元积分法

凑微分法中，通过变量代换 $u=\varphi(x)$，将积分 $\int f[\varphi(x)]\varphi'(x)\mathrm{d}x$ 变为形式简单的积分 $\int f(u)\mathrm{d}u$，只要找到 $\int f(u)\mathrm{d}u$ 的原函数，问题就得到解决。但有时会碰到一种相反的情况：对于不定积分 $\int f(x)\mathrm{d}x$ 不易求，作变量代换 $x=\varphi(t)$，原积分就转化成形式较为复杂但容易求出原函数的不定积分 $\int f[\varphi(t)]\varphi'(t)\mathrm{d}t$，只要 $x=\varphi(t)$ 存在反函数 $t=\varphi^{-1}(x)$，再将变量还原，即可求出 $\int f(x)\mathrm{d}x$。

定理 4.2 设 $x=\varphi(t)$ 是单调的、具有连续导数的函数，且 $\varphi'(t)\neq 0$，若

$$\int f[\varphi(t)]\varphi'(t)\mathrm{d}t=F(t)+C$$

则

$$\int f(x)\mathrm{d}x=\int f[\varphi(t)]\varphi'(t)\mathrm{d}t=F[\varphi^{-1}(x)]+C$$

其中，$\varphi^{-1}(x)$ 是 $x=\varphi(t)$ 的反函数。

以上积分方法称为**第二换元积分法**。

第二换元积分法中换元的类型有很多种，下面主要介绍**根式代换法**。

当被积函数中含有形如 $\sqrt[n]{ax+b}$ $(n\geqslant 2, n$ 为正整数$, a\neq 0)$ 的式子时，直接令 $\sqrt[n]{ax+b}=t$，就可以将被积函数中的根式去掉。

【拓展知识】*

第二换元积分法中的三角函数代换法：

①当被积函数中含有 $\sqrt{a^2-x^2}$ $(a>0)$ 时，令 $x=a\sin t\left(-\dfrac{\pi}{2}<t<\dfrac{\pi}{2}\right)$；

②当被积函数中含有 $\sqrt{a^2+x^2}$ $(a>0)$ 时，令 $x=a\tan t\left(-\dfrac{\pi}{2}<t<\dfrac{\pi}{2}\right)$。

【例题精选】

首先列举一些利用第一换元积分法求不定积分的例题。

情形一：被积表达式为 $f(ax+b)\mathrm{d}x$ 型（$a\neq0$），可作换元 $u=ax+b$ 解决问题。

[例 4.12]　求不定积分 $\int\cos 2x\mathrm{d}x$。

解：被积表达式为 $\cos 2x\mathrm{d}x$，令 $u=2x$，则 $\mathrm{d}u=2\mathrm{d}x$，因此

$$\int\cos 2x\mathrm{d}x=\frac{1}{2}\int\cos u\mathrm{d}u$$

$$=\frac{1}{2}\sin u+C=\frac{1}{2}\sin 2x+C$$

[例 4.13]　求 $\int\frac{1}{4-x}\mathrm{d}x$。

解：由于被积表达式为 $\frac{1}{4-x}\mathrm{d}x$，令 $u=4-x$，则 $\mathrm{d}u=-\mathrm{d}x$，从而有

$$\int\frac{1}{4-x}\mathrm{d}x=-\int\frac{1}{u}\mathrm{d}u=-\ln|u|+C=-\ln|4-x|+C$$

情形二：被积表达式为 $f(x^2)x\mathrm{d}x$ 型，可作换元 $u=x^2$ 解决问题。

[例 4.14]　求 $\int e^{x^2}x\mathrm{d}x$。

解：由于被积表达式为 $e^{x^2}x\mathrm{d}x$，令 $u=x^2$，则 $\mathrm{d}u=2x\mathrm{d}x$，从而有

$$\int e^{x^2}x\mathrm{d}x=\frac{1}{2}\int e^{u}\mathrm{d}u=\frac{1}{2}e^{u}+C=\frac{1}{2}e^{x^2}+C$$

[例 4.15]　求 $\int\frac{x}{4-x^2}\mathrm{d}x$。

解：由于被积表达式为 $\frac{x}{4-x^2}\mathrm{d}x$，令 $u=4-x^2$，则 $\mathrm{d}u=-2x\mathrm{d}x$，从而有

$$\int\frac{x}{4-x^2}\mathrm{d}x=-\frac{1}{2}\int\frac{1}{u}\mathrm{d}u=-\frac{1}{2}\ln|u|+C$$

$$=-\frac{1}{2}\ln|4-x^2|+C$$

用该方法同样可以计算 $\int f(x^n)x^{n-1}\mathrm{d}x$，$\int f(\sqrt{x})\frac{1}{\sqrt{x}}\mathrm{d}x$，$\int f\left(\frac{1}{x}\right)\frac{1}{x^2}\mathrm{d}x$ 等形式的不定积分。

[例 4.16]　求 $\int\frac{1}{x^2}e^{\frac{1}{x}}\mathrm{d}x$。

解：由于被积表达式为 $\frac{1}{x^2}e^{\frac{1}{x}}\mathrm{d}x$，令 $u=\frac{1}{x}$，则 $\mathrm{d}u=-\frac{1}{x^2}\mathrm{d}x$，从而有

$$\int \frac{1}{x^2}e^{\frac{1}{x}}dx = -\int e^u du = -e^{\frac{1}{x}} + C$$

情形三:被积表达式为$f(e^x)e^x dx$,$f(\ln x)\frac{1}{x}dx$型,可分别令$u=e^x$,$u=\ln x$。

[**例 4.17**]　求$\int e^x \sin e^x dx$。

解:令$u=e^x$,则$du=e^x dx$,于是有

$$\int e^x \sin e^x dx = \int \sin u du = -\cos e^x + C$$

[**例 4.18**]　求$\int \frac{(\ln x)^2}{x}dx$。

解:令$u=\ln x$,则$du=\frac{1}{x}dx$,于是有

$$\int \frac{(\ln x)^2}{x}dx = \int u^2 du = \frac{1}{3}(\ln x)^3 + C$$

情形四:被积表达式为$f(\sin x)\cos x dx$,$f(\cos x)\sin x dx$型,可分别令$u=\sin x$,$u=\cos x$。

[**例 4.19**]　求$\int \sin^2 x\cos x dx$。

解:令$u=\sin x$,则$du=\cos x dx$,于是有

$$\int \sin^2 x\cos x dx = \int u^2 du = \frac{1}{3}\sin^3 x + C$$

[**例 4.20**]　求$\int \sin^3 x dx$。

解:令$u=\cos x$,则$du=-\sin x dx$,于是有

$$\int \sin^3 x dx = \int (1-\cos^2 x)\sin x dx = -\int (1-u^2)du$$

$$= -\cos x + \frac{1}{3}\cos^3 x + C$$

情形五:被积函数是有理分式$\frac{1}{Q(x)}$($Q(x)$为多项式函数),其中$Q(x)$可分解因式,此时将被积函数拆分成若干项的和即可。

[**例 4.21**]　求$\int \frac{dx}{x^2+2x-3}$。

解:$\int \frac{dx}{x^2+2x-3} = \int \frac{1}{(x+3)(x-1)}dx = -\frac{1}{4}\int\left(\frac{1}{x+3}-\frac{1}{x-1}\right)dx$

$$=-\frac{1}{4}\int\frac{\mathrm{d}x}{x+3}+\frac{1}{4}\int\frac{\mathrm{d}x}{x-1}$$

$$=-\frac{1}{4}\ln|x+3|+\frac{1}{4}\ln|x-1|+C$$

$$=\frac{1}{4}\ln\left|\frac{x-1}{x+3}\right|+C$$

通过以上例子可以看出,第一换元积分法是积分计算中非常重要的方法。但是书写过程有些烦琐,可以用凑微分的思想简化书写过程。下面以例 4.13 为例来说明。

$$\int\frac{1}{4-x}\mathrm{d}x=-\int\frac{1}{4-x}\mathrm{d}(4-x)=-\ln|4-x|+C$$

熟练之后就可以直接用凑微分法书写简化计算过程。

同时还需说明,应用不同的计算方法得到的不定积分的计算结果在形式上会有一些差异,但本质上,它们之间只相差一个常数。例如,计算不定积分 $\int\sin x\cos x\mathrm{d}x$ 有以下两种方法:

方法一:$\int\sin x\cos x\mathrm{d}x=\int\sin x\mathrm{d}\sin x=\frac{1}{2}\sin^2x+C$。

方法二:$\int\sin x\cos x\mathrm{d}x=-\int\cos x\mathrm{d}\cos x=-\frac{1}{2}\cos^2x+C=\frac{1}{2}\sin^2x-\frac{1}{2}+C$。

另外,前面对第一换元积分法(凑微分法)做了一些总结,事实上,积分情形往往更加丰富和精彩。在具体计算时要根据被积函数的特点,结合基本积分公式来灵活选取、应用,甚至在一个积分问题中要综合运用多种方法才能解决问题。

接下来举例介绍第二换元积分法中的**根式代换法**。

[例 4.22]　求 $\int\frac{x+1}{\sqrt[3]{3x+1}}\mathrm{d}x$。

解:令 $t=\sqrt[3]{3x+1}$,则 $x=\frac{1}{3}(t^3-1)$,$\mathrm{d}x=t^2\mathrm{d}t$,于是有

$$\int\frac{x+1}{\sqrt[3]{3x+1}}\mathrm{d}x=\frac{1}{3}\int\frac{t^3+2}{t}\cdot t^2\mathrm{d}t=\frac{1}{3}\int(t^4+2t)\mathrm{d}t=\frac{t^5}{15}+\frac{t^2}{3}+C$$

$$=\frac{1}{15}(3x+1)^{\frac{5}{3}}+\frac{1}{3}(3x+1)^{\frac{2}{3}}+C$$

[例 4.23]　求 $\int\frac{1}{\sqrt{x+1}+\sqrt[3]{x+1}}\mathrm{d}x$。

解:令 $t=\sqrt[6]{x+1}$,则 $x=t^6-1$,$\mathrm{d}x=6t^5\mathrm{d}t$,于是有

$$\int \frac{1}{\sqrt{x+1}+\sqrt[3]{x+1}}dx = \int \frac{6t^5}{t^3+t^2}dt = 6\int (t^2-t+1)dt$$

$$= 2t^3 - 3t^2 + 6t + C = 2\sqrt{x+1} - 3\sqrt[3]{x+1} + 6\sqrt[6]{x+1} + C$$

三角函数代换法选讲

[例 4.24]* 求 $\int \sqrt{4-x^2}dx$。

分析：被积函数中含有根式"$\sqrt{4-x^2}$"，而被积表达式中不单独含有"$x dx$"，从而不能使用凑微分法，所以考虑三角函数代换。

解：如图 4.1 所示，令$\frac{x}{2}=\sin t\left(0\leqslant t<\frac{\pi}{2}\right)$，则 $dx=2\cos t dt$，故有

$$\int \sqrt{4-x^2}dx = 4\int \cos t\cos t dt$$

$$= 2\int (1+\cos 2t)dt$$

$$= 2t + \sin 2t + C = 2t + 2\sin t\cos t + C$$

$$= 2\arcsin\frac{x}{2} - \frac{1}{2}\sqrt{4-x^2} + C$$

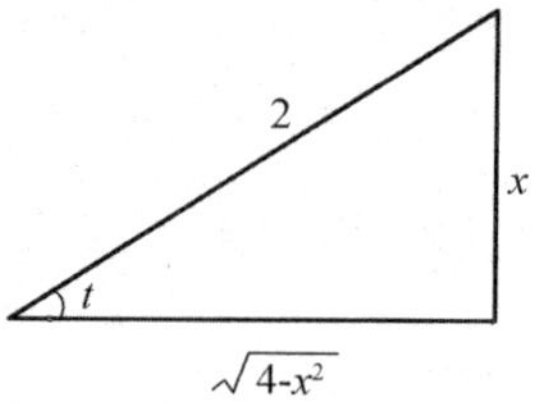

图 4.1

【知识演练】

1. 求下列不定积分：

(1) $\int e^{5t+2}dt$；　(2) $\int (5-3x)^2dx$；　(3) $\int \frac{1}{1-2x}dx$；

(4) $\int \frac{dx}{\sqrt{1-2x}}$；　(5) $\int (\sin 4x - e^{\frac{x}{2}})dx$；　(6) $\int \sin(3x+1)dx$；

(7) $\int x\sqrt{x^2+5}dx$；　(8) $\int \frac{dx}{x\ln x}$；　(9) $\int \frac{1}{1+e^x}dx$；

(10) $\int xe^{-2x^2}dx$；　(11) $\int \frac{3x^3}{1+x^4}dx$；　(12)* $\int \frac{dx}{e^x+e^{-x}}$；

(13) $\int \frac{\sin x}{\cos^3 x}dx$；　(14) $\int \frac{\sin x+\cos x}{\sqrt[3]{\sin x-\cos x}}dx$；　(15) $\int \cos^3 x dx$；

(16) $\int \frac{\cos \ln x}{x}dx$；　(17) $\int \left(1+\frac{1}{x^2}\right)e^{x-\frac{1}{x}}dx$；　(18) $\int \frac{dx}{x^2+5x+6}$；

(19) $\int \frac{x^2dx}{1-x^2}$；　(20) $\int \frac{1+\ln x}{(x\ln x)^2}dx$；　(21) $\int \frac{e^{2x}-1}{e^x-1}dx$；

(22) $\int \frac{x^3}{1+x^2}dx$；　(23) $\int \frac{1}{\sqrt{x+1}+\sqrt{x-1}}dx$；　(24)* $\int \frac{1}{4+x^2}dx$；

(25) * $\int \frac{1}{x^2+2x+4}\mathrm{d}x$;　(26) * $\int \frac{1}{\sqrt{4-x^2}}\mathrm{d}x$。

2. 求下列不定积分：

(1) $\int x\sqrt{1+x}\,\mathrm{d}x$;　(2) $\int \frac{\mathrm{d}x}{x(\sqrt{x}+1)}$;　(3) $\int \frac{1}{\sqrt[3]{x+2}+1}\mathrm{d}x$;

(4) $\int \frac{1}{\sqrt{x}+\sqrt[3]{x}}\mathrm{d}x$;　(5) $\int \frac{\mathrm{e}^{2x}}{1+\sqrt{1+\mathrm{e}^{2x}}}\mathrm{d}x$;　(6) $\int \frac{1+\sqrt[3]{1-x}}{\sqrt{1-x}}\mathrm{d}x$;

(7) * $\int \sqrt{9+x^2}\,\mathrm{d}x$;　(8) * $\int \frac{x^2}{\sqrt{9-x^2}}\mathrm{d}x$。

4.2.2　分部积分法

【案例提出】

[**案例 4.4**]　求不定积分 $\int x\sin x\mathrm{d}x$。

尽管已经学习了换元积分法，但是此题用此方法无法解决，需要学习新的方法——分部积分法。

【相关知识】

如果 $u=u(x)$ 与 $v=v(u)$ 都有连续的导数，则由函数乘积的求导公式

$$(uv)'=u'v+uv'$$

得到对应的微分公式

$$\mathrm{d}(uv)=v\mathrm{d}u+u\mathrm{d}v$$

移项可得

$$u\mathrm{d}v=\mathrm{d}(uv)-v\mathrm{d}u$$

两边积分有

$$\int u\mathrm{d}v=uv-\int v\mathrm{d}u$$

这个公式叫作**分部积分公式**。

当积分 $\int u\mathrm{d}v$ 不易计算，而积分 $\int v\mathrm{d}u$ 比较容易计算时，就可以使用分部积分公式求解。使用分部积分公式求解的难点在于 u,v 的选择，下面通过例题来讲解。

【例题精选】

［例 4.25］　求不定积分 $\int x\sin x\mathrm{d}x$。

解：被积函数是 x 与 $\sin x$ 的乘积，选择 $u=x$，则有 $\mathrm{d}v=\sin x\mathrm{d}x$，即 $v=-\cos x$。由分部积分公式有

$$\int x\sin x\mathrm{d}x=-\int x\mathrm{d}\cos x=-x\cos x+\int\cos x\mathrm{d}x=-x\cos x+\sin x+C$$

求解时，如果选择 $u=\sin x$，$\mathrm{d}v=x\mathrm{d}x$，则有 $v=\frac{x^2}{2}$

$$\int x\sin x\mathrm{d}x=\int\sin x\mathrm{d}\left(\frac{x^2}{2}\right)=\frac{x^2}{2}\sin x-\int\frac{x^2}{2}\cos x\mathrm{d}x$$

此时积分 $\int\frac{x^2}{2}\cos x\mathrm{d}x$ 比原积分更加复杂，所以按此思路无法求出结果。

由此题可以发现，如果 u 和 $\mathrm{d}v$ 选取不当，结果将很难求出，所以恰当选取 u 和 v 是一个关键，一般要考虑下面两点：

(1)v 要易求；

(2)后面的积分 $\int v\mathrm{d}u$ 要比前面的积分 $\int u\mathrm{d}v$ 易求。

利用分部积分法求解不定积分的难点在于 u 的选取，下面给出几种情形。

情形一：积分为 $\int x^n\times$(指数函数)$\mathrm{d}x$ 的类型，选取 x^n(n 为正整数) 为 u。

［例 4.26］　求 $\int x\mathrm{e}^x\mathrm{d}x$。

解：令 $u=x$，$\mathrm{d}v=\mathrm{e}^x\mathrm{d}x$，则 $v=\mathrm{e}^x$，那么

$$\int x\mathrm{e}^x\mathrm{d}x=\int x\mathrm{d}\mathrm{e}^x=x\mathrm{e}^x-\int\mathrm{e}^x\mathrm{d}x=x\mathrm{e}^x-\mathrm{e}^x+C$$

如果选择 $u=\mathrm{e}^x$，$\mathrm{d}v=x\mathrm{d}x$，则 $v=\frac{x^2}{2}$，那么积分会变得更加复杂，课后同学们不妨一试。

［例 4.27］　求 $\int x\mathrm{e}^{2x}\mathrm{d}x$。

解：令 $u=x$，$\mathrm{d}v=\mathrm{e}^{2x}\mathrm{d}x$，则 $v=\frac{1}{2}\mathrm{e}^{2x}$，得

$$\int x\mathrm{e}^{2x}\mathrm{d}x=\frac{1}{2}\int x\mathrm{d}\mathrm{e}^{2x}=\frac{1}{2}x\mathrm{e}^{2x}-\frac{1}{2}\int\mathrm{e}^{2x}\mathrm{d}x=\frac{1}{2}x\mathrm{e}^{2x}-\frac{1}{4}\mathrm{e}^{2x}+C$$

情形二：积分为 $\int x^n\times$(三角函数)$\mathrm{d}x$ 的类型，选取 x^n(n 为正整数) 为 u。

分部积分法运用熟练后，可以简化书写过程，不必具体写出 u,v。

[例 4.28]　求 $\int x\sin x\cos x\mathrm{d}x$。

解：$$\int x\sin x\cos x\mathrm{d}x = \frac{1}{2}\int x\sin 2x\mathrm{d}x = -\frac{1}{4}\int x\mathrm{d}\cos 2x$$

$$= -\frac{1}{4}x\cos 2x + \frac{1}{4}\int\cos 2x\mathrm{d}x$$

$$= -\frac{1}{4}x\cos 2x + \frac{1}{8}\sin 2x + C$$

情形三：积分为 $\int x^{\alpha}\times$（对数函数）$\mathrm{d}x$ 的类型（α 为实数），选取对数函数为 u。

[例 4.29]　求 $\int\ln x\mathrm{d}x$。

解：$$\int\ln x\mathrm{d}x = x\ln x - \int x\mathrm{d}\ln x = x\ln x - \int\mathrm{d}x = x\ln x - x + C$$

[例 4.30]　求 $\int x^2\ln(x+1)\mathrm{d}x$。

解：$$\int x^2\ln(x+1)\mathrm{d}x = \int\ln(x+1)\mathrm{d}\left(\frac{x^3}{3}\right)$$

$$= \frac{x^3}{3}\ln(x+1) - \frac{1}{3}\int x^3\mathrm{d}\ln(x+1)$$

$$= \frac{x^3}{3}\ln(x+1) - \frac{1}{3}\int\frac{x^3}{x+1}\mathrm{d}x$$

$$= \frac{x^3}{3}\ln(x+1) - \frac{1}{3}\int(x^2 - x + 1)\mathrm{d}x$$

$$= \frac{x^3}{3}\ln(x+1) - \frac{1}{9}x^3 + \frac{1}{6}x^2 - \frac{1}{3}x + C$$

情形四：积分为 $\int$（指数函数）×（三角函数）$\mathrm{d}x$ 的类型，可任选一个函数为 u。

[例 4.31]　求 $\int e^x\cos x\mathrm{d}x$。

解：$$\int e^x\cos x\mathrm{d}x = \int e^x\mathrm{d}\sin x = e^x\sin x - \int\sin x\mathrm{d}e^x$$

$$= e^x\sin x - \int e^x\sin x\mathrm{d}x$$

$$= e^x\sin x + \int e^x\mathrm{d}\cos x$$

$$= e^x\sin x + e^x\cos x - \int e^x\cos x\mathrm{d}x + C$$

经过两次分部积分之后，在上式右端又出现了所求积分 $\int e^x\cos x\mathrm{d}x$，这样就得到了含有不定积分 $\int e^x\cos x\mathrm{d}x$ 的方程。于是移项得

$$2\int e^x\cos x\mathrm{d}x = e^x\sin x + e^x\cos x + C$$

即

$$\int e^x\cos x\mathrm{d}x = \frac{1}{2}(e^x\sin x + e^x\cos x) + \frac{1}{2}C$$

在这种积分类型中，由于要使用两次分部积分法，所以两次选取的 u 应当保持一致，否则不会出现含有所求积分的方程。

本节专门介绍了各种不定积分的计算方法，而且所求不定积分都可以用初等函数表示出来。实际上，从原理上来说，不定积分一定存在，但有许多不定积分不能用初等函数表示，这种情况习惯上称为“积不出来”。例如，$\int e^{-x^2}\mathrm{d}x$，$\int \frac{\sin x}{x}\mathrm{d}x$，$\int \frac{1}{\ln x}\mathrm{d}x$ 等是“积不出来”的。

【知识演练】

求下列不定积分：

(1) $\int xe^{-x}\mathrm{d}x$；　(2) $\int \ln(3x-1)\mathrm{d}x$；　(3) $\int x\cos x\mathrm{d}x$；

(4) $\int x^2\sin 2x\mathrm{d}x$；　(5) $\int x\cos \frac{\pi}{x}\mathrm{d}x$；　(6) $\int x\ln(x+1)\mathrm{d}x$；

(7) $\int \frac{\ln x}{x^2}\mathrm{d}x$；　(8) $\int e^x\cos 2x\mathrm{d}x$。

4.3　定积分的概念与性质

【案例提出】

[案例 4.5]　在直角坐标系中，由连续曲线 $y=f(x)$（假设 $f(x)\geqslant 0$），直线 $x=a$，$x=b$ 及 x 轴所围成的图形 $AabB$，叫作曲边梯形，如图 4.2 所示。如何求曲边梯形 $AabB$ 的面积？

解决该问题的思想方法是“以直代曲”。具体来说，就是通过以下四步来实现：

(1) 分割。用任意分点 $a=x_0<x_1<x_2<\cdots<x_{n-1}<x_n=b$ 将区间 $[a,b]$ 分成任意的 n 个小区间 $[x_0,x_1]$，$[x_1,x_2]$，…，$[x_{n-1},x_n]$。记这些小区间的长度为 $\Delta x_i=x_i-x_{i-1}$（$i=1,2,\cdots,$

n)。经过每一个分点 $x_i(i=1,2,\cdots,n)$ 作 x 轴的垂线,把曲边梯形 $AabB$ 划分成 n 个小曲边梯形(图4.3)。

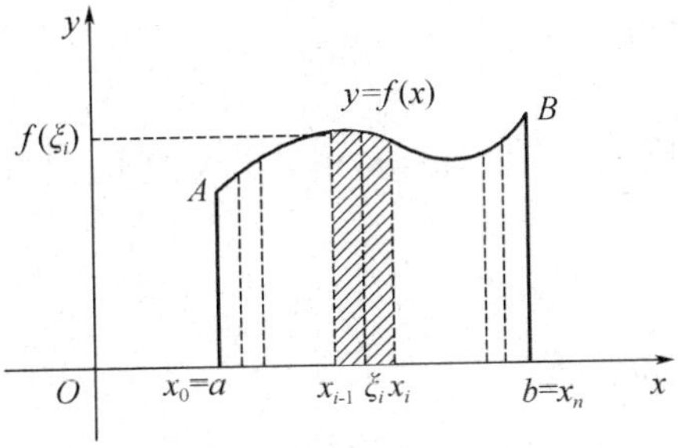

图4.2

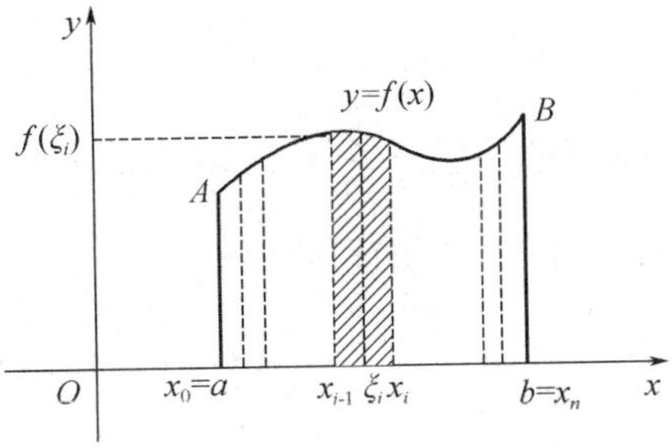

图4.3

用 S 表示曲边梯形 $AabB$ 的面积,ΔS_i 表示第 i 个小曲边梯形的面积,则有

$$S=\sum_{i=1}^{n}\Delta S_i$$

(2)近似代替。在每个小区间$[x_{i-1},x_i]$上任取一点 $\xi_i(i=1,2,\cdots,n)$,用以 Δx_i 为底,$f(\xi_i)$为高的小矩形的面积近似代替第 i 个小曲边梯形的面积,即

$$\Delta S_i\approx f(\xi_i)\Delta x_i$$

(3)求和。所求曲边梯形的面积 $S=\sum_{i=1}^{n}\Delta S_i\approx\sum_{i=1}^{n}f(\xi_i)\Delta x_i$。

(4)取极限。令 $\lambda=\max\limits_{1\leqslant i\leqslant n}\{\Delta x_i\}$,它表示所有小区间长度的最大值。当分点数 n 无限增大且 $\lambda\to 0$ 时,求和式 $\sum_{i=1}^{n}f(\xi_i)\Delta x_i$的极限,便得到曲边梯形 $AabB$ 的面积,即

$$S=\lim_{\lambda\to 0}\sum_{i=1}^{n}f(\xi_i)\Delta x_i$$

[案例4.6]　某产品总产量的变化率 q 是时间 t 的函数 $q(t)$,$q(t)\geqslant 0$,求时间从 a 到 b 的总产量 Q。

因为总产量的变化率不是常量,所以解决此问题的思想方法是"以不变应万变"。

具体方法如下:

(1)分割。用任意分点 $a=t_0<t_1<t_2<\cdots<t_{n-1}<t_n=b$ 将时间间隔$[a,b]$分成任意的 n 个小区间$[t_0,t_1]$,$[t_1,t_2]$,$\cdots$,$[t_{n-1},t_n]$。记这些小区间的长度为 $\Delta t_i=t_i-t_{i-1}(i=1,2,\cdots,n)$,则对应第 i 段时间内产品的总产量为 $\Delta Q_i(i=1,2,\cdots,n)$。

(2)近似代替。在每个小区间$[t_{i-1},t_i]$上任取一时刻 $\xi(i=1,2,\cdots,n)$,以 ξ 时刻的总产量变化率 $q(\xi_i)$来代替$[t_{i-1},t_i]$上各时刻的总产量变化率,即得到此时间间隔内总产量 ΔQ_i 的近似值

$$\Delta Q_i \approx q(\xi_i)\Delta t_i(i=1,2,\cdots,n)$$

(3)求和。所求时间间隔内的总产量的近似值为

$$Q=\sum_{i=1}^{n} q(\xi_i)\Delta t_i$$

(4)取极限。令 $\lambda=\max\limits_{1\leqslant i\leqslant n}\{\Delta t_i\}$,当 $\lambda\to 0$ 时求和式 $\sum\limits_{i=1}^{n} q(\xi_i)\Delta t_i$ 的极限, 便得到所求时间段内总产量的精确值

$$Q=\lim_{\lambda\to 0}\sum_{i=1}^{n} q(\xi_i)\Delta t_i$$

从案例 4. 5 和案例 4. 6 可以看出,不管实际问题的背景如何,最终所求问题都转化为求某种和式的极限,这就是定积分。

【相关知识】

1. 定积分的定义

定义 4. 3 设函数 $f(x)$ 在区间 $[a,b]$ 上有定义,在区间 $[a,b]$ 上任意插入 $n-1$ 个分点 $a=x_0<x_1<\cdots<x_{n-1}<x_n=b$,把区间 $[a,b]$ 分成任意的 n 个小区间 $[x_0,x_1]$, $[x_1,x_2]$, $\cdots$, $[x_{n-1},x_n]$,记每个小区间的长度为 $\Delta x_i=x_i-x_{i-1}(i=1,2,\cdots,n)$。在每个小区间 $[x_{i-1},x_i]$ 上任取一点 $\xi_i(x_{i-1}\leqslant\xi_i\leqslant x_i)$, 作和式 $\sum\limits_{i=1}^{n} f(\xi_i)\Delta x_i$, 记 $\lambda=\max\limits_{1\leqslant i\leqslant n}\{\Delta x_i\}$,如果不管对 $[a,b]$ 怎样划分,也不管 λ_i 在小区间 $[x_{i-1},x_i]$ 上怎样选取,当 $\lambda\to 0$ 时,上述和式 $\sum\limits_{i=1}^{n} f(\xi_i)\Delta x_i$ 总趋于一个确定的常数 I, 则称函数 $f(x)$ 在 $[a,b]$ 上可积,并称此极限值 I 为函数 $f(x)$ 在 $[a,b]$ 上的定积分,记作 $\int_a^b f(x)\mathrm{d}x$,即

$$\int_a^b f(x)\mathrm{d}x=\lim_{\lambda\to 0}\sum_{i=1}^{n} f(\xi_i)\Delta x_i$$

其中,$f(x)$ 称为被积函数;$f(x)\mathrm{d}x$ 称为被积表达式;x 称为积分变量;$[a,b]$ 称为积分区间;a 与 b 分别称为积分下限与积分上限。

若上面定义中的和式极限不存在,则称 $f(x)$ 在 $[a,b]$ 上不可积。

根据定积分的定义,上面两个案例可以分别表示为:曲边梯形的面积 $S=\int_a^b f(x)\mathrm{d}x$;某产品的总产量 $Q=\int_a^b q(t)\mathrm{d}t$。

下面就定积分的定义做几点说明:

(1)定积分 $\int_a^b f(x)\mathrm{d}x$ 是一个常数, 它只与被积函数 $f(x)$ 和积分区间有关,而与积分

变量用什么符号表示无关，即

$$\int_a^b f(x)\,\mathrm{d}x=\int_a^b f(t)\,\mathrm{d}t=\int_a^b f(u)\,\mathrm{d}u$$

(2) 函数 $f(x)$ 在 $[a,b]$ 上可积的充分条件：如果 $f(x)$ 在闭区间 $[a,b]$ 上连续，则 $f(x)$ 在 $[a,b]$ 上可积；如果 $f(x)$ 在闭区间 $[a,b]$ 上有界，且只有有限个间断点，则 $f(x)$ 在 $[a,b]$ 上可积。

(3) 为方便后面定积分的计算，我们对定积分做以下两点补充规定：当 $a=b$ 时，$\int_a^b f(x)\,\mathrm{d}x=0$；$\int_a^b f(x)\,\mathrm{d}x=-\int_b^a f(x)\,\mathrm{d}x$。

2. 定积分的几何意义和经济意义

(1) 几何意义。

由案例 4.5 容易看出，如果函数 $f(x)\geqslant 0\ (x\in[a,b])$，定积分 $\int_a^b f(x)\,\mathrm{d}x$ 在几何上表示由曲线 $y=f(x)$，直线 $x=a$，$x=b$ 与 x 轴所围成的曲边梯形的面积。

如果函数 $f(x)\leqslant 0\ (x\in[a,b])$，由曲线 $y=f(x)$，两条直线 $x=a$，$x=b$ 与 x 轴所围成的曲边梯形位于 x 轴的下方（图 4.4）。定积分 $\int_a^b f(x)\,\mathrm{d}x$ 在几何上表示上述曲边梯形面积的相反数。

如果函数 $f(x)\ (x\in[a,b])$ 既取得正值又取得负值，函数 $y=f(x)$ 的图形某些部分在 x 轴的上方，而其他部分在 x 轴的下方（图 4.5），此时定积分 $\int_a^b f(x)\,\mathrm{d}x$ 表示 x 轴上方的曲边梯形面积减去 x 轴下方图形的面积。

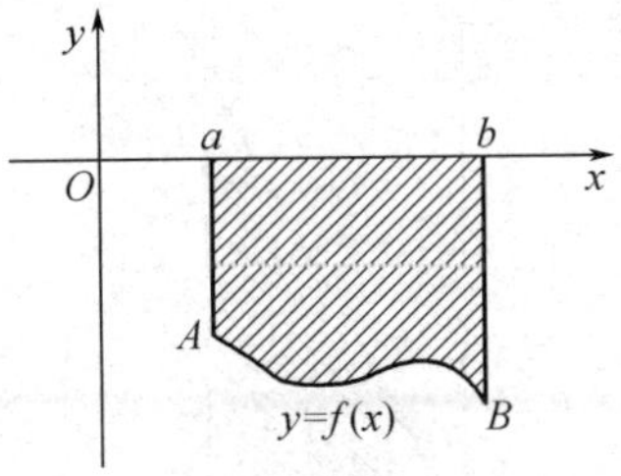

图 4.4

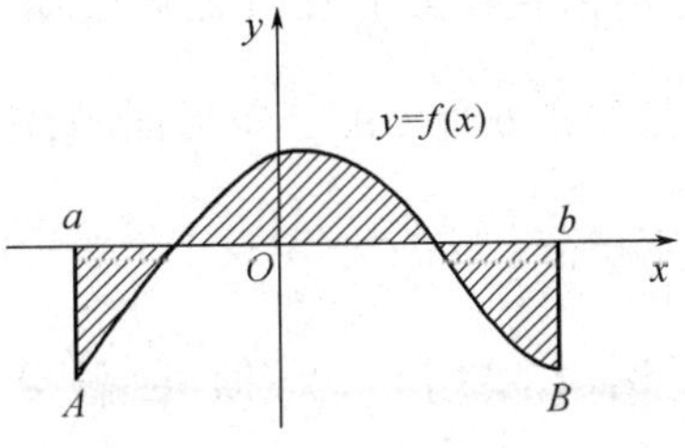

图 4.5

(2) 经济意义。

某一经济总量 $G(x)$ 的变化率（边际函数）为 $g(x)$，则定积分 $\int_a^b f(x)\,\mathrm{d}x$ 表示变量 x 从 a 到 b 时的经济总量 $G(x)=\int_a^b g(x)\,\mathrm{d}x$。

设某企业的边际收入函数为 $MR(Q)$，则 $\int_a^b MR(Q)\,\mathrm{d}Q$ 表示变量 Q 从 a 到 b 时的总

收入

$$R(Q)=\int_a^b MR(Q)\mathrm{d}Q$$

3. 定积分的性质

设函数 $f(x)$ 和 $g(x)$ 在 $[a,b]$ 上均可积。

性质 4.5 $\int_a^b[f(x)\pm g(x)]\mathrm{d}x=\int_a^b f(x)\mathrm{d}x\pm\int_a^b g(x)\mathrm{d}x$。

性质 4.6 $\int_a^b kf(x)\mathrm{d}x=k\int_a^b f(x)\mathrm{d}x$（$k$ 为常数）。

性质 4.7（积分区间的可分可加性） 设 $a<c<b$，则

$$\int_a^b f(x)\mathrm{d}x=\int_a^c f(x)\mathrm{d}x+\int_c^b f(x)\mathrm{d}x$$

注：性质 4.7 中的点 c 如果在 $[a,b]$ 外，上述结论仍然成立。

性质 4.8 如果 $f(x)\leqslant g(x)$（$x\in[a,b]$）则

$$\int_a^b f(x)\mathrm{d}x\leqslant\int_a^b g(x)\mathrm{d}x\ (a<b)$$

特别地，如果在 $[a,b]$ 上有 $f(x)\geqslant 0$，则

$$\int_a^b f(x)\mathrm{d}x\geqslant 0\ (a<b)$$

【例题精选】

［例 4.32］ 根据定积分的几何意义求定积分 $\int_0^1 2x\mathrm{d}x$。

解：由定积分的几何意义可知，定积分 $\int_0^1 2x\mathrm{d}x$ 表示的是图 4.6 所示的三角形面积，它的底为 1，高为 2，所以定积分 $\int_0^1 2x\mathrm{d}x=\frac{1}{2}\times1\times2=1$。

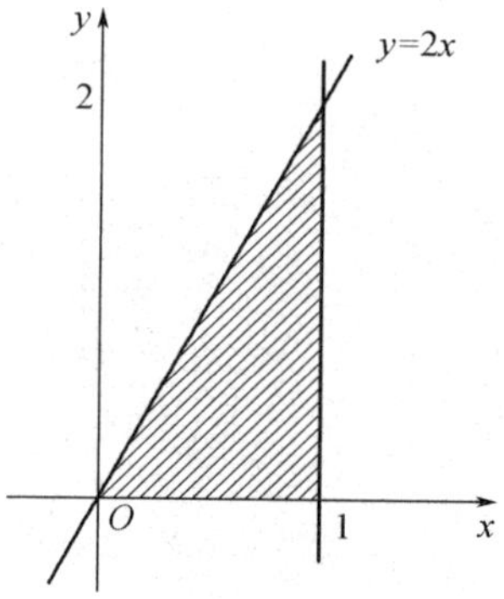

图 4.6

［例 4.33］ 根据定积分的几何意义求 $\int_0^1\sqrt{1-x^2}\mathrm{d}x$。

解：由图 4.7 可知，定积分 $\int_0^1\sqrt{1-x^2}\mathrm{d}x$ 表示以原点为圆心、半径为 1 的圆位于第一象限部分的面积，所以 $\int_0^1\sqrt{1-x^2}\mathrm{d}x=\frac{1}{4}\pi$。

【知识演练】

1. 试用定积分表示由曲线 $y=\mathrm{e}^x$，直线 $x=1$，$x=2$ 及 x 轴围成的图形的面积 A。

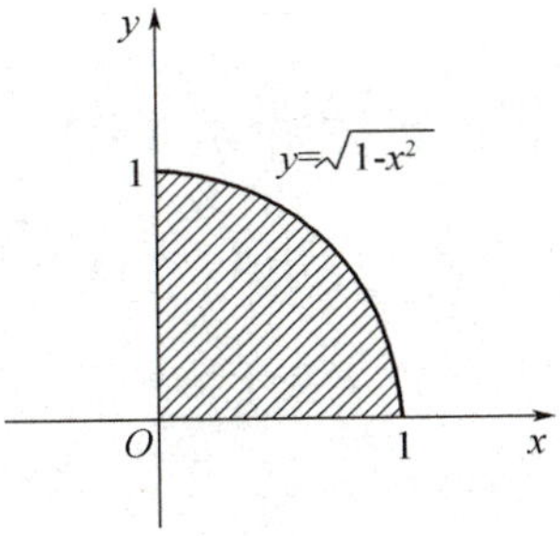

图 4.7

2. 若已知 $\int_{-\frac{\pi}{2}}^{\frac{\pi}{2}}\cos x\mathrm{d}x=2$，试根据定积分的几何意义讨论 $\int_{-\frac{\pi}{2}}^{\frac{\pi}{2}}\cos x\mathrm{d}x$ 与 $\int_{0}^{\frac{\pi}{2}}\cos x\mathrm{d}x$ 的值的关系，并求 $\int_{0}^{\frac{\pi}{2}}\cos x\mathrm{d}x$。

3. 用定积分的几何意义计算：

(1) $\int_0^1(3x+1)\mathrm{d}x$；　(2) $\int_{-a}^{a}\sqrt{a^2-x^2}\mathrm{d}x\,(a>0)$；　(3) $\int_0^{2\pi}\sin x\mathrm{d}x$。

4.3.2　微积分学基本公式

直接用定积分的定义求特定和式的极限很困难，所以要寻求计算定积分的简单方法。

【案例提出】

[案例 4.7]　边际成本函数 $C'(x)$ 是总成本函数 $C(x)$ 的导数，求产量从 a 到 b 时总成本的增量。

一方面，由定积分的定义可知，产量从 a 到 b 时总成本的增量为 $\int_a^b C'(x)\mathrm{d}x$；另一方面，产量从 a 到 b 的总成本 $\Delta C(x)=C(b)-C(a)$。故有

$$\int_a^b C'(x)\mathrm{d}x=C(b)-C(a)$$

一般地，若 $F'(x)=f(x)$，则有 $\int_a^b f(x)\mathrm{d}x=F(b)-F(a)$，这就是求定积分的简单方法。接下来介绍相关知识。

【相关知识】

1. 变上限积分

设函数 $f(x)$ 在区间 $[a,b]$ 上连续，对任意 $x\in[a,b]$，考察 $f(x)$ 在部分区间 $[a,x]$ 上

的定积分$\int_a^x f(t)\mathrm{d}t$。

在$[a,b]$上定义一个关于x的函数，记作$\Phi(x)$，即

$$\Phi(x)=\int_a^x f(t)\mathrm{d}t(a\leqslant x\leqslant b)$$

称这个函数$\Phi(x)$为积分变上限的函数或变上限积分，它具有以下重要性质：

定理 4.3 如果函数$f(x)$在区间$[a,b]$上连续，则变上限积分

$$\Phi(x)=\int_a^x f(t)\mathrm{d}t(a\leqslant x\leqslant b)$$

在$[a,b]$上可导，并且它的导数是

$$\Phi'(x)=\left[\int_a^x f(t)\mathrm{d}t\right]'=f(x)(a\leqslant x\leqslant b)$$

这个定理一方面肯定了连续函数的原函数存在，另一方面初步揭示了积分学中定积分与原函数之间的关系。这样，我们就有可能通过原函数来计算定积分。

2. 牛顿-莱布尼茨公式

定理 4.4 如果函数$F(x)$是连续函数$f(x)$在区间$[a,b]$上的一个原函数，那么

$$\int_a^b f(x)\mathrm{d}x=F(x)\big|_a^b=F(b)-F(a)$$

该公式称为牛顿-莱布尼茨公式。

定理 4.4 揭示了积分学两大部分——定积分和不定积分、定积分和原函数之间的内在联系，反映了微分学与积分学之间的联系，是整个微积分学的枢纽，所以牛顿-莱布尼茨公式也称为微积分基本定理或微积分基本公式。

【例题精选】

[**例 4.34**] 已知$\Phi(x)=\int_1^x t\sin t\mathrm{d}t$，求$\Phi'(x)$。

解：由定理 4.3 知，$\Phi'(x)=\left(\int_1^x t\sin t\mathrm{d}t\right)'=x\sin x$。

[**例 4.35**] 已知$\Phi(x)=\int_x^{-1} t\sin t\mathrm{d}t$，求$\Phi'(x)$。

解：由于$\Phi(x)=\int_x^{-1} t\sin t\mathrm{d}t=-\int_{-1}^x t\sin t\mathrm{d}t$，所以

$$\Phi'(x)=\left(-\int_{-1}^x t\sin t\mathrm{d}t\right)'=-x\sin x$$

[**例 4.36**] 已知$\Phi(x)=\int_0^{x^2} t\sin t\mathrm{d}t$，求$\Phi'(x)$。

解：函数 $\Phi(x)=\int_0^{x^2} t\sin t\mathrm{d}t$ 是由 $\Phi(u)=\int_0^{u} t\sin t\mathrm{d}t, u=x^2$ 两个函数复合而成的，所以由定理 4.3 及复合函数求导法则，有

$$\Phi'(x)=\Phi'(u)\cdot u'=\left(\int_0^u t\sin t\mathrm{d}t\right)'\cdot(x^2)'=u\sin u\cdot 2x=2x^3\sin x^2$$

[例 4.37]　已知 $\Phi(x)=\int_{x^3}^{x^2}\mathrm{e}^t\mathrm{d}t$，求 $\Phi'(x)$。

解：这是一个积分上、下限都是变量的函数，因此先利用定积分的积分区间可加性，于是有 $\Phi(x)=\int_{x^3}^{x^2}\mathrm{e}^t\mathrm{d}t=\int_{x^3}^{c}\mathrm{e}^t\mathrm{d}t+\int_{c}^{x^2}\mathrm{e}^t\mathrm{d}t$，其中 c 为某个常数。

由于

$$\left(\int_{x^3}^{c}\mathrm{e}^t\mathrm{d}t\right)'=\left(-\int_{c}^{x^3}\mathrm{e}^t\mathrm{d}t\right)'=-\mathrm{e}^{x^3}(x^3)'=-3x^2\mathrm{e}^{x^3}$$

$$\left(\int_{c}^{x^2}\mathrm{e}^t\mathrm{d}t\right)'=\mathrm{e}^{x^2}(x^2)'=2x\mathrm{e}^{x^2}$$

所以

$$\Phi'(x)=-3x^2\mathrm{e}^{x^3}+2x\mathrm{e}^{x^2}$$

[例 4.38]　求极限 $\lim\limits_{x\to0}\dfrac{\int_0^x t\sin t\mathrm{d}t}{x^3}$。

解：由洛必达法则和变上限积分的性质有

$$\lim_{x\to0}\frac{\int_0^x t\sin t\mathrm{d}t}{x^3}=\lim_{x\to0}\frac{\left(\int_0^x t\sin t\mathrm{d}t\right)'}{(x^3)'}=\lim_{x\to0}\frac{x\sin x}{3x^2}=\frac{1}{3}$$

[例 4.39]　计算定积分 $\int_0^1 3^x\mathrm{d}x$。

解：因为 $\dfrac{3^x}{\ln 3}$ 是 3^x 的一个原函数，所以由牛顿-莱布尼茨公式，有

$$\int_0^1 3^x\mathrm{d}x=\left.\frac{3^x}{\ln 3}\right|_0^1=\frac{3}{\ln 3}-\frac{1}{\ln 3}=\frac{2}{\ln 3}$$

[例 4.40]　计算 $\int_0^{\pi}|\cos x|\mathrm{d}x$。

解：因为 $|\cos x|=\begin{cases}\cos x, & 0\leqslant x\leqslant\dfrac{\pi}{2}\\ -\cos x, & \dfrac{\pi}{2}<x\leqslant\pi\end{cases}$，而 $\sin x$ 是 $\cos x$ 的一个原函数，由积分区间的可加性得

$$\int_0^{\pi}|\cos x|\mathrm{d}x=\int_0^{\frac{\pi}{2}}\cos x\mathrm{d}x+\int_{\frac{\pi}{2}}^{\pi}(-\cos x)\mathrm{d}x=\sin x\Big|_0^{\frac{\pi}{2}}-\sin x\Big|_{\frac{\pi}{2}}^{\pi}=1-(-1)=2$$

在使用牛顿-莱布尼茨公式时应注意：若 $f(x)$ 在区间 $[a,b]$ 上不连续，则不能使用牛顿-莱布尼茨公式。

[例 4.41] 计算 $\int_{-1}^{1}\frac{1}{x^2}\mathrm{d}x$。

解：如果盲目套用牛顿-莱布尼茨公式，则有

$$\int_{-1}^{1}\frac{1}{x^2}\mathrm{d}x=-\frac{1}{x}\Big|_{-1}^{1}=-2$$

但事实上，被积函数 $f(x)=\frac{1}{x^2}$ 在区间 $[-1,1]$ 上无界，是不可积的，所以上述计算是错误的，这类积分的计算方式会在后面的"4.5　广义积分"一节中介绍。

【知识演练】

1. 求下列函数的导数：

(1) $y=\int_1^x\cos(3t^2+1)\mathrm{d}t$；　　(2) $y=\int_{x^2}^{0}\mathrm{e}^{3-2t}\mathrm{d}t$；

(3) $y=\int_{\sin x}^{2x+1}\ln(t+1)\mathrm{d}t$；　　(4) $y=\int_{x^2}^{\ln x}\frac{1}{\sqrt{1+t}}\mathrm{d}t$。

2. 求下列极限：

(1) $\lim\limits_{x\to 0}\frac{\int_0^x\sin t^2\mathrm{d}t}{x^2\sin x}$；　　(2) $y=\int_{x^2}^{\ln x}\frac{1}{\sqrt{1+t}}\mathrm{d}t$。

3. 计算下列定积分：

(1) $\int_2^4(x^2+x-1)\mathrm{d}x$；　　(2) $\int_1^{27}\frac{1}{\sqrt[3]{x}}\mathrm{d}x$；　　(3) $\int_{-1}^{2}|2x+1|\mathrm{d}x$；

(4) $\int_1^4\frac{2x^2+3x-5}{\sqrt{x}}\mathrm{d}x$；　　(5) $\int_1^2 2^x\mathrm{d}x$；　　(6) $\int_1^2\left(\frac{2}{x}-x\right)\mathrm{d}x$。

4. 设 $f(x)=\begin{cases}\mathrm{e}^x-2\cdot 3^x, & x\leqslant 2\\ 2x-1, & x>2\end{cases}$，求 $\int_0^4 f(x)\mathrm{d}x$。

5. 求 c 的值，使 $\int_0^1(x^2+c^2x+c)\mathrm{d}x$ 最小。

4.4　定积分的计算

4.4.1　定积分的换元法

【案例提出】

［**案例 4.8**］　求$\int_0^4 \frac{1}{1+\sqrt{x}}\mathrm{d}x$。

分析：在不定积分的计算中也碰到过类似的题目，当时用的是第二换元积分法中的去根式法。现在求解的是定积分，要直接寻找原函数不易，所以也需要去根式，这就是接下来要介绍的定积分的换元积分法。

【相关知识】

设函数$f(x)$在区间$[a,b]$上连续，单调函数$x=\varphi(t)$具有连续的导数，且满足$a=\varphi(\alpha)$，$b=\varphi(\beta)$，那么

$$\int_a^b f(x)\mathrm{d}x=\int_\alpha^\beta f[\varphi(t)]\varphi'(t)\mathrm{d}t$$

称上式为定积分的换元积分公式。

【例题精选】

［**例 4.42**］　［案例 4.8］求$\int_0^4 \frac{1}{1+\sqrt{x}}\mathrm{d}x$。

解：令$t=\sqrt{x}$，则$x=t^2$，$\mathrm{d}x=2t\mathrm{d}t$。当$x=0$时，$t=0$；当$x=4$时，$t=2$。

所以

$$\int_0^4 \frac{1}{1+\sqrt{x}}\mathrm{d}x=\int_0^2 \frac{2t}{1+t}\mathrm{d}t=2\int_0^2 \frac{t}{1+t}\mathrm{d}t$$

$$=t^2\Big|_0^2-2\ln|1+t|\Big|_0^2=4-2\ln 3$$

［**例 4.43**］　求$\int_0^{\frac{x}{2}} \cos^3 x\sin x\mathrm{d}x$。

解：令$t=\cos x$，则当$x=0$时，$t=1$；当$x=\frac{\pi}{2}$时，$t=0$。所以

$$\int_0^{\frac{\pi}{2}} \cos^3 x\sin x\mathrm{d}x=-\int_1^0 t^3\mathrm{d}t=-\frac{t^4}{4}\Bigg|_1^0=\frac{1}{4}$$

从上面的两个例题可以看出定积分换元积分法和不定积分换元积分法的差异：不定积分换元积分法不需要考虑积分变量的取值范围，而定积分换元积分法需要对积分

变量的取值范围进行相应的改变,亦即“换元必换限”,这是定积分换元积分法的关键。

[例 4.44] 设 $f(x)$ 在 $[-a,a]$ 上可积,试证明:

(1)若 $f(x)$ 为偶函数,则 $\int_{-a}^{a} f(x)\,dx = 2\int_{0}^{a} f(x)\,dx$;

(2) 若 $f(x)$ 为奇函数,则 $\int_{-a}^{a} f(x)\,dx = 0$。

证明:$\int_{-a}^{a} f(x)\,dx = \int_{-a}^{0} f(x)\,dx + \int_{0}^{a} f(x)\,dx$。

对于 $\int_{-a}^{a} f(x)\,dx$,令 $x=-t$,则 $dx=-dt$。

当 $x=-a$ 时,$t=a$;当 $x=0$ 时,$t=0$。所以

$$\int_{-a}^{0} f(x)\,dx = -\int_{-a}^{0} f(-t)\,dt$$

(1)当 $f(x)$ 为偶函数时,$f(-t)=f(t)$,所以 $\int_{0}^{a} f(-t)\,dt = \int_{0}^{a} f(t)\,dt = \int_{0}^{a} f(x)\,dx$,于是

$$\int_{-a}^{a} f(x)\,dx = 2\int_{0}^{a} f(x)\,dx$$

(2)当 $f(x)$ 为奇函数时,$f(-t)=-f(t)$,所以 $\int_{0}^{a} f(-t)\,dt = -\int_{0}^{a} f(t)\,dt = -\int_{0}^{a} f(x)\,dx$,于是

$$\int_{-a}^{a} f(x)\,dt = 0$$

利用例 4.44 的结论,常常可以简化奇(偶)函数在以原点为对称区间上的定积分。

[例 4.45] 求 $\int_{-1}^{1} (|x| + \sin x)x^2\,dx$。

解:$\int_{-1}^{1} (|x| + \sin x)x^2\,dx = \int_{-1}^{1} x^2|x|\,dx + \int_{-1}^{1} x^2\sin x\,dx$。

注意到 $x^2|x|$ 在区间 $[-1,1]$ 上是偶函数,$x^2\sin x$ 在 $[-1,1]$ 上是奇函数,故

$$\int_{-1}^{1} (|x| + \sin x)x^2\,dx = 2\int_{0}^{1} x^3\,dx + 0 = 2\int_{0}^{1} x^3\,dx = \frac{1}{2}x^4\Big|_0^1 = \frac{1}{2}$$

【知识演练】

1. 计算下列定积分:

(1) $\int_{-3}^{2} (x-2)^3\,dx$;　(2) $\int_{1}^{e} \frac{\ln x + 2}{x}\,dx$;　(3) $\int_{1}^{2} \frac{e^{-\frac{1}{x}}}{x^2}\,dx$;

(4) $\int_{1}^{2} \sin(2x-1)\,dx$;　(5) $\int_{0}^{2\pi} \cos^2\frac{x}{2}\,dx$;　(6) $\int_{1}^{4} \frac{1+3^{\sqrt{3}}}{\sqrt{x}}\,dx$;

(7) $\int_{0}^{1} \frac{x}{(x^2+1)^2}\,dx$;　(8) $\int_{0}^{3} \frac{x^3}{x^2+1}\,dx$;　(9) $\int_{-1}^{1} \frac{e^x}{e^x+1}\,dx$;

(10) $\int_0^{\frac{\pi}{2}} \sin x\cos^2 x\mathrm{d}x$；　(11) $\int_0^8 \frac{1}{\sqrt[3]{x}+1}\mathrm{d}x$；　(12) $\int_0^{13} \frac{1}{\sqrt[3]{2x+1}+1}\mathrm{d}x$；

(13) $\int_0^4 \frac{x}{\sqrt{x}+1}\mathrm{d}x$；　(14) * $\int_0^1 x^2\sqrt{1-x^2}\mathrm{d}x$；　(15) * $\int_0^1 \sqrt{1+x^2}\mathrm{d}x$；

(16) * $\int_0^2 \frac{1}{\sqrt{4-x^2}}\mathrm{d}x$。

2. 利用函数的奇偶性计算下列积分：

(1) $\int_{-\pi}^{\pi} \frac{x^4\sin x}{1+x^6}\mathrm{d}x$；　(2) $\int_{-1}^{1} \cos^2 x\mathrm{d}x$；

(3) $\int_{-1}^{1} \frac{x^2+2\sin x}{x^2-4}\mathrm{d}x$；　(4) $\int_{-\frac{1}{2}}^{\frac{1}{2}} \frac{x}{\sqrt{1-x^2}}\mathrm{d}x$。

3. 设 $f(x)$ 在区间 $[a,b]$ 上连续，证明：

$$\int_a^b f(x)\mathrm{d}x = \int_a^b f(a+b-x)\mathrm{d}x$$

4.4.2　定积分的分部积分法

【案例提出】

[案例 4.9]　求 $\int_1^3 \ln x\mathrm{d}x$。

分析：在求类似的不定积分时，可以应用分部积分法求解。那么定积分的分部积分法是什么呢？

【相关知识】

设函数 $u=u(x)$，$v=v(x)$ 在区间 $[a,b]$ 上连续、可导，则有

$$\int_a^b u\mathrm{d}v = uv\big|_a^b - \int_a^b v\mathrm{d}u$$

称上式为定积分的分部积分公式。

需要说明的是，应用定积分的分部积分公式难点仍然是 u 的选择。判断原则仍然和不定积分分部积分法中 u 的判断原则一样。

【例题精选】

[例 4.46]　求 $\int_1^3 \ln x\mathrm{d}x$。

解：$\int_1^3 \ln x\mathrm{d}x = x\ln x\big|_1^3 - \int_1^3 x\mathrm{d}\ln x = 3\ln 3 - \int_1^3 \mathrm{d}x = 3\ln 3 - 2$

[**例 4.47**] 求 $\int_0^1 x\mathrm{e}^x \mathrm{d}x$。

解：令 $u=x,\mathrm{e}^x\mathrm{d}x=\mathrm{d}v$，则 $v=\mathrm{e}^x$。所以

$$\int_0^1 x\mathrm{e}^x \mathrm{d}x = x\mathrm{e}^x \big|_0^1 - \int_0^1 \mathrm{e}^x \mathrm{d}x$$

$$= x\mathrm{e}^x \big|_0^1 - \mathrm{e}^x \big|_0^1 = \mathrm{e} - (\mathrm{e}-1) = 1$$

[**例 4.48**] 求 $\int_0^4 \mathrm{e}^{\sqrt{x}} \mathrm{d}x$。

解：令 $t=\sqrt{x}$，则 $\mathrm{d}x=2t\mathrm{d}t$。于是

$$\int_0^4 \mathrm{e}^{\sqrt{x}} \mathrm{d}x = 2\int_0^2 t\mathrm{e}^t \mathrm{d}t = 2t\mathrm{e}^t \big|_0^2 - 2\int_0^2 \mathrm{e}^t \mathrm{d}t = 4\mathrm{e}^2 - 2\mathrm{e}^t \big|_0^2 = 2\mathrm{e}^2 + 2$$

【知识演练】

计算下列定积分：

(1) $\int_0^1 x\mathrm{e}^{-3x} \mathrm{d}x$；

(2) $\int_1^3 \ln(x+1)\mathrm{d}x$；

(3) $\int_0^{\pi} x\cos 2x\mathrm{d}x$；

(4) $\int_0^{\sqrt{\ln 3}} x^3 \mathrm{e}^{x^2} \mathrm{d}x$；

(5) $\int_{\frac{1}{\mathrm{e}}}^{\mathrm{e}} |\ln x| \mathrm{d}x$；

(6) $\int_0^{\frac{\pi}{2}} \mathrm{e}^x \sin x\mathrm{d}x$。

4.5 广义积分

【案例提出】

[**案例 4.10**] 假设年利率 r 作连续复利计算，第 t 年年末的收益 $R(t)=A\mathrm{e}^{rt}$（A 为现值）是时间 t（单位：年）的函数。如果收益函数 $R(t)$ 长久持续下去，总收益的现值可表示为

$$p_0 = \int_0^{+\infty} A\mathrm{e}^{-rt} \mathrm{d}t$$

这种积分的积分区间是无穷区间，区别于前面介绍的定积分，接下来要学习广义积分。

【相关知识】

1. 无穷区间上的广义积分

无穷区间可分为三类，分别是 $[a,+\infty)$，$(-\infty,b]$ 及 $(-\infty,+\infty)$。下面分别讨论在这三类区间上的积分。

定义 4.4　设函数$f(x)$在区间$[a,+\infty)$上连续，取$t>a$，如果极限$\lim\limits_{t\to+\infty}\int_a^t f(x)\,\mathrm{d}x$存在，则称此极限值为函数$f(x)$在无穷区间$[a,+\infty)$上的广义积分，记作$\int_a^{+\infty}f(x)\,\mathrm{d}x$，即

$$\int_a^{+\infty}f(x)\,\mathrm{d}x=\lim_{t\to+\infty}\int_a^t f(x)\,\mathrm{d}x$$

这时也称广义积分$\int_a^{+\infty}f(x)\,\mathrm{d}x$收敛。若极限$\lim\limits_{t\to+\infty}\int_a^t f(x)\,\mathrm{d}x$不存在，则称广义积分$\int_a^{+\infty}f(x)\,\mathrm{d}x$发散。

类似地，可以定义函数$f(x)$在区间$(-\infty,b]$及$(-\infty,+\infty)$上的广义积分为

$$\int_{-\infty}^{b}f(x)\,\mathrm{d}x=\lim_{t\to-\infty}\int_t^b f(x)\,\mathrm{d}x$$

$$\int_{-\infty}^{+\infty}f(x)\,\mathrm{d}x=\int_{-\infty}^{c}f(x)\,\mathrm{d}x+\int_c^{+\infty}f(x)\,\mathrm{d}x$$

其中，c是任意实数。$\int_{-\infty}^{+\infty}f(x)\,\mathrm{d}x$收敛的充要条件是等式右边两个广义积分同时收敛。

2. 无界函数的广义积分

与无穷区间上的广义积分一样，无界函数的广义积分也分为三种类型，分别为$f(x)$在$[a,b]$的a点无界、b点无界，或在区间(a,b)内一点$c(a<c<b)$处无界。

定义 4.5　设函数$f(x)$在$(a,b]$上连续，当$x\to b^-$时$f(x)$无界，如果极限$\lim\limits_{\varepsilon\to0^+}\int_{a+\varepsilon}^{b}f(x)\,\mathrm{d}x$存在，则称此极限值为函数$f(x)$在$(a,b]$上的广义积分，记作$\int_a^b f(x)\,\mathrm{d}x$即

$$\int_a^b f(x)\,\mathrm{d}x=\lim_{\varepsilon\to0^+}\int_{a+\varepsilon}^{b}f(x)\,\mathrm{d}x$$

这时也称广义积分$\int_a^b f(x)\,\mathrm{d}x$收敛。若极限$\lim\limits_{\varepsilon\to0^+}\int_{a+\varepsilon}^{b}f(x)\,\mathrm{d}x$不存在，则称广义积分$\int_a^b f(x)\,\mathrm{d}x$发散。

类似地，可以定义另外两种无界函数的广义积分。

设函数$f(x)$在$[a,b)$上连续，当$x\to b^-$时$f(x)$无界。如果极限$\lim\limits_{\varepsilon\to0^+}\int_a^{b-\varepsilon}f(x)\,\mathrm{d}x$存在，则定义

$$\int_a^b f(x)\,\mathrm{d}x=\lim_{\varepsilon\to0^+}\int_a^{b-\varepsilon}f(x)\,\mathrm{d}x$$

此时称广义积分$\int_b^a f(x)\,\mathrm{d}x$收敛。若极限$\lim\limits_{\varepsilon\to0^+}\int_a^{b-\varepsilon}f(x)\,\mathrm{d}x$不存在，则称广义积分$\int_a^b f(x)\,\mathrm{d}x$发散。

设函数$f(x)$在$[a,b]$上除了点$c(a<c<b)$外连续，当$x\to c$时$f(x)$无界，那么定义

$$\int_a^b f(x)\mathrm{d}x=\int_a^c f(x)\mathrm{d}x+\int_c^b f(x)\mathrm{d}x$$

显然，广义积分$\int_a^b f(x)\mathrm{d}x=\int_a^c f(x)\mathrm{d}x+\int_c^b f(x)\mathrm{d}x$收敛的充要条件是广义积分$\int_a^c f(x)\mathrm{d}x$与$\int_c^b f(x)\mathrm{d}x$同时收敛。

【例题精选】

[例 4.49] 计算广义积分$\int_0^{+\infty}\mathrm{e}^{-x}\mathrm{d}x$。

解：$$\int_0^{+\infty}\mathrm{e}^{-x}\mathrm{d}x=\lim_{t\to+\infty}\int_0^t\mathrm{e}^{-x}\mathrm{d}x=-\lim_{t\to+\infty}\int_0^t\mathrm{e}^{-x}\mathrm{d}(-x)=\lim_{t\to+\infty}(-\mathrm{e}^{-x})\Big|_0^t$$

$$=\lim_{t\to+\infty}[-(\mathrm{e}^{-t}-\mathrm{e}^0)]=1$$

[例 4.50] 计算广义积分$\int_1^{+\infty}\frac{1}{x(1+\ln x)}\mathrm{d}x$。

解：$$\int_1^{+\infty}\frac{1}{x(1+\ln x)}\mathrm{d}x=\lim_{a\to+\infty}\int_1^a\frac{1}{1+\ln x}\mathrm{d}(1+\ln x)=\lim_{a\to+\infty}\ln|1+\ln x|\Big|_1^a$$

$$=\lim_{a\to+\infty}\ln|1+\ln a|\to+\infty$$

故$\int_1^{+\infty}\frac{1}{x(1+\ln x)}\mathrm{d}x$发散。

[例 4.51] 计算广义积分$\int_{-\infty}^{+\infty}\mathrm{e}^x\mathrm{d}x$。

解：$\int_{-\infty}^{+\infty}\mathrm{e}^x\mathrm{d}x=\int_{-\infty}^0\mathrm{e}^x\mathrm{d}x+\int_0^{+\infty}\mathrm{e}^x\mathrm{d}x$。

由于广义积分$\int_0^{+\infty}\mathrm{e}^x\mathrm{d}x$发散，所以广义积分$\int_{-\infty}^{+\infty}\mathrm{e}^x\mathrm{d}x$也发散。

[例 4.52] 计算广义积分$\int_0^1\frac{1}{\sqrt{1-x}}\mathrm{d}x$。

解：$$\int_0^1\frac{1}{\sqrt{1-x}}\mathrm{d}x=\lim_{\varepsilon\to0^+}\int_0^{1-\varepsilon}\frac{1}{\sqrt{1-x}}\mathrm{d}x=-\lim_{\varepsilon\to0^+}\int_0^{1-\varepsilon}(1-x)^{-\frac{1}{2}}\mathrm{d}(1-x)$$

$$=-2\lim_{\varepsilon\to0^+}(1-x)^{\frac{1}{2}}\Big|_0^{1-\varepsilon}=2$$

[例 4.53] 计算广义积分$\int_{-1}^1\frac{1}{x^2}\mathrm{d}x$。

解：由于$\lim\limits_{x\to0}\frac{1}{x^2}\to\infty$，所以

$$\int_{-1}^{1}\frac{1}{x^2}dx=\int_{-1}^{0}\frac{1}{x^2}dx+\int_{0}^{1}\frac{1}{x^2}dx$$

$$\int_{-1}^{0}\frac{1}{x^2}dx=\lim_{\varepsilon\to0^+}\int_{-1}^{0-\varepsilon}\frac{1}{x^2}dx=\lim_{\varepsilon\to0^+}\left(-\frac{1}{x}\right)\Bigg|_{-1}^{0-\varepsilon}=\lim_{\varepsilon\to0^+}\frac{1}{\varepsilon}-1\to\infty$$

所以,广义积分 $\int_{-1}^{1}\frac{1}{x^2}dx$ 发散。

【知识应用】

[例 4.54]　假设年利率 r 作连续复利计算,第 t 年年末的收益 $R(t)=Ae^{rt}$(A 为现值)是时间 t(单位:年)的函数。如果收益函数 $R(t)$ 长久持续下去,求此时总收益的现值。

解:此时总收益的现值为

$$p_0=\int_{0}^{+\infty}Ae^{-rt}dt=A\lim_{x\to+\infty}\int_{0}^{x}e^{-rt}dt=\frac{A}{r}\lim_{x\to+\infty}(1-e^{-rt})=\frac{A}{r}$$

[例 4.55]　设持久收益为每年 3 600 元,按年利率 6%计算,求其总和的现值。

解:其总和的现值为

$$p_0=\frac{A}{r}=\frac{3\ 600}{0.06}=60\ 000(\text{元})$$

【知识演练】

1. 判断下列无穷区间上广义积分的敛散性:

(1) $\int_{0}^{+\infty}e^{1-2x}dx$;　　(2) $\int_{-\infty}^{1}\frac{dx}{\sqrt[3]{x}}$;

(3) $\int_{0}^{+\infty}xe^{-x}dx$;　　(4) $\int_{-\infty}^{+\infty}\frac{2x}{\sqrt{1-x^2}}dx$。

2. 判断下列无界函数广义积分的敛散性:

(1) $\int_{0}^{1}\frac{1}{x}dx$;　　(2) $\int_{0}^{2}\frac{dx}{x^2-4x+3}$;

(3) $\int_{0}^{e}\ln x dx$;　　(4) $\int_{0}^{1}\frac{dx}{(1-x)^2}$。

4.6　定积分的应用

定积分是求总量的数学工具,它在几何学、经济学、管理学等方面都有广泛的应用。本节将应用学过的定积分方法来分析和解决一些实际问题,主要讨论其在几何方面和经济方面的一些应用。

4.6.1 定积分在几何中的应用

【案例提出】

[**案例 4.11**] 求由 $y=\sqrt{x}$ 与 $y=x$ 围成的平面图形的面积。

【相关知识】

由曲线 $y=f(x)$ ($f(x)\geqslant 0$) 与直线 $x=a$, $x=b$ 及 x 轴所围成的曲边梯形的面积 S 为

$$S=\int_a^b f(x)\,\mathrm{d}x$$

利用定积分,不但可以计算曲边梯形的面积,还可以计算一些比较复杂的平面图形的面积。

设由两条连续曲线 $y=f(x)$, $y=g(x)$(其中 $f(x)\geqslant g(x)$)及直线 $x=a$, $x=b$ 所围成的平面图形(图 4.8)的面积为 S。

如果把曲线 $y=f(x)$,直线 $x=a$, $x=b$ 及 x 轴所围成的平面图形的面积记为 S_1,曲线 $y=g(x)$,直线 $x=a$, $x=b$ 及 x 轴所围成的平面图形的面积记为 S_2,所求图形的面积记为 S,则

$$S=S_1-S_2=\int_a^b f(x)\,\mathrm{d}x-\int_a^b g(x)\,\mathrm{d}x$$

即

$$S=\int_a^b [f(x)-g(x)]\,\mathrm{d}x$$

考虑到在 $[a,b]$ 上 $f(x)\geqslant g(x)$ 不一定成立,所以得到一般性结论:

$$S=\int_a^b |f(x)-g(x)|\,\mathrm{d}x$$

由此可以总结出:

①方法一(X 型):由两条连续曲线 $y=f(x)$, $y=g(x)$ 及直线 $x=a$, $x=b$ 所围成的平面图形(图 4.8)的面积为

$$S=\int_a^b |f(x)-g(x)|\,\mathrm{d}x$$

②方法二(Y 型):由两条连续曲线 $x=\varphi(y)$, $x=\psi(y)$ 及直线 $y=c$, $y=\mathrm{d}$ 所围成的平面图形(图 4.9)的面积为

$$S=\int_c^d |\varphi(y)-\psi(y)|\,\mathrm{d}y$$

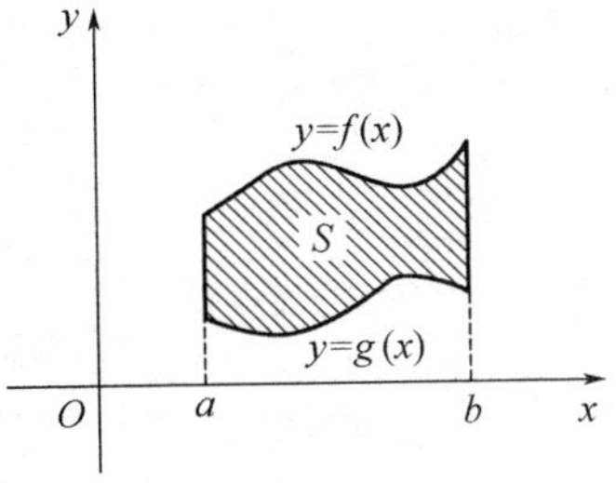

图 4.8

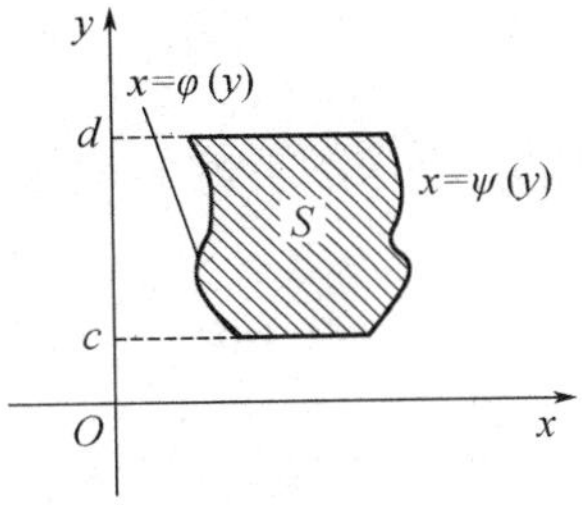

图 4.9

【例题精选】

[例 4.56]　求由 $y=\sqrt{x}$ 与 $y=x$ 围成的平面图形的面积。

解:使用方法一(X 型):选择 x 为积分变量,所求面积的图形如图 4.10 所示。

由 $\begin{cases} y=\sqrt{x} \\ y=x \end{cases}$ 解得两个交点为(0,0),(1,1)。因此,所求图形的面积为

$$S=\int_0^1(\sqrt{x}-x)\mathrm{d}x=\left(\frac{2}{3}x^{\frac{3}{2}}-\frac{1}{2}x^2\right)\Big|_0^1=\frac{1}{6}$$

[例 4.57]　求由 $y=\dfrac{1}{x}$ 与 $y=4x$,$x=2$ 所围成的平面图形的面积。

解:所求面积的图形如图 4.11 所示。

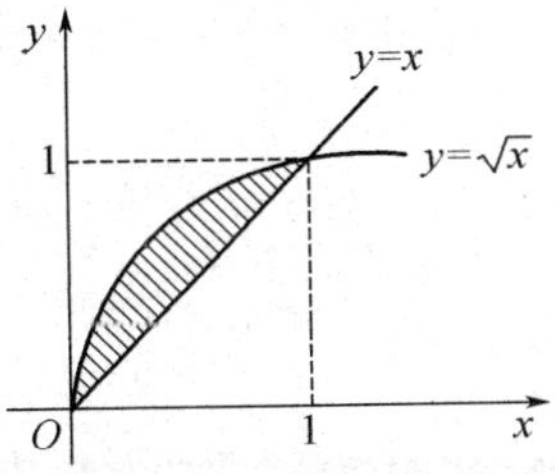

图 4.10

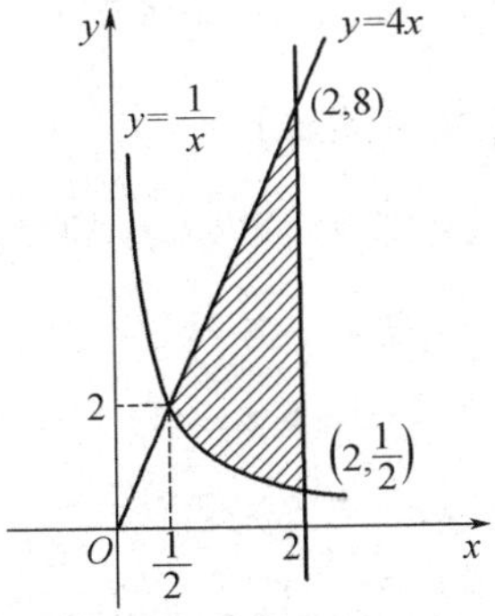

图 4.11

方法一(X 型):选择 x 为积分变量,由 $\begin{cases} y=\dfrac{1}{x} \\ y=4x \end{cases}$ 解得两个交点为 $\left(\dfrac{1}{2},2\right)$,$\left(-\dfrac{1}{2},-2\right)$(舍去);$x=2$ 与 $y=4x$ 的交点为(2,8);$y=\dfrac{1}{x}$ 与 $x=2$ 的交点为 $\left(2,\dfrac{1}{2}\right)$。所以

$$S=\int_{\frac{1}{2}}^{2}\left(4x-\frac{1}{x}\right)\mathrm{d}x=(2x^2-\ln|x|)\Big|_{\frac{1}{2}}^{2}=\frac{15}{2}-2\ln 2$$

方法二(Y 型):选择 y 为积分变量,曲线和直线的交点为 $\left(\frac{1}{2},2\right)$,$\left(2,\frac{1}{2}\right)$,$(2,8)$。

因此,所求图形的面积为

$$\begin{aligned}S&=\int_{\frac{1}{2}}^{2}\left(2-\frac{1}{y}\right)\mathrm{d}y+\int_{2}^{8}\left(2-\frac{y}{4}\right)\mathrm{d}y\\&=2y\Big|_{\frac{1}{2}}^{2}-2\ln 2+12-\frac{60}{8}\\&=3-2\ln 2+12-\frac{60}{8}\\&=\frac{15}{2}-2\ln 2\end{aligned}$$

从例 4.56 和例 4.57 可以看出,选择合适的积分变量,计算平面图形的面积会简单得多。

[**例 4.58**] 求由 $y=\mathrm{e}^{x}$,$y=\mathrm{e}^{-x}$ 及 $x=1$ 所围成的平面图形的面积。

解:如图 4.12 所示,由 $\begin{cases}y=\mathrm{e}^{x}\\y=\mathrm{e}^{-x}\end{cases}$,得两条曲线的交点为$(0,1)$,则所求图形的面积为

$$S=\int_{0}^{1}(\mathrm{e}^{x}-\mathrm{e}^{-x})\mathrm{d}x=(\mathrm{e}^{x}+\mathrm{e}^{-x})\Big|_{0}^{1}=\mathrm{e}+\mathrm{e}^{-1}-2$$

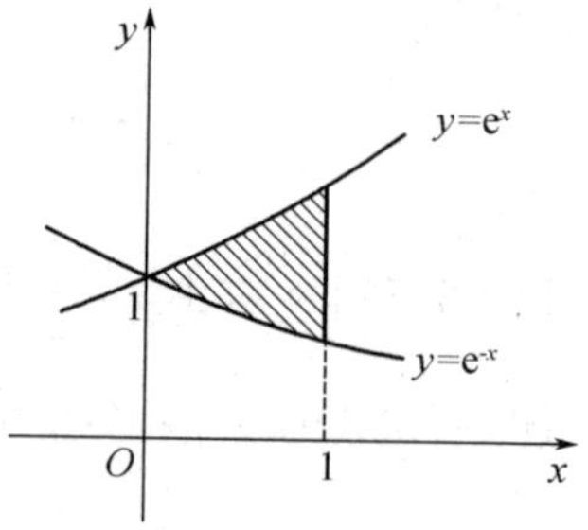

图 4.12

【知识演练】

求由下列曲线围成的平面图形的面积:

(1)$y=x^{2}$,$y=4$;

(2)$y=\ln x$,$x=2$,$y=0$;

(3)$y=2-x^{2}$,$y=x$;

(4)$y=x^{2}$,$y=2-x^{2}$;

(5)$y=\frac{1}{x}$,$y=\sqrt{x}$,$x=4$。

4.6.2 定积分在经济中的应用

在经济学中,边际函数是经济函数的导数。例如,边际成本函数就是成本函数的导数、边际收入函数就是收入函数的导数等。下面介绍定积分在经济方面的应用。

【案例提出】

[**案例 4.12**] 已知某商品的边际收入为$-0.2Q+50$(单位:万元/t),固定成本为

15 万元/t,边际成本为 5 万元/t,求产量 Q 为 250 t 时的收入 $R(Q)$、总成本 $C(Q)$ 及利润 $L(Q)$。

分析:在案例 4.12 中,主要的一个问题是,如果已知边际函数,怎样求原来的经济函数?这就需要用到前面所讲的积分方法。

【相关知识】

为了便于讨论,假设产品的产量=需求量=销售量,都用 Q 表示,并且假设本节提到的经济函数都是连续的。下面先讨论和分析几个常用的总量函数。

若边际收入是 $R'(Q)=MR(Q)$,那么在闭区间 $[0,Q]$ 上对应的收入函数为

$$R(Q)-R(0)=\int_0^Q R'(Q)\mathrm{d}Q$$

其中,$R(0)$ 表示销售量 $Q=0$ 时的收入,因此有 $R(0)=0$。于是,总收入函数为

$$R(Q)=\int_0^Q R'(Q)\mathrm{d}Q$$

若边际成本是 $C'(Q)=MC(Q)$,类似地有

$$C(Q)-C(0)=\int_0^Q C'(Q)\mathrm{d}Q$$

其中,$C(0)$ 表示产量 $Q=0$ 的成本,也就是固定成本 C_0,即 $C(0)=C_0$。于是总成本函数为

$$C(Q)=\int_0^Q C'(Q)\mathrm{d}Q+C_0$$

则总利润函数为

$$L(Q)=R(Q)-C(Q)=\int_0^Q [R'(Q)-C'(Q)]\mathrm{d}Q-C_0$$

注意到 $L'(Q)=R'(Q)-C'(Q)$,故

$$L(Q)=\int_0^Q L'(Q)\mathrm{d}Q-C_0$$

定积分除了可用于计算经济问题中的总量问题,还可以用来计算资金流量的现值问题。例如,存入银行本金 A 元,年利率为 r,按复利计算第 t 年年末存款的本利和 B_t。

若按年复利结算有

$$B_t=A(1+r)'t$$

若一年分 n 期计息,年利率为 r,那么每期利率为 $\frac{r}{n}$,于是第 1 年年末存款的本利和为

$$B_1=A\left(1+\frac{r}{n}\right)^r$$

第 t 年年末存款的本利和为

$$B_t = A\left(1 + \frac{r}{n}\right)^{rt}$$

若计息期数 $n\to+\infty$，即每时每刻计息(连续复利)，年利率为 r，第 t 年年末存款的本利和为

$$B_t = \lim_{n\to+\infty} A\left(1 + \frac{r}{n}\right)^{rt} = Ae^{rt}$$

已知未来值 B_1 求现值 A 的问题称为贴现问题，这时的 r 称为贴现率，贴现公式为

$$A = B_t e^{-rt}$$

因此，连续复利情况下，设第 t 年年末的收益 $R(t)$ 是时间 t(单位:年)的函数，则 $R(t)$ 对应的现值 $p_0=R(t)e^{-rt}$，到第 n 年年末收益总和的现值就是时间 t 从 0 到 n 的定积分，即 $p_0 =\int_0^n R(t)e^{-rt}dt$。特别地，当每年的收益 $R(t)$ 不变，均为常数 A 时，则有

$$p_0 = A\int_0^n e^{-rt}dt = \frac{A}{r}(1 - e^{-rt})$$

【例题精选】

[例 4.59] 已知某商品的边际收入为$-0.2Q+50$(单位:万元/t)，固定成本为 15 万元/t，边际成本为 5 万元/t，求产量 Q 为 250 t 时的收入 $R(Q)$、总成本 $C(Q)$ 及利润 $L(Q)$。

解:当 $Q=250$ 时，收入函数为

$$R(250) =\int_0^{250} R'(Q)dQ =\int_0^{250}(-0.2Q + 50)dQ = 6\ 250(\text{元})$$

总成本

$$C(250) =\int_0^{250} C'(Q)dQ + C_0 =\int_0^{250} 5dQ + 15 = 1\ 265(\text{万元})$$

总利润

$$L(250) = R(250) - C(250) = 6\ 250 - 1\ 265 = 4\ 985(\text{万元})$$

[例 4.60] 某工厂生产某产品的边际产量 $MQ(t)= 12t+60$，求 t 从 3 h 到 6 h 的总产量 ΔQ。

解:开始的 3 h 的总产量为

$$Q(3) =\int_0^3 MQ(t)dt$$

开始的 6 h 的总产量为

$$Q(6) =\int_0^6 MQ(t)dt$$

所以 t 由 3 h 到 6 h 的总产量为

$$\Delta Q = Q(6) - Q(3) = \int_3^6 MQ(t)\,dt = \int_3^6 (12t + 60)\,dt = 342$$

［**例 4.61**］　已知某商场电视机销售的边际利润为 $L'(x) = 100 - \frac{x}{5}(x \geqslant 20)$，固定成本为 0。试求：

(1) 售出 30 台电视机的总利润；

(2) 售出 60 台电视机时，前 30 台电视机与后 30 台电视机的平均利润各为多少。

解：由题意知 $C_0 = 0$。

(1) 售出 30 台电视机的总利润为

$$L(30) = \int_0^{30}\left(100 - \frac{x}{5}\right)dx - C_0 = \left(100x - \frac{x^2}{10}\right)\Bigg|_0^{30} = 2\ 910$$

(2) 售出 60 台电视机的总利润为

$$L(60) = \int_0^{60}\left(100 - \frac{x}{5}\right)dx - C_0 = \left(100x - \frac{x^2}{10}\right)\Bigg|_0^{60} = 5\ 640$$

于是，前 30 台电视机的平均利润为 $\frac{L(30)}{30} = 97$；后 30 台电视机的平均利润为

$$\frac{L(60) - L(30)}{30} = \frac{5\ 640 - 2\ 910}{30} = 91$$

［**例 4.62**］　一位居民准备购买一栋别墅，别墅现价为 600 万元。如果首付 300 万元，以后分期付款购买，每年付款数相同，且 10 年付清。若银行贷款年利率为 6%，按连续复利计算，每年应付款多少元（$e^{-0.6} \approx 0.544\ 8$）？

解：设每年应付款为 A 元，使得 10 年后现金流量总额的现值达到 300 万元，得

$$3\ 000\ 000 = A\int_0^{10} e^{-0.06t}dt = \frac{A}{0.06}(1 - e^{-0.06\times 10})$$

所以

$$A = \frac{180\ 000}{1 - e^{-0.6}} \approx 395\ 430(\text{元})$$

即每年应付款 395 430 元。

［**例 4.63**］　有一个投资项目，投资成本 $A = 10\ 000$ 万元，投资年利率 $r = 5\%$，每年的平均年收入为 $a = 1\ 000$ 万元，求该投资为无限期时的总收入的现值。

解：由题意知，该投资为无限期投资时的总收入的现值为

$$p_0 = a\int_0^{+\infty} e^{-rt}dt = \frac{a}{r} = \frac{1\ 000}{0.05} = 20\ 000(\text{万元})$$

当 $a=1\ 000$ 万元，$r=5\%$时，$p_0=20\ 000$ 万元。

［**例 4.64**］　某公司生产过程中需要某种机器设备，该机器设备的使用寿命为10年。若购进此机器设备，需要35 000元；若租用此机器设备，每月须支付600元租金。假设资金的年利率为14%，按连续复利计算，问购进设备与租用设备哪种方式合算？

解：计算租金总值的现值，与购进费用比较。

由每月租金600元，可知该机器设备的年租金为7 200元，则租金流量总值的现值为

$$p=7\ 200\int_0^{10}\mathrm{e}^{-0.14t}\mathrm{d}t=\frac{7\ 200}{0.14}(1-\mathrm{e}^{-0.14\times 10})=38\ 756(\text{元})$$

因为购进费用只需要35 000元，所以显然购进设备要比租用合算。

【知识演练】

1. 某家电产业生产彩电数量满足 $MQ(t)=3t^2-t+7$（t 单位为年），求开始10年的总产量。

2. 已知生产某产品 Q 个单位时的边际收入是 $R'(Q)=80-2Q$，求：

（1）开始生产30个单位时的总收入；

（2）生产数量从30个单位到40个单位的总收入。

3. 已知生产某产品的边际成本为 $C'(Q)=4+\frac{1}{3}Q$，边际收入为 $R'(Q)=16-Q$，固定成本为1，试求：

（1）成本函数、收入函数和利润函数；

（2）取得最大利润时的产量及最大利润。

4. 某地区居民的消费支出 $W(x)$ 的变化率是居民总收入 x 的函数，$W'(x)=\frac{3}{\sqrt{x}}$，当居民收入由90 000元增加至250 000元时，消费支出增加多少元？

5. 设某品牌汽车现售价为100 000元，分期付款购买，5年付清，每年付款数相同，若年利率为3%，按连续复利计算，每年应付款多少元（$\mathrm{e}^{-0.15}\approx 0.86$）？

阅读材料二

历史上的三次数学危机

历史上数学的发展过程如同人类生产技术的进步过程，并不是一帆风顺的。数学

发展史上有三次数学危机。每一次数学危机，都是由一两个典型的数学悖论引起，进而冲击先前建立好的数学框架，引起人们对数学基础的怀疑及对数学可靠性信仰的动摇。危机意味着挑战；但同时，危机的解决也意味着进步。恰恰也是这三次数学危机，引发了数学历史上的三次思想解放，给数学发展带来了新的生机和希望，大大推动了数学科学的发展。

第一次数学危机发生于约公元前 5 世纪，当时古希腊的毕达哥拉斯学派推崇“万物皆数”，他们深信数是万物的本源，宇宙间的一切现象都能归结为整数或整数比，也即有理数。但是该学派的成员希伯斯却根据勾股定理（也称毕达哥拉斯定理）推理发现，边长为 1 的正方形的对角线，其长度既不是整数，也不能用两个整数的比来表示。这一发现冲击了古希腊人的数学认知，引起了人们的恐慌，造成了数学史上的第一次危机。第一次数学危机以无理数的闪亮登场而告终，有理数的地位受到了挑战，希腊人开始重视演绎推理，几何学得到充分发展。

第二次数学危机源于微积分工具的使用。微积分自问世以来，就被迅速、广泛地应用于各个领域，在解决科学理论和生产实践的众多难题中崭露锋芒。然而，牛顿和莱布尼茨各自独立创立的微积分理论，虽然都是建立在无穷小分析之上，但他们对作为基本概念的无穷小量的理解与运用却是混乱的。无穷小量在牛顿的著作中，有时是 0，有时是非 0 有限量。例如，牛顿当时是这样求函数 $y=x^n$ 的导数的：

$$(x+\Delta x)^n = x\cdot x^{n-1}\Delta x + \frac{n(n+1)}{2}\cdot x^{n-2}\cdot(\Delta x)^2 + \cdots + (\Delta x)^n$$

然后用自变量的增量 Δx 除函数的增量 Δy

$$\frac{\Delta y}{\Delta x} = \frac{(x+\Delta x)^n - x^n}{\Delta x}$$

$$= n\cdot x^{n-1} + \frac{n(n-1)}{2}\cdot x^{n-2}\cdot\Delta x + \cdots + n\cdot x\cdot(\Delta x)^{n-2} + (\Delta x)^{n-1}$$

最后去掉其中含有无穷小量 Δx 的项，即得函数 $y=x^n$ 的导数为 $y'=nx^{n-1}$。

类似这样自相矛盾的逻辑和不严谨的推理，遭到了一些人的强烈反对和攻击，其中攻击最强烈的是英国大主教贝克莱，他指出：Δx 作为分母说明 Δx 不等于 0，而后去掉含有 Δx 的项则又说明 Δx 等于 0，这岂不是自相矛盾吗？因此，贝克莱嘲弄无穷小是“逝去的量的鬼魂”，他认为微积分是依靠双重的错误得到了正确的结果，说微积分的推导是“分明的诡辩”，这就是著名的“贝克莱悖论”。贝克莱的攻击虽说是出自维护神学的目的，但却真正抓住了微积分理论中的缺陷，在当时引起了一定的混乱，导致了数学史上的第二次危机。

第二次数学危机的出现，迫使数学家们不得不认真对待无穷小量。大量数学家投身于此，试图为微积分找出合乎逻辑的理论基础。麦克劳林、欧拉、达朗贝尔、拉格朗日、卡诺等都为此做出了巨大的努力，虽有发现，但未能获得圆满的结果。最终微积分理论的严格化由19世纪的数学家完成。挪威数学家阿贝尔，捷克数学家波尔查诺，法国数学家柯西，德国数学家魏尔斯特拉斯、戴德金，意大利数学家皮亚诺等在这方面做出了主要的贡献。其中贡献最大者首推法国数学家柯西。柯西详细、系统地发展极限论，把极限概念作为微积分的基础，用极限定义无穷小量。柯西认为无穷小量本质上是变量，而且是以0为极限的变量，至此理清了前人无穷小概念上的混乱，为整个微积分的运算提供了可靠的根据。而此时距离微积分问世已过去了100多年。19世纪后半叶，康托尔、维尔斯特拉斯和戴德金等人沿着柯西开辟的道路，建立起完整的实数理论。伴随着分析的严格化，第二次数学危机也宣告结束。

第三次数学危机源自集合论和罗素悖论。19世纪70年代，德国数学家康托尔创立了集合论，集合论成为现代数学的基石。1902年，英国数学家罗素提出了著名的罗素悖论：设集合 S 是一切不以自身为元素的集合所组成的集合，问：S 是否属于 S？之后，罗素本人还提出了罗素悖论的通俗版本，即理发师悖论："理发师宣布他只为村子里不给自己刮胡子的人刮胡子。"那么，当回答"理发师是否要给自己刮胡子？"这一问题时，就会发现：理发师如果不给自己刮胡子，那么他就应该为自己刮胡子；反之，如果他给自己刮胡子，那么他就不应该为自己刮胡子。毫无疑问，罗素悖论尖锐地指出：集合论是有漏洞的！由于集合概念已经渗透到众多的数学分支，并且实际上成了数学的基础，因此该悖论的发现自然地引起了对数学的整个基本结构的有效性的怀疑，从而造成了数学史上的第三次危机。为解决这场危机，数学家开始了对康托尔集合论的改造，主要是通过对集合定义加以限制，将集合论建立在一组公理之上，以回避悖论。其中影响最大的是德国数学家策梅洛，他提出了7条公理，建立了一种不会产生悖论的集合论；后来经另一位德国数学家弗伦克尔的改进，形成了著名的策梅洛-弗伦克尔(ZF)集合论公理体系，至此这场数学危机才缓和下来。除ZF集合论公理体系外，集合论的公理体系还有多种，如冯·诺伊曼等人提出的NBG系统等。

纵观历史上这三次数学危机，悖论的提出是因为人们善于解放思想，不禁锢于原有的认知；而危机的解除则是人们坚持探索、创新发展的过程，其结果不仅使数学的发展取得了巨大的进步，同时也极大地推动了人类文明的发展和进步。

第 5 章　多元函数微积分学

学习目标

一元微积分讨论的对象是只有一个自变量的一元函数，但在经济领域很多问题都会涉及多方面的因素，一个变量会与多个变量有关，如商品的需求量除了与价格有关，还受消费者的收入的影响，反映到数学上，就产生了多元函数的概念。本章将以二元函数为主讨论多元函数微积分学。在学习过程中，将一元函数和二元函数进行类比，注意它们的异同之处，并将概念和结论类推到二元以上的多元函数。本章包含下列主题：

(1) 多元函数的概念；

(2) 二元函数的极限和连续性；

(3) 偏导数的概念及求法；

(4) 全微分的概念及求法；

(5) 二元函数极值的概念及求法；

(6) 偏导数在经济分析中的应用；

(7) 二重积分的概念和求法。

5.1　多元函数

5.1.1　多元函数的概念

【案例提出】

[案例 5.1]　某企业生产两种商品，甲商品的需求函数为 $Q_1=10-2P_1$，乙商品的需求函数为 $Q_2=20-5P_2$。那么，甲商品的收入为 $R_1=Q_1P_1=10P_1-2P_1^2$，乙商品的收入为 $R_2=Q_2P_2=20P_2-5P_2^2$，该企业的总收入为 $R=R_1+R_2=10P_1-2P_1^2+20P_2-5P_2^2$，总收入与两种商品价格都有关系。特别地，当 $P_1=3, P_2=2$ 时，总收入 $R=32$。

[案例 5.2]　企业能生产的最大产品数量不仅受它投入的资本的影响，还和劳动力、土地、企业家才能等生产要素有关，所以最大产品数量和生产要素之间是一个多元

函数的关系,在经济学中有专门的理论去研究。

【相关知识】

1. 空间直角坐标系与曲面

为了确定平面上任意一点的位置,建立平面直角坐标系,把平面上的点和二元有序数组 (x,y) 一一对应。类似地,要确定空间是任意一点的位置,需要引入空间直角坐标系,把空间的点与有序数组对应起来。

在空间中取一个点 O,作三条以 O 为原点、相同长度作为度量单位、两两相互垂直的数轴,这三条数轴分别称为 x 轴(横轴)、y 轴(纵轴)、z 轴(竖轴),统称坐标轴。各轴的正方向满足"右手法则",即右手握住 z 轴,当右手的除大拇指外的四指从 x 轴正向向 y 轴正向旋转 90°时,大拇指的指向作为 z 轴的正方向。这样就建立了一个空间直角坐标系 $O\text{-}xyz$,O 称为坐标原点。通常将 x 轴和 y 轴配置在水平面上,z 轴配置在铅直位置,正向自下而上,如图 5.1 所示。

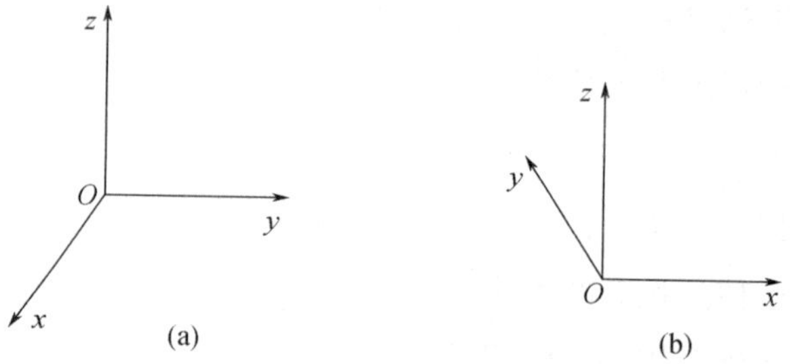

图 5.1

在空间直角坐标系 $O\text{-}xyz$ 中,每两条坐标轴确定的平面称为坐标平面,相应地称为 xOy 坐标平面、yOz 坐标平面、xOz 坐标平面。

在建立了空间直角坐标系 $O\text{-}xyz$ 的空间中任取一点 M,过 M 点分别作垂直于 x 轴,y 轴,z 轴的平面,这三个平面与坐标轴的交点分别为 P,Q,R。设 P 点在 x 轴上的坐标为 x,Q 点在 y 轴上的坐标为 y,R 点在 z 轴上的坐标为 z,若不改变坐标的次序,就得到一个有序数组 (x,y,z);反之,若给定一个有序数组 (x,y,z),设在 x 轴上以 x 为坐标的点为 P,在 y 轴上以 y 为坐标的点为 Q,在 z 轴上以 z 为坐标的点为 R,过点 P,Q,R 分别作垂直于 x 轴,y 轴,z 轴的平面,这三个平面有唯一的一个交点,设交点为 M,这样一个有序数组 (x,y,z) 就唯一确定了空间中的一个点,如图 5.2 所示。

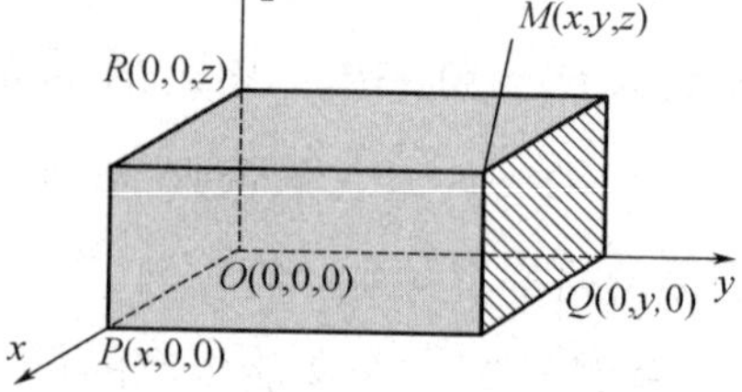

图 5.2

因此我们说，在建立了空间直角坐标系 $O-xyz$ 的空间中的点 M 与一组有序数组(x, y, z)一一对应，有序数组(x,y,z)称为点 M 的坐标，x 称为横坐标（或 x 坐标），y 称为纵坐标（或 y 坐标），z 称为竖坐标（或 z 坐标）。显然，原点的坐标为$(0,0,0)$。

类似于平面上两点之间的距离公式，可以证明空间 $M_1(x_1,y_1,z_1)$，$M(x_2,y_2,z_2)$两点之间的距离为$|M_1M_2|=\sqrt{(x_2-x_1)^2+(y_2-y_1)^2+(z_2-z_1)^2}$，如图 5.3 所示。

建立了空间直角坐标系之后，由于点与一个三元有序数组(x,y,z)之间一一对应的关系，当动点的坐标(x,y,z)没有任何限制时，动点的轨迹将形成整个空间；如果动点的运动满足一定的规律，其轨迹将形成一个曲面。

例如，空间中任意给定一条曲线 C，过 C 上的任意一点引一条直线 b，直线 b 沿 C 作平行移动形成一个曲面，称为柱面，这条定曲线 C 称为柱面的准线，动直线 b 称为柱面的母线，如图 5.4 所示。

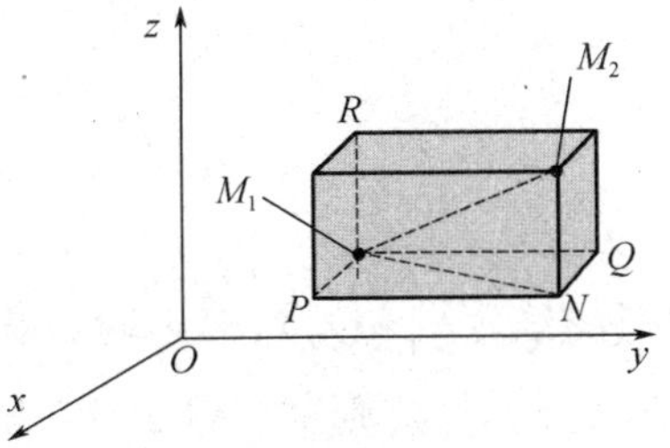

图 5.3

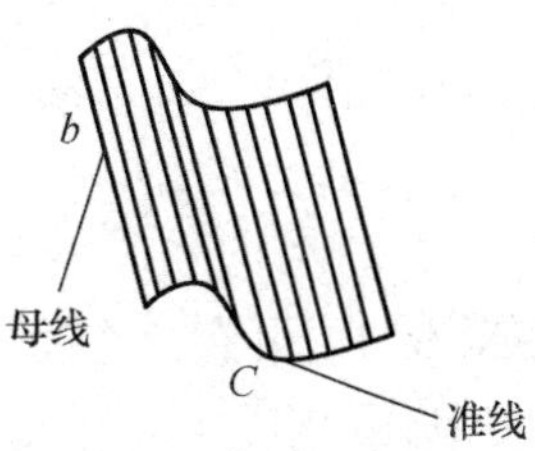

图 5.4

2. 邻域与区域

定义 5.1　设 $P_0(x_0,y_0)$是 xOy 平面上的一个点，δ 是某一正数，与点 $P_0(x_0,y_0)$距离小于$\delta(\delta>0)$的点 $P(x,y)$的全体，称为点 P_0 的 δ 邻域，记为 $U(P_0,\delta)$，即

$$U(P_0,\delta)=\{P\,|\,|PP_0|<\delta\}=\left\{(x,y)\,\middle|\,\sqrt{(x-x_0)^2+(y-y_0)^2}<\delta\right\}$$

几何上，$U(P_0,\delta)$就是 xOy 平面上以 $P_0(x_0,y_0)$为圆心，δ 为半径$(\delta>0)$的圆的内部的点的集合。

若在点 P_0 的 δ 邻域中去掉 P_0 点，则称这样的点的集合为点 P_0 的去心 δ 邻域，记为 $\mathring{U}(P_0,\delta)$，即 $\mathring{U}(P_0,\delta)=\{P\,|\,0<|PP_0|<\delta\}$，如图 5.5 右侧的圆所示。

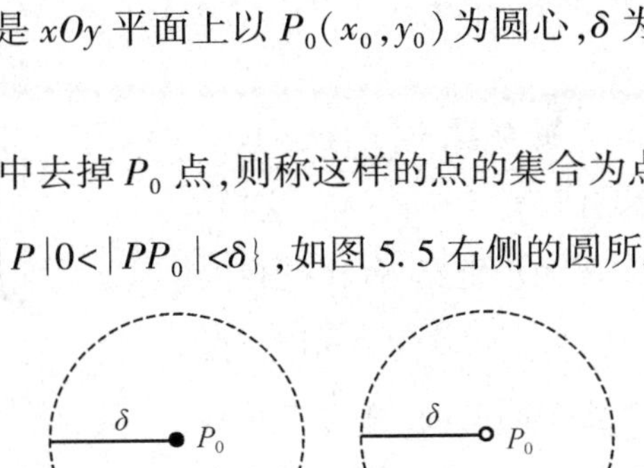

图 5.5

定义 5.2 整个 xOy 平面或者是平面内由一条或几条曲线所围成的部分称为区域。围成平面区域的曲线称为该区域的边界。不包含边界的区域称为开区域,包含边界的区域称为闭区域。可以被一个以原点为圆心,以适当长度为半径的圆包围在内的区域称为有界区域,否则称为无界区域。

例如,$y-x<0$ 所确定的区域是无界开区域(图 5.6(a)),$x^2+y^2\leqslant 4$ 所确定的区域是有界闭区域(图 5.6(b))。

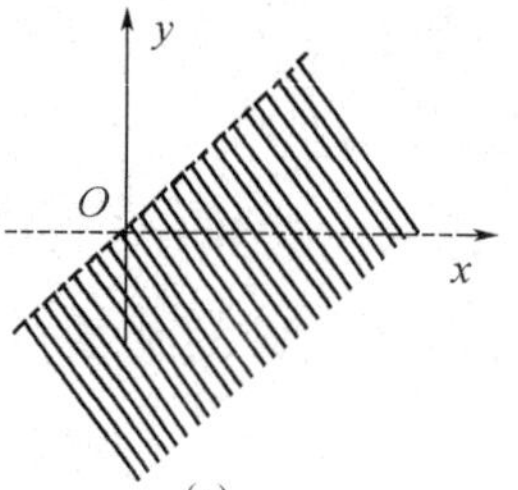

(a)

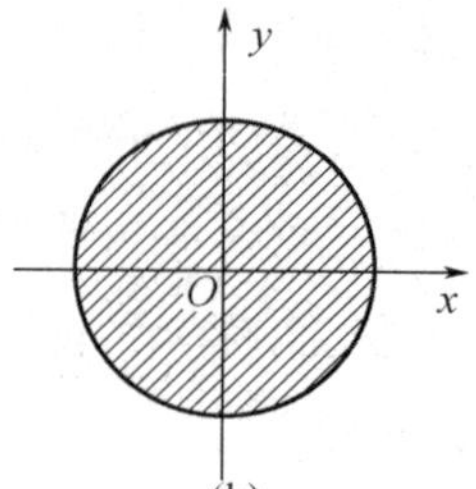

(b)

图 5.6

3. 二元函数的概念

定义 5.3 设有三个变量 x,y,z,如果存在某种对应法则 f,使得对某区域 D 内任意取定的一组数值(x,y),变量 z 总存在唯一确定的值与它们对应,则称变量 z 是 x,y 的二元函数,记作 $z=f(x,y)$,并称 x,y 为自变量,z 为因变量,自变量的取值范围 D 称为二元函数的定义域。当自变量 x,y 取定一组数值(x_0,y_0)时,对应的函数值记作 $f(x_0,y_0)$ 或$z\big|_{(x_0,y_0)}$。

和一元函数一样,二元函数也只与函数的定义域和对应法则有关,而与用什么字母表示变量无关。

有两个自变量的函数称为二元函数,有三个自变量的函数称为三元函数,依此类推,有 n 个自变量的函数称为 n 元函数,可记作 $u=f(x_1,x_2,x_3,\cdots,x_n)$。二元及二元以上的函数统称为多元函数。

若函数 $z=f(x,y)$ 的定义域为 D,对于任意取定的 $P(x,y)\in D$,对应的函数值为 $z=f(x,y)$。这样,以 x 为横坐标,y 为纵坐标,z 为竖坐标,就在空间内确定一点 $M(x,y,z)$,当(x,y)取遍 D 上一切点时,相应的点 M 的集合形成一张空间曲面,称为二元函数 $z=f(x,y)$ 的图形。显然,这张空间曲面在 xOy 坐标平面上的投影区域就是二元函数 $z=f(x,y)$ 的定

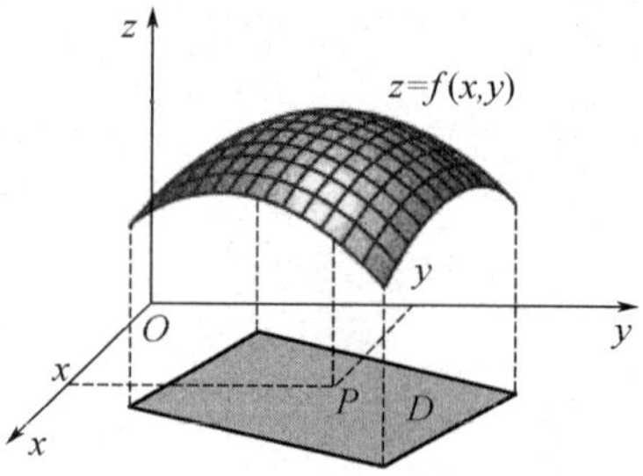

图 5.7

义域 D,如图 5.7 所示。

【例题精选】

[例 5.1]　试讨论当空间中一点 $M(x,y,z)$ 在坐标轴上或在坐标平面上时,坐标有何特征?

解:当点 M 在 x 轴上时,有 $y=0,z=0$;当点 M 在 y 轴上时,有 $x=0,z=0$;当点 M 在 z 轴上时,有 $x=0,y=0$。当点 M 在 xOy 坐标平面上时,有 $z=0$;当点 M 在 yOz 坐标平面上时,有 $x=0$;当点 M 在 xOz 坐标平面上时,有 $y=0$。

[例 5.2]　方程 $z=5$ 在空间中表示什么样的图形?

解:在方程 $z=5$ 中没有变量 x 和 y,这表明:$z=5$ 的图形上的点无论 x 和 y 取何值,竖坐标都为 $z=5$。因此,该图形是一个与 xOy 坐标平面平行且经过点 $(0,0,5)$ 的平面。

[例 5.3]　求以已知点 $M_0(x_0,y_0,z_0)$ 为球心,以 R 为半径的球面方程。

解:球面可以看作空间与定点(球心)有定距离(半径)的点的几何轨迹。

设球面上任一点 M 的坐标为 (x,y,z),根据球面上点的特征即球面上任一点 M 到球心 M_0 的距离等于半径 R,有 $|M_0M|=R$。根据两点间距离公式,球面上任一点的坐标满足:

$$\sqrt{(x-x_0)^2+(y-y_0)^2+(z-z_0)^2}=R$$

因此方程 $(x-x_0)^2+(y-y_0)^2+(z-z_0)^2$ 表示球心在点 $M_0(x_0,y_0,z_0)$ 处,半径为 R 的球面。特殊地,以原点 $O(0,0,0)$ 为球心,以 1 为半径的球面方程为 $x^2+y^2+z^2=1$,而二元函数 $z=\sqrt{1-x^2-y^2}$ 表示的曲面就是上半球面,如图 5.8 所示。

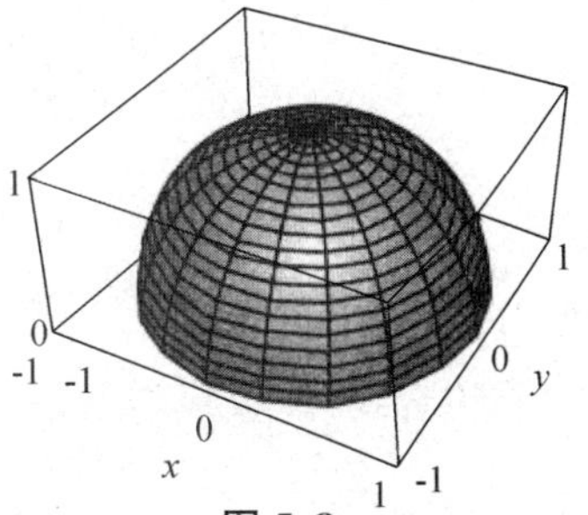

图 5.8

[例 5.4]　试分别描述满足下列条件的是一个什么样的区域:

(1) $\begin{cases}-1<x<4\\1<y<3\end{cases}$;　(2) $\begin{cases}-1\leqslant x\leqslant 4\\1\leqslant y\leqslant \dfrac{2}{5}x+\dfrac{7}{5}\end{cases}$;　(3) $\begin{cases}y-1\leqslant x\leqslant -y+5\\1\leqslant y\leqslant 3\end{cases}$。

解:(1)表示的区域如图 5.9 所示,这是一个矩形区域,是一个有界开区域。

(2)表示的区域如图 5.10 所示,这是一个三角形区域,是一个有界闭区域。

(3)表示的区域如图 5.11 所示,这是一个三角形区域,是一个有界闭区域。

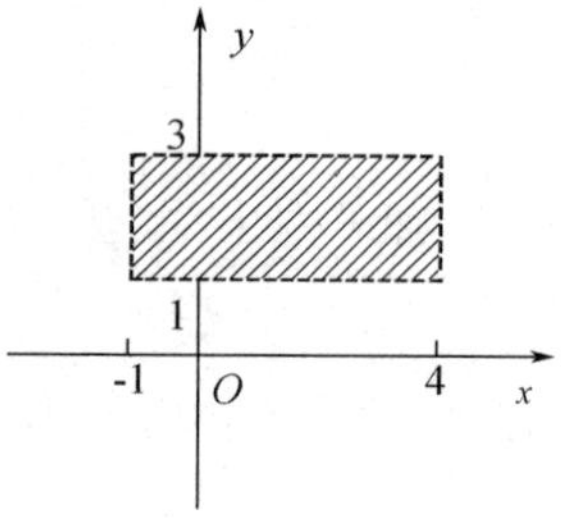

图 5.9

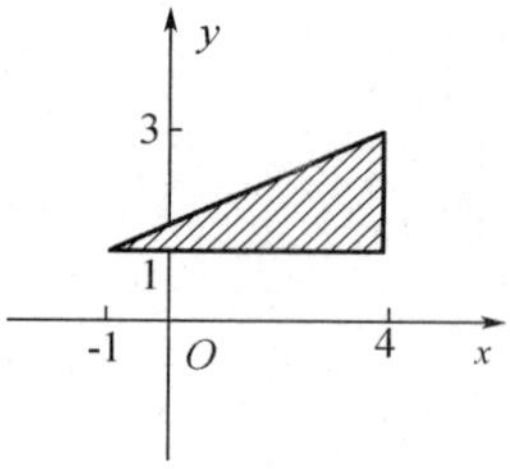

图 5.10

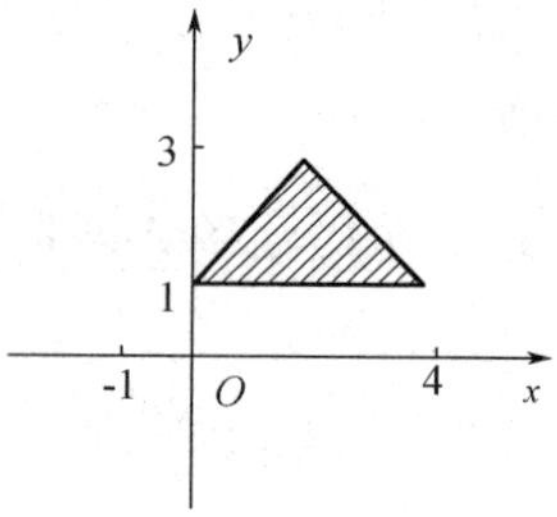

图 5.11

[例 5.5]　用形如$\begin{cases} a \leqslant x \leqslant b \\ \varphi_1(x) \leqslant y \leqslant \varphi_2(x) \end{cases}$或$\begin{cases} \psi_1(y) \leqslant x \leqslant \psi_2(y) \\ c \leqslant y \leqslant d \end{cases}$的不等式组表示以下平面区域 D。

(1) D 由直线 $y=1, x=2, y=x^2(x>0)$ 围成。

解:先作出 D 的图形,如图 5.12 所示。

求出 $y=1, y=x^2$ 的交点 $(1,1)$,将 D 投影到 x 轴上,得到区间 $[1,2]$,则 $1 \leqslant x \leqslant 2$。在 $[1,2]$ 上任取一点 x,作平行于 y 轴的直线,该直线与区域 D 的边界交于两点,这两点的横坐标都为 x,纵坐标分别为 1 和 x^2,则 $1 \leqslant y \leqslant x^2$。所以,平面区域 D 可以用不等式组$\begin{cases} 1 \leqslant x \leqslant 2 \\ 1 \leqslant y \leqslant x^2 \end{cases}$表示。

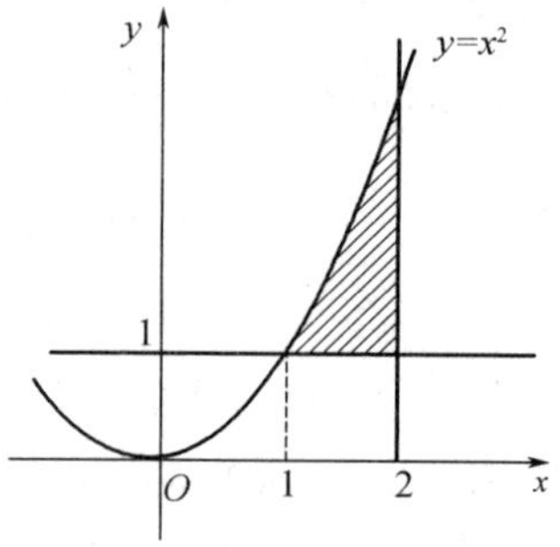

图 5.12

或者将 D 投影到 y 轴上,得到区间 $[1,4]$,则 $1 \leqslant y \leqslant 4$。在 $[1,4]$ 上任取一点 y,作平行于 x 轴的直线,该直线与区域 D 的边界交于两点,这两点的纵坐标都为 y,横坐标分别为 $\sqrt{y}$ 和 2,则 $\sqrt{y} \leqslant x \leqslant 2$。所以,平面区域 D 可以用不等式组$\begin{cases} 1 \leqslant x \leqslant 2 \\ 1 \leqslant y \leqslant x^2 \end{cases}$表示。

(2) D 由 $y=x^2$ 和 $y=1-x^2$ 围成。

解:先作出 D 的图形,如图 5.13 所示。

求出 $y=x^2, y=1-x^2$ 的交点 $\left(\pm\frac{\sqrt{2}}{2}, \frac{1}{2}\right)$,将 D 投影到 x 轴上,得到区间 $\left[-\frac{\sqrt{2}}{2}, \frac{\sqrt{2}}{2}\right]$,则 $-\frac{\sqrt{2}}{2} \leqslant x \leqslant \frac{\sqrt{2}}{2}$。在 $\left[-\frac{\sqrt{2}}{2}, \frac{\sqrt{2}}{2}\right]$ 上任取一点 x,作平行于 y 轴的直线,该直

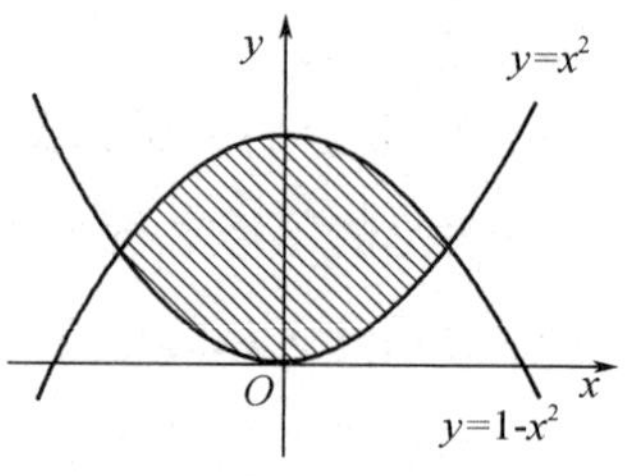

图 5.13

线与区域 D 的边界交于两点，这两点的横坐标都为 x，纵坐标分别为 x^2 和 $1-x^2$，则 $x^2\leqslant y\leqslant 1-x^2$。所以，平面区域 D 可以用不等式组 $\begin{cases}-\dfrac{\sqrt{2}}{2}\leqslant x\leqslant\dfrac{\sqrt{2}}{2}\\x^2\leqslant y\leqslant 1-x^2\end{cases}$ 表示。

或者将 D 投影到 y 轴上，得到区间 $[0,1]$，但在 $\left[0,\dfrac{1}{2}\right]$，$\left[\dfrac{1}{2},1\right]$ 两个区间上分别任取一点 y 作平行于 x 轴的直线时，该直线与区域 D 的边界的两个交点有所不同，所以我们把该区域以 $y=\dfrac{1}{2}$ 为分界线分成两个部分。在 $\left[0,\dfrac{1}{2}\right]$ 上任取一点 y，作平行于 x 轴的直线，该直线与区域 D 的边界的两个交点的纵坐标都为 y，横坐标分别为 $-\sqrt{y}$ 和 $\sqrt{y}$，则 $-\sqrt{y}\leqslant x\leqslant\sqrt{y}$；在 $\left[\dfrac{1}{2},1\right]$ 上任取一点 y，作平行于 x 轴的直线，该直线与区域 D 的边界的两个交点的纵坐标都为 y，横坐标分别为 $-\sqrt{1-y}$ 和 $\sqrt{1-y}$，则 $-\sqrt{1-y}\leqslant x\leqslant\sqrt{1-y}$。所以，平面区域 D 可以用不等式组 $\begin{cases}-\sqrt{y}\leqslant x\leqslant\sqrt{y}\\0\leqslant y\leqslant\dfrac{1}{2}\end{cases}$，$\begin{cases}-\sqrt{1-y}\leqslant x\leqslant\sqrt{1-y}\\\dfrac{1}{2}\leqslant y\leqslant 1\end{cases}$ 表示。

(3) D 由 $y=2x$，$y=2$，$x=\dfrac{8}{y}$ 围成。

解：方法同上，D 的图形如图 5.14 所示。

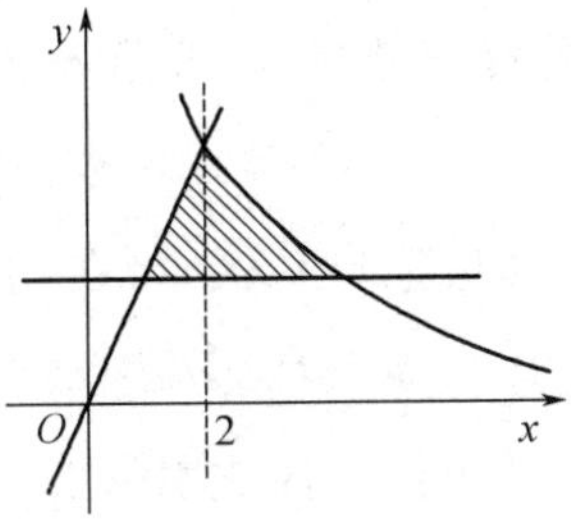

图 5.14

平面区域 D 可以用不等式组 $\begin{cases}1\leqslant x\leqslant 2\\2\leqslant y\leqslant 2x\end{cases}$，$\begin{cases}2\leqslant x\leqslant 4\\2\leqslant y\leqslant\dfrac{8}{x}\end{cases}$ 或 $\begin{cases}2\leqslant y\leqslant 4\\\dfrac{y}{2}\leqslant x\leqslant\dfrac{8}{y}\end{cases}$ 表示。

[例 5.6]　设函数 $z=x^3-xy+2y^2$，求 $z|_{(-2,-3)}$。

解：$z|_{(-2,-3)}=(-2)^3-(-2)\times(-3)+2\times(-3)^2=4$

[例 5.7]　求二元函数 $z=\dfrac{\ln(y-x)}{\sqrt{x}}+\sqrt{4-x^2-y^2}$ 的定义域。

解：由于 $y-x>0$，$x>0$ 且 $4-x^2-y^2\geqslant 0$，故该函数的定义域为 $D=\{(x,y)\mid y>x>0,x^2+y^2\leqslant 4\}$，如图 5.15 所示。

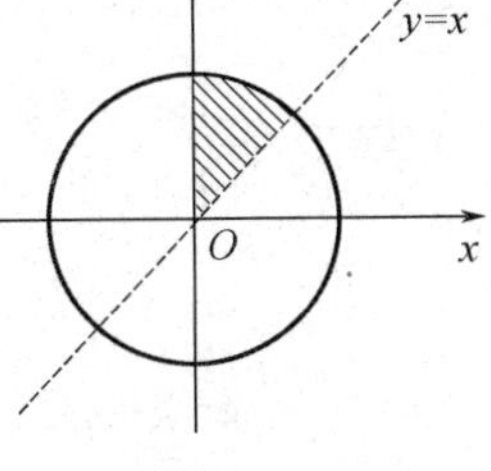

图 5.15

【知识应用】

[例 5.8] 生产函数表示在一定时期内,在生产技术状况给定的条件下,生产过程中投入的各种生产要素的数量与其所能生产的最大产量之间的关系。设 Q 表示产量,$x_1,x_2,\cdots,x_n$ 为 n 种生产要素的投入量,则 $Q=f(x_1,x_2,\cdots,x_n)$ 表示企业生产某种产品的生产函数。

为了讨论问题方便,假设生产要素有两种:投入资本量(简称资本量)K 和投入劳动量(简称劳动量)L,而产品只有一种。于是这种产品的总产量 Q 的生产函数就是投入资本量 K 和投入劳动量 L 的一个二元函数,记为 $Q=f(L,K)$。生产函数主要有以下三种常见形式:

(1)线性生产函数:$Q=aL+bK+c$。

(2)柯布-道格拉斯生产函数:在 20 世纪 30 年代,美国经济学家柯布和道格拉斯根据历史统计资料,研究得出生产要素的投入量与产品的总产量之间存在关系 $Q=AK^{\alpha}L^{1-\alpha}$,其中 A,α 为正常数,$0<\alpha<1$。

(3)齐次生产函数:如果一个生产函数的每一种投入要素都是原来的 $\lambda(\lambda>1)$ 倍,导致产量变成原来的 λ^n 倍,则函数称为该生产函数的齐次生产函数。若 $Q=f(L,K)$,则齐次生产函数为 $f(\lambda L,\lambda K)=\lambda^n f(L,K)$。

[例 5.9] 在经济学理论中,人类的满足程度称为效用。效用取决于所消费的各种商品的数量,若 U 表示消费者的效用,$x_1,x_2,\cdots,x_n$ 是对 n 种商品的消费量,$U=f(x_1,x_2,\cdots,x_n)$ 称为效用函数。常见效用函数有:

(1)完全替代(线性)效用函数:$U(x_1,x_2)=x_1+x_2$;

(2)完全互补效用函数:$U(x_1,x_2)=\min\{x_1,x_2\}$;

(3)拟线性效用函数:$U(x_1,x_2)=f(x_1)+x_2$;

(4)柯布-道格拉斯效用函数:$U(x_1,x_2)=x_1^{\alpha}x_2^{1-\alpha}$。

【知识演练】

1. 求点 $M(x,y,z)$ 分别关于 x 轴,y 轴,z 轴,xOy 坐标平面,yOz 坐标平面,xOz 坐标平面及原点对称的点的坐标。

2. 用形如 $\begin{cases} a\leqslant x\leqslant b \\ \varphi_1(x)\leqslant y\leqslant \varphi_2(x) \end{cases}$ 或 $\begin{cases} \psi_1(y)\leqslant x\leqslant \psi_2(y) \\ c\leqslant y\leqslant d \end{cases}$ 的不等式组表示以下平面区域 D:

(1)D 由 $y=2x+3,y=x^2$ 围成;

(2)D 由 $y=\mathrm{e}^x,y=\mathrm{e},x=0$ 围成;

(3) D 由 $y=2x, y=x, y=2$ 围成；

(4) D 由 $y=(2-x)^2, y=x^2, y=0$ 围成。

3. 求下列函数的定义域 D：

(1) $z=\sqrt{2x-\sqrt{y}}$；　　(2) $z=\dfrac{x}{x^2+y^2}$；

(3) $z=\dfrac{y}{\ln(y^2-x+2)}$；　　(4) $z=\sqrt{R^2-x^2-y^2}+\dfrac{1}{\sqrt{x^2+y^2-r^2}}(0<r<R)$。

4. 设 $f(x,y)=\dfrac{x^2+y^2}{5xy}$，求：

(1) 在点 $(3,-4)$ 和点 $(a,a)(a>0)$ 处的函数值；

(2) $\dfrac{f(1+\Delta x,1)-f(1,1)}{\Delta x}$；

(3) $f\left(1,\dfrac{y}{x}\right)$ 及 $f(tx,ty)$。

5. 某人以本金 P 元进行一项投资，投资年利率为 5%，假设连续计息，则 t 年后的本利和 S 是 P 和 t 的二元函数。$S=f(P,t)=Pe^{0.05t}$，试求 $f(10\,000,20)$。

6. 设 $Q=f(x,y)$ 表示企业生产某种产品的生产函数，其中 Q 表示生产该产品的产量，x,y 为生产产品时两种要素的投入量。若产品的价格为 P，两种要素的单价分别为 P_1,P_2，试求利润函数。

5.1.2　二元函数的极限与连续性

【相关知识】

1. 二元函数极限的定义

定义 5.4　设二元函数 $z=f(x,y)$ 在点 $P_0(x_0,y_0)$ 的某一去心邻域内有定义，如果当动点 $P(x,y)$ 以任何方式无限趋近于定点 $P_0(x_0,y_0)$ 时，函数 $z=f(x,y)$ 无限趋近于一个确定的常数 A，则称 A 为二元函数 $z=f(x,y)$ 当 $x\to x_0, y\to y_0$ 时的极限，记作

$$\lim_{\substack{x\to x_0\\ y\to y_0}} f(x,y)=A \quad \text{或} \quad \lim_{(x,y)\to(x_0,y_0)} f(x,y)=A$$

为了区别于一元函数的极限，通常称二元函数的极限为二重极限。

2. 二元函数的连续性

定义 5.5　设二元函数 $z=f(x,y)$ 在点 $P_0(x_0,y_0)$ 的某一邻域内有定义，且满足

$$\lim_{\substack{x\to x_0\\ y\to y_0}} f(x,y)=f(x_0,y_0)$$

则称二元函数 $z=f(x,y)$ 在点 $P_0(x_0,y_0)$ 处连续，否则称函数 $z=f(x,y)$ 在点 $P_0(x_0,y_0)$ 处不连续（或间断），$P_0(x_0,y_0)$ 称为函数 $z=f(x,y)$ 的间断点。

如果二元函数 $z=f(x,y)$ 在区域 D 上每一点处都连续，则称函数 $z=f(x,y)$ 在区域 D 上连续，或称 $z=f(x,y)$ 为区域 D 上的连续函数。二元连续函数的图形是空间中的一张连续曲面。

类似于一元函数的讨论，二元初等函数在其定义区域内都是连续的。例如，函数 $e^{xy}\cos y$ 在整个 xOy 坐标平面上连续，函数 $z=\sqrt{1-x^2-y^2}$ 在闭区域 $x^2+y^2\leqslant 1$ 上连续。

与闭区间上一元函数的性质类似，在有界闭区域上连续的二元函数，有以下定理：

（1）最大值和最小值定理。在有界闭区域 D 上的二元连续函数，在 D 上一定存在最大值和最小值。

（2）介值定理。在有界闭区域 D 上的二元连续函数，在 D 上必能取得介于最大值和最小值之间的任何数值。

【例题精选】

[**例 5.10**]　求 $\lim\limits_{(x,y)\to(3,4)}\ln(\sqrt{x^2+y^2-9}+5)$。

解：函数 $f(x,y)=\ln(\sqrt{x^2+y^2-9}+5)$ 在点 $(3,4)$ 处连续，所以

$$\lim_{(x,y)\to(3,4)}\ln(\sqrt{x^2+y^2-9}+5)=\ln(\sqrt{3^2+4^2-9}+5)=\ln 9$$

【知识演练】

求极限：$\lim\limits_{\substack{x\to 1\\ y\to 0}}\dfrac{\ln(x+e^y)}{\sqrt{x^2+y^2}}$。

5.2　偏　导　数

5.2.1　偏导数的概念

【案例提出】

[**案例 5.3**]　设生产函数 $Q=f(K,L)$，如果资本量 K 保持不变，总产量 Q 随劳动量 L 的变化而变化，则总产量 Q 关于劳动量 L 的瞬时变化率就是劳动量 L 的边际生产率；如果劳动量 L 保持不变，总产量 Q 随资本量 K 的变化而变化，则总产量 Q 关于资本量 K 的瞬时变化率就是资本量 K 的边际生产率。

【相关知识】

1. 偏导数的定义

在研究一元函数时，需要研究函数 $y=f(x)$ 关于自变量 x 的瞬时变化率，从而引入了一元函数的导数的概念。在实际问题中，也需要研究多元函数的瞬时变化率问题，但多元函数的自变量不止一个，若每个自变量都有变化，函数关于自变量的瞬时变化率将过于复杂。所以，通常研究函数随一个自变量变化而其余自变量不变时的瞬时变化率问题。

对于二元函数 $z=f(x,y)$，固定 $y=y_0$，此时二元函数 $z=f(x,y)$ 就成为自变量 x 的一元函数 $f(x,y_0)$，利用一元函数导数的定义，提出相应二元函数 $z=f(x,y)$ 关于 x 的偏导数的定义。

定义 5.6　设二元函数 $z=f(x,y)$ 在点 (x_0,y_0) 的某一邻域内有定义，固定 $y=y_0$，让自变量 x 在 x_0 处取得改变量 $\Delta x(\Delta x\neq 0)$，相应地函数有增量 $f(x_0+\Delta x,y_0)-f(x_0,y_0)$（记作 $\Delta_x z$，叫作 $z=f(x,y)$ 在点 (x_0,y_0) 处对 x 的偏增量），如果极限 $\lim\limits_{\Delta x\to 0}\dfrac{f(x_0+\Delta x,y_0)-f(x_0,y_0)}{\Delta x}$ 存在，则称此极限值为函数 $z=f(x,y)$ 在点 (x_0,y_0) 处关于 x 的偏导数，记作 $f'_x(x_0,y_0)$，$z'_x\big|_{\substack{x=x_0\\y=y_0}}$，$\dfrac{\partial f}{\partial x}\bigg|_{\substack{x=x_0\\y=y_0}}$ 或 $\dfrac{\partial z}{\partial x}\bigg|_{\substack{x=x_0\\y=y_0}}$。即

$$f'(x_0,y_0)=\lim_{\Delta x\to 0}\frac{f(x_0+\Delta x,y_0)-f(x_0,y_0)}{\Delta x}$$

类似地，固定 $x=x_0$，让自变量 y 在 y_0 处取得改变量 $\Delta y(\Delta y\neq 0)$，相应地函数有增量 $f(x_0,y_0+\Delta y)-f(x_0,y_0)$（记作 $\Delta_y z$，叫作 $z=f(x,y)$ 在点 (x_0,y_0) 处对 y 的偏增量），如果极限 $\lim\limits_{\Delta y\to 0}\dfrac{f(x_0,y_0+\Delta y)-f(x_0,y_0)}{\Delta y}$ 存在，则称此极限值为函数 $z=f(x,y)$ 在点 (x_0,y_0) 处关于 y 的偏导数，记作 $f'_y(x_0,y_0)$，$z'_y\big|_{\substack{x=x_0\\y=y_0}}$，$\dfrac{\partial f}{\partial y}\bigg|_{\substack{x=x_0\\y=y_0}}$ 或 $\dfrac{\partial z}{\partial y}\bigg|_{\substack{x=x_0\\y=y_0}}$。即

$$f'(x_0,y_0)=\lim_{\Delta y\to 0}\frac{f(x_0,y_0+\Delta y)-f(x_0,y_0)}{\Delta y}$$

2. 二元函数在区域 D 上的偏导数

如果二元函数 $z=f(x,y)$ 在区域 D 上的每一点 (x,y) 处关于 x 的偏导数都存在，则这个偏导数是区域 D 上关于 x,y 的函数，称为 $z=f(x,y)$ 在区域 D 上关于 x 的偏导函数，记作 $f'_x(x,y)$，z'_x，$\dfrac{\partial f}{\partial x}$ 或 $\dfrac{\partial z}{\partial x}$。

显然,偏导函数$f'_x(x,y)=\lim\limits_{\Delta x\to 0}\dfrac{f(x+\Delta x,y)-f(x,y)}{\Delta x}$仍然是关于$x,y$的二元函数。类似地,可以定义函数$z=f(x,y)$关于$y$的偏导函数$f'_y(x,y)=\lim\limits_{\Delta y\to 0}\dfrac{f(x,y+\Delta y)-f(x,y)}{\Delta y}$,记作$f'_y(x,y)$,$z'_y$,$\dfrac{\partial f}{\partial y}$或$\dfrac{\partial z}{\partial y}$。

偏导函数的概念可以推广到二元以上的函数,如$u=f(x,y,z)$在(x,y,z)处的偏导数为

$$f'_x(x,y,z)=\lim_{\Delta x\to 0}\frac{f(x+\Delta x,y,z)-f(x,y,z)}{\Delta x}$$

$$f'_y(x,y,z)=\lim_{\Delta y\to 0}\frac{f(x,y+\Delta y,z)-f(x,y,x)}{\Delta y}$$

$$f'_z(x,y,z)=\lim_{\Delta z\to 0}\frac{f(x,y,z+\Delta z)-f(x,y,z)}{\Delta z}$$

和一元函数的导数一样,在不致混淆的情况下,也把偏导函数简称为偏导数。此外,由偏导数的概念可知,如果二元函数$f(x,y)$在点(x_0,y_0)处的偏导数存在,那么

$$f'_x(x_0,y_0)=f'_x(x,y)\big|_{\substack{x=x_0\\y=y_0}},\quad f'_y(x_0,y_0)=f'_y(x,y)\big|_{\substack{x=x_0\\y=y_0}}$$

3. 二元函数偏导数的求法

由偏导数的定义可知,求二元函数偏导数的问题其实可归结为一元函数求导问题,因此并不需要建立新的运算法则。求偏导数$f'_x(x,y)$时,只需暂时把y看作常数,对x利用一元函数的求导法则求导;同样地,求偏导数$f'_y(x,y)$时,只需暂时把x看作常数,对y利用一元函数的求导法则求导。

4. 偏导数存在与连续的关系

若一元函数在某点可导,则函数在该点一定连续;但多元函数在某点存在偏导数,函数在该点也未必连续。

【例题精选】

[例 5.11] 求$z=x^2-3xy+2y^3$在点(2,1)处的偏导数。

解:把y看作常数,对x求导可得$\dfrac{\partial z}{\partial x}=2x-3y$;把$x$看作常数,对$y$求导可得$\dfrac{\partial z}{\partial x}=-3x+6y^2$。

所以

$$\left.\frac{\partial z}{\partial x}\right|_{\substack{x=2\\y=1}}=2\times 2-3\times 1=1$$

$$\left.\frac{\partial z}{\partial y}\right|_{\substack{x=2\\y=1}} = -3\times 2+6\times 1=0$$

[**例 5.12**]　求 $z=x^3\mathrm{e}^{2x+5y}$ 的偏导数。

解：把 y 看作常数，对 x 求导可得

$$\frac{\partial z}{\partial x} = 3x^2\mathrm{e}^{2x+5y} + 2x^3\mathrm{e}^{2x+5y}$$

把 x 看作常数，对 y 求导可得

$$\frac{\partial z}{\partial y} = 5x^3\mathrm{e}^{2x+5y}$$

[**例 5.13**]　求 $z=\sin xy^2+\ln\frac{y}{x}$ 的偏导数。

解：把 y 看作常数，对 x 求导可得

$$\frac{\partial z}{\partial x} = y^2\cos xy^2 + \frac{x}{y}\left(-\frac{y}{x^2}\right) = y^2\cos xy^2 - \frac{1}{x}$$

把 x 看作常数，对 y 求导可得

$$\frac{\partial z}{\partial y} = 2xy\cos xy^2 + \frac{x}{y}\cdot\frac{1}{x} = 2xy\cos xy^2 + \frac{1}{y}$$

[**例 5.14**]　求 $z=(\cos x)^y$ 的偏导数。

解：把 y 看作常数，对 x 求导可得

$$\frac{\partial z}{\partial x} = y(\cos x)^{y-1}(\cos x)' = -y(\cos x)^{y-1}\sin x$$

把 x 看作常数，对 y 求导可得

$$\frac{\partial z}{\partial y} = (\cos x)^y\ln\cos x$$

[**例 5.15**]　已知 $z=x\mathrm{e}^{\frac{y}{x}}$，求证 $x\frac{\partial z}{\partial x}+y\frac{\partial z}{\partial y}=z$。

证明：把 y 看作常数，对 x 求导可得

$$\frac{\partial z}{\partial x} = \mathrm{e}^{\frac{y}{x}} + x\mathrm{e}^{\frac{y}{x}}\left(-\frac{y}{x^2}\right) = \mathrm{e}^{\frac{y}{x}}\left(1-\frac{y}{x}\right)$$

把 x 看作常数，对 y 求导可得

$$\frac{\partial z}{\partial y} = x\mathrm{e}^{\frac{y}{x}}\frac{1}{x} = \mathrm{e}^{\frac{y}{x}}$$

所以

$$x\frac{\partial z}{\partial x} + y\frac{\partial z}{\partial y} = x\mathrm{e}^{\frac{y}{x}}\left(1-\frac{y}{x}\right) + y\mathrm{e}^{\frac{y}{x}} = x\mathrm{e}^{\frac{y}{x}} = z$$

【知识应用】

[例 5.16] 求柯布-道格拉斯生产函数 $Q=AK^{\alpha}L^{1-\alpha}$($A,\alpha$ 为正常数)的偏导数。

解:这里的变量是 K 和 L,$\frac{\partial Q}{\partial K}=\alpha AK^{\alpha-1}L^{1-\alpha}$,$\frac{\partial Q}{\partial L}=(1-\alpha)AK^{\alpha}L^{-\alpha}$。

【知识演练】

1. 求下列函数的偏导数:

(1)$z=x^3y+y^3$; (2)$z=\sin x\cos(x^2-y)$; (3)$s=\frac{u+v}{uv}$;

(4)$z=x^{\sqrt{y}}$; (5)$z=\sin(e^x+y)$; (6)$z=\cos 2e^{xy}$;

(7)$z=\ln(x+\sqrt{x^2+y^2})$; (8)$z=y^2\ln(x^3+2y^2)$。

2. 设 $z=\ln\tan\frac{y}{x}$,求证:$x\frac{\partial z}{\partial x}+y\frac{\partial z}{\partial y}=0$。

3. 设 $f(x,y)=xy+\frac{x}{x^2+y^2}$,求 $f'_x(0,1)$,$f'_y(0,1)$。

4. 某厂商生产 x 单位的产品 A 与 y 单位的产品 B 的利润为 $L(x,y)=10x+6y+3xy-x^2-2\ 000$,试求 $L'_x(x,y)$ 和 $L'_y(x,y)$。

5.2.2 高阶偏导数

【相关知识】

1. 高阶偏导数的定义

设二元函数 $z=f(x,y)$ 在区域 D 上偏导数 $\frac{\partial z}{\partial x}$ 和 $\frac{\partial z}{\partial y}$ 都存在,则由偏导数的定义知这两个偏导数仍然是区域 D 上的二元函数。如果它们关于 x,y 的偏导数也存在,则称为 $z=f(x,y)$ 的**二阶偏导数**。按照对 x,y 的求导次序的不同,二元函数的二阶偏导数共有 4 个,分别记作

$$\frac{\partial}{\partial x}\left(\frac{\partial z}{\partial x}\right)=\frac{\partial^2 z}{\partial x^2}=f''_{xx}=z''_{xx}$$

$$\frac{\partial}{\partial y}\left(\frac{\partial z}{\partial y}\right)=\frac{\partial^2 z}{\partial y^2}=f''_{yy}=z''_{yy}$$

$$\frac{\partial}{\partial y}\left(\frac{\partial z}{\partial x}\right)=\frac{\partial^2 z}{\partial x\partial y}=f''_{xy}=z''_{xy}$$

$$\frac{\partial}{\partial x}\left(\frac{\partial z}{\partial y}\right)=\frac{\partial^2 z}{\partial y\partial x}=f''_{yx}=z''_{yx}$$

其中，$\frac{\partial^2 z}{\partial x^2}$表示对$\frac{\partial z}{\partial x}$关于 x 再求偏导数，称为二元函数 $z=f(x,y)$ 对 x 的二阶偏导数；$\frac{\partial^2 z}{\partial y^2}$表示对$\frac{\partial z}{\partial y}$关于 y 再求偏导数，称为二元函数 $z=f(x,y)$ 对 y 的二阶偏导数；$\frac{\partial^2 z}{\partial x\partial y}$表示对$\frac{\partial z}{\partial x}$关于 y 再求偏导数，$\frac{\partial^2 z}{\partial y\partial x}$表示对$\frac{\partial z}{\partial y}$关于 x 再求偏导数，它们称为二元函数 $z=f(x,y)$ 的二阶混合偏导数。

如果 $z=f(x,y)$ 的二阶偏导数仍然存在关于 x,y 的偏导数，就称它们为函数 $z=f(x,y)$ 的三阶偏导数，其记号与二阶偏导数相类似。如此继续下去，还可得到四阶乃至更高阶的偏导数。二阶及二阶以上的偏导数统称为高阶偏导数。相应地$\frac{\partial z}{\partial x}$和$\frac{\partial z}{\partial y}$称为一阶偏导数。

2. 二阶混合偏导数相等的一个充分条件

定理 5.1　如果二元函数 $z=f(x,y)$ 的两个二阶混合偏导数在区域 D 上均连续，那么在区域 D 上两个二阶混合偏导数相等，即$\frac{\partial^2 z}{\partial x\partial y}=\frac{\partial^2 z}{\partial y\partial x}$。

定理 5.1 表明，两个二阶混合偏导数在连续的条件下是相等的，也就是二阶混合偏导数的求导结果与求导次序无关。

【例题精选】

[**例 5.17**]　设 $z=x^3y^2-3xy^3-xy+1$，求$\frac{\partial^2 z}{\partial x^2}$，$\frac{\partial^2 z}{\partial y^2}$，$\frac{\partial^2 z}{\partial x\partial y}$，$\frac{\partial^2 z}{\partial y\partial x}$。

解：因为$\frac{\partial z}{\partial x}=3x^2y^2-3y^3-y$，　$\frac{\partial z}{\partial y}=2x^3y-9xy^2-x$，所以

$$\frac{\partial^2 z}{\partial x^2}=\frac{\partial}{\partial x}\left(\frac{\partial z}{\partial x}\right)=6xy^2$$

$$\frac{\partial^2 z}{\partial y^2}=\frac{\partial}{\partial y}\left(\frac{\partial z}{\partial y}\right)=2x^3-18xy$$

$$\frac{\partial^2 z}{\partial x\partial y}=\frac{\partial}{\partial y}\left(\frac{\partial z}{\partial x}\right)=6x^2y-9y^2-1$$

$$\frac{\partial^2 z}{\partial y\partial x}=\frac{\partial}{\partial x}\left(\frac{\partial z}{\partial y}\right)=6x^2y-9y^2-1$$

[**例 5.18**]　设 $z=y\ln(x+y)$，求$\frac{\partial^2 z}{\partial x^2}$，$\frac{\partial^2 z}{\partial x\partial y}$，$\frac{\partial^2 z}{\partial y\partial x}$，$\frac{\partial^2 z}{\partial y^2}$。

解：因为$\frac{\partial z}{\partial x}=\frac{y}{x+y}$，$\frac{\partial z}{\partial y}=\ln(x+y)+\frac{y}{x+y}$，所以

$$\frac{\partial^2 z}{\partial x^2}=\frac{\partial}{\partial x}\left(\frac{\partial z}{\partial x}\right)=-\frac{y}{(x+y)^2}$$

$$\frac{\partial^2 z}{\partial x\partial y}=\frac{\partial}{\partial y}\left(\frac{\partial z}{\partial x}\right)=\frac{x+y-y}{(x+y)^2}=\frac{x}{(x+y)^2}$$

$$\frac{\partial^2 z}{\partial y\partial x}=\frac{\partial}{\partial x}\left(\frac{\partial z}{\partial y}\right)=\frac{1}{x+y}-\frac{y}{(x+y)^2}=\frac{x}{(x+y)^2}$$

$$\frac{\partial^2 z}{\partial y^2}=\frac{\partial}{\partial y}\left(\frac{\partial z}{\partial y}\right)=\frac{1}{x+y}+\frac{x}{(x+y)^2}=\frac{2x+y}{(x+y)^2}$$

［例 5.19］ 设 $z=x^y$，求 $\frac{\partial^2 z}{\partial x^2},\frac{\partial^2 z}{\partial y^2},\left.\frac{\partial^2 z}{\partial x\partial y}\right|_{\substack{x=e\\y=2}}$。

解：因为 $\frac{\partial z}{\partial x}=yx^{y-1}$，$\frac{\partial z}{\partial y}=x^y\ln x$，所以

$$\frac{\partial^2 z}{\partial x^2}=y(y-1)x^{y-2}$$

$$\frac{\partial^2 z}{\partial y^2}=x^y\ln^2 x$$

$$\frac{\partial^2 z}{\partial x\partial y}=x^{y-1}+yx^{y-1}\ln x=x^{y-1}(1+y\ln x)$$

$$\left.\frac{\partial^2 z}{\partial x\partial y}\right|_{\substack{x=e\\y=2}}=e^{2-1}(1+2\ln e)=3e$$

［例 5.20］ 设 $z=2xy+\frac{\sin y}{y^2+1}$，求 $\frac{\partial^2 z}{\partial y\partial x}$。

解：因为初等函数在其定义域内二阶混合偏导数都连续，因此都相等，求导与次序无关。所以 $\frac{\partial^2 z}{\partial y\partial x}=\frac{\partial^2 z}{\partial x\partial y}=2$。

【知识演练】

求下列函数的二阶偏导数：

(1) $z=x^3+y^3-x^2y$；　(2) $z=e^{2x-3y}$；　(3) $z=2xy^2+x\sin y$；

(4) $z=\frac{\cos y^2}{x}$；　(5) $z=y^{\ln x}$；　(6) $z=e^x\cos(x+y)+e^y\sin xy$。

5.2.3　多元复合函数和二元隐函数的求导法

【相关知识】

1. 多元复合函数的求导法

设 $z=f(u,v)$ 是关于 u,v 的函数，而 $u=\varphi(x,y)$ 和 $v=\psi(x,y)$ 是关于 x,y 的函数，则

$z=f[\varphi(x,y),\psi(x,y)]$是关于$x,y$的二元复合函数,其中$x,y$称为自变量,$u,v$称为中间变量。例如,$z=u^{\sin v}$,$u=x-y$,$v=xy$,则复合函数可表示为$z=(x-y)^{\sin xy}$。

对于这类复合函数,可通过下面的定理求它的偏导数。

定理 5.2　设$u=\varphi(x,y)$,$v=\psi(x,y)$在点(x,y)处的两个偏导数都存在,$z=f(u,v)$的偏导数在点(x,y)的对应点(u,v)处连续,则复合函数$z=f[\varphi(x,y),\psi(x,y)]$在点$(x,y)$处的偏导数存在且

$$\frac{\partial z}{\partial x}=\frac{\partial z}{\partial u}\frac{\partial u}{\partial x}+\frac{\partial z}{\partial v}\frac{\partial v}{\partial x}$$

$$\frac{\partial z}{\partial y}=\frac{\partial z}{\partial u}\frac{\partial u}{\partial y}+\frac{\partial z}{\partial v}\frac{\partial v}{\partial y}$$

上述求导公式称为多元复合函数求导的链锁法则。为了直观地反映变量间的复合关系,便于分析和记忆,可以画出它们的复合关系图。图中变量之间用线段连接的表示它们之间有函数关系,并按因变量、中间变量、自变量之间的复合关系分层次表示出来。这里复合函数$z=f[\varphi(x,y),\psi(x,y)]$用图 5.16 表示。当我们要求$\frac{\partial z}{\partial x}$时,从关系图中可以看到,由$z$通过中间变量$u,v$到达$x$的路径有两条,而公式中恰是两项之和,路径$z$—$u$—$x$表示$\frac{\partial z}{\partial u}\frac{\partial u}{\partial x}$,路径$z$—$v$—$x$表示$\frac{\partial z}{\partial v}\frac{\partial v}{\partial x}$。

多元复合函数的中间变量或者自变量也可能是一元函数。例如,$z=f[\varphi(x),\psi(x)]$是由$z=f(u,v)$,$u=\varphi(x)$和$v=\psi(x)$构成的复合函数,这是x的一元函数,复合关系可用图 5.17 表示。z对x的导数是$\frac{\mathrm{d}z}{\mathrm{d}x}=\frac{\partial z}{\partial u}\frac{\mathrm{d}u}{\mathrm{d}x}+\frac{\partial z}{\partial v}\frac{\mathrm{d}v}{\mathrm{d}x}$,称为全导数。

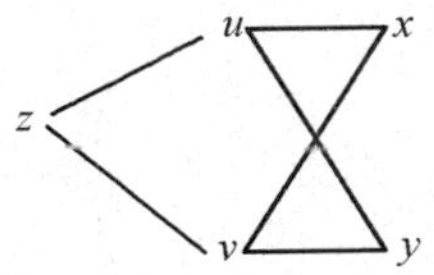

图 5.16

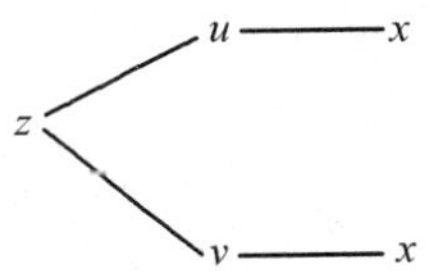

图 5.17

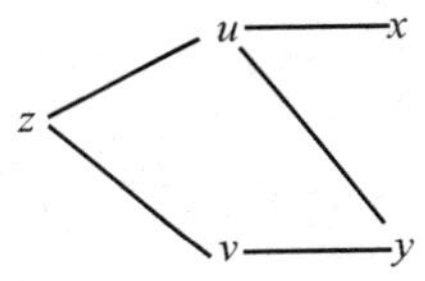

图 5.18

再如$z=f[\varphi(x,y),\psi(y)]$是由$z=f(u,v)$,$u=\varphi(x,y)$和$v=\psi(y)$构成的复合函数,依然可以利用复合关系图 5.18 来求偏导数。从图中可以看到,由z通过中间变量u,v到达x的路径有一条z—u—x,只有一项$\frac{\partial z}{\partial u}\frac{\mathrm{d}u}{\mathrm{d}x}$;由$z$通过中间变量$u,v$到达$y$的

路径有两条，路径 $z—u—y$ 表示$\frac{\partial z}{\partial u}\frac{\mathrm{d}u}{\mathrm{d}y}$，路径 $z—v—y$ 表示$\frac{\partial z}{\partial v}\frac{\mathrm{d}v}{\mathrm{d}y}$。所以

$$\frac{\partial z}{\partial x}=\frac{\partial z}{\partial u}\frac{\partial u}{\partial x}$$

$$\frac{\partial z}{\partial y}=\frac{\partial z}{\partial u}\frac{\partial u}{\partial y}+\frac{\partial z}{\partial v}\frac{\mathrm{d}v}{\mathrm{d}y}$$

2. 二元隐函数的求导法

在一元函数微分学中已经介绍了一元隐函数的求导方法，但是并没有给出隐函数的一般求导公式。现在利用多元复合函数求导法则，就可以得到一元隐函数的一般求导公式，并由它推导得到二元隐函数的求导公式。

设有方程 $F(x,y)=0$，其中 $F(x,y)$ 具有一阶连续偏导数 F'_x，F'_y 且 $F'_y\neq 0$。记该方程所确定的隐函数为 $y=y(x)$，代入 $F(x,y)=0$ 中，可得恒等式 $F(x,y(x))=0$。两边对 x 求导数，由多元复合函数链锁法则可得 $F'_x+F'_y\frac{\mathrm{d}y}{\mathrm{d}x}=0$。由此得到一元隐函数的求导公式为$\frac{\mathrm{d}y}{\mathrm{d}x}=-\frac{F'_x}{F'_y}$。

同样地，设有方程 $F(x,y,z)=0$，其中 $F(x,y,z)$ 有一阶连续偏导数 F'_x，F'_y，F'_z 且 $F'_z\neq 0$。记该方程所确定的隐函数为 $z=z(x,y)$，与一元隐函数求导公式相类似，得到二元隐函数的求偏导数的公式$\frac{\partial z}{\partial x}=-\frac{F'_x}{F'_z}$，$\frac{\partial z}{\partial y}=-\frac{F'_y}{F'_z}$。

【例题精选】

[例 5.21] 设 $z=u^2\ln v$，$u=xy$，$v=3x-2y$，求$\frac{\partial z}{\partial x}$，$\frac{\partial z}{\partial y}$。

解：由于$\frac{\partial z}{\partial u}=2u\ln v$，$\frac{\partial z}{\partial v}=\frac{u^2}{v}$，$\frac{\partial u}{\partial x}=y$，$\frac{\partial u}{\partial y}=x$，$\frac{\partial v}{\partial x}=3$，$\frac{\partial v}{\partial y}=-2$，因此由多元复合函数求导的链锁法可得

$$\frac{\partial z}{\partial x}=\frac{\partial z}{\partial u}\cdot\frac{\partial u}{\partial x}+\frac{\partial z}{\partial v}\cdot\frac{\partial v}{\partial x}=(2u\ln v)\cdot y+\frac{u^2}{v}\cdot 3=2xy^2\ln(3x-2y)+\frac{3x^2y^2}{3x-2y}$$

$$\frac{\partial z}{\partial y}=\frac{\partial z}{\partial u}\cdot\frac{\partial u}{\partial y}+\frac{\partial z}{\partial v}\cdot\frac{\partial v}{\partial y}=(2u\ln v)\cdot x+\frac{u^2}{v}\cdot(-2)=2x^2y\ln(3x-2y)-\frac{2x^2y^2}{3x-2y}$$

[例 5.22] 设 $z=u^v$，$u=\sin(2x+y^3)$，$v=\mathrm{e}^x$，求$\frac{\partial z}{\partial x}$和$\frac{\partial z}{\partial y}$。

解：$\frac{\partial z}{\partial x}=\frac{\partial z}{\partial u}\cdot\frac{\partial u}{\partial x}+\frac{\partial z}{\partial v}\cdot\frac{\mathrm{d}v}{\mathrm{d}x}=vu^{v-1}\cdot 2\cos(2x+y^3)+u^v\ln u\cdot\mathrm{e}^x$

$$=e^x[\sin(2x+y^3)]^{e^x}[2\cot(2x+y^3)+\ln\sin(2x+y^3)]$$

$$\frac{\partial z}{\partial y}=\frac{\partial z}{\partial u}\cdot\frac{\partial u}{\partial y}=vu^{v-1}\cdot 3y^2\cos(2x+y^3)=3y^2e^x[\sin(2x+y^3)]^{e^x}\cot(2x+y^3)$$

[例 5.23]　设 $z=(x^2-y^2)^{xy}$，求 $\frac{\partial z}{\partial x}$ 和 $\frac{\partial z}{\partial y}$。

解：本题可以直接求偏导数，但要使用对数求导法。若引入中间变量，将其看作复合函数来做，则比较简单。令 $z=u^v$，而 $u=x^2-y^2$，$v=xy$，所以

$$\frac{\partial z}{\partial x}=vu^{v-1}\cdot 2x+u^v y\ln u=2x^2y(x^2-y^2)^{xy-1}+y(x^2-y^2)^{xy}\ln(x^2-y^2)$$

$$\frac{\partial z}{\partial y}=vu^{v-1}\cdot(-2y)+u^v x\ln u=-2xy^2(x^2-y^2)^{xy-1}+x(x^2-y^2)^{xy}\ln(x^2-y^2)$$

[例 5.24]　设 $z=f(x+y,xy)$，其中 f 的偏导数都连续，求 $\frac{\partial z}{\partial x},\frac{\partial z}{\partial y},\frac{\partial^2 z}{\partial x\partial y}$。

解：设 $u=x+y$，$v=xy$，则 $z=f(u,v)$，所以

$$\frac{\partial z}{\partial x}=\frac{\partial f}{\partial u}\cdot\frac{\partial u}{\partial x}+\frac{\partial f}{\partial v}\cdot\frac{\partial v}{\partial x}=\frac{\partial f}{\partial u}+y\frac{\partial f}{\partial v}=f'_1+yf'_2$$

$$\frac{\partial z}{\partial y}=\frac{\partial f}{\partial u}\cdot\frac{\partial u}{\partial y}+\frac{\partial f}{\partial v}\cdot\frac{\partial v}{\partial y}=\frac{\partial f}{\partial u}+x\frac{\partial f}{\partial v}=f'_1+xf'_2$$

其中，$f'_1=\frac{\partial f}{\partial u}$ 表示 f 对第一个位置上的中间变量 u 求偏导数；$f'_2=\frac{\partial f}{\partial v}$ 表示 f 对第二个位置上的中间变量 v 求偏导数。这里 f_1,f_2 仍然是以 u,v 为中间变量，以 x,y 为自变量的函数。

$$\frac{\partial^2 z}{\partial x\partial y}=\frac{\partial f'_1}{\partial u}\frac{\partial u}{\partial y}+\frac{\partial f'_1}{\partial v}\frac{\partial v}{\partial y}+f'_2+y\left(\frac{\partial f'_2}{\partial u}\frac{\partial u}{\partial y}+\frac{\partial f'_2}{\partial v}\frac{\partial v}{\partial y}\right)$$

$$=f''_{11}+f''_{12}\cdot x+f'_2+y(f''_{21}+f''_{22}\cdot x)$$

$$=f''_{11}+(x+y)f''_{12}+f'_2+xyf''_{22}$$

式中，$f''_{12}\ \frac{\partial^2 f}{\partial u\partial v}$ 表示 f 先对第一个位置上的中间变量 u 求偏导数，再对第二个位置上的中间变量 v 求偏导数。这种表示方法不依赖于中间变量用什么字母表示，具有通用性。

[例 5.25]　已知函数 $z=f(e^{xy},\varphi(y))$，其中函数 f 具有二阶连续偏导数，函数 φ 具有连续导数，求 $\frac{\partial^2 z}{\partial y^2}$。

解：
$$\frac{\partial z}{\partial y}=f'_1\cdot xe^{xy}+f'_2\cdot\varphi'(y)$$

$$\frac{\partial^2 z}{\partial y^2}=[f''_{11}xe^{xy}+f''_{12}\cdot\varphi'(y)]\cdot xe^{xy}+f'_1\cdot x^2e^{xy}\varphi'(y)f''_{12}+[\varphi'(y)]^2f''_{22}$$

$$\varphi'(y)+f'_2\cdot\varphi''(y)=x^2e^{xy}f'_1+\varphi''(y)f'_2+x^2e^{2xy}f''_{11}+2xe^{xy}\varphi'(y)f''_{12}+[\varphi'(y)]^2f''_{22}$$

[例 5.26] 设 $z=z(x,y)$ 是由方程 $\cos(y+z)+xy+z^2-1$ 确定的函数，求 $\frac{\partial z}{\partial x},\frac{\partial z}{\partial y}$。

解：设 $F(x,y,z)=\cos(y+z)+xy+z^2-1$，则

$F'_x(x,y,z)=y$，　$F'_y(x,y,z)=-\sin(y+z)+x$，　$F'_z(x,y,z)=-\sin(y+z)+2z$

$$\frac{\partial z}{\partial x}=-\frac{F'_x}{F'_z}=-\frac{y}{-\sin(y+z)+2z}=\frac{y}{\sin(y+z)-2z}$$

$$\frac{\partial z}{\partial y}=-\frac{F'_y}{F'_z}=-\frac{-\sin(y+z)+x}{-\sin(y+z)+2z}=\frac{x-\sin(y+z)}{\sin(y+z)-2z}$$

【知识演练】

1. 设 $z=u^v$，$u=3x+y$，$v=x+2y$，求 $\frac{\partial z}{\partial x},\frac{\partial z}{\partial y}$。

2. 设 $z=\frac{u^2}{v}$，$u=x-2y$，$v=5xy$，求 $\frac{\partial z}{\partial x},\frac{\partial z}{\partial y}$。

3. 设 $z=e^{u+v}$，$u=\sin(x+y)$，$v=\ln y$，求 $\frac{\partial z}{\partial x},\frac{\partial z}{\partial y}$。

4. 已知 $z=f(\sin xy^2,e^{5x-y})$，求 $\frac{\partial z}{\partial x},\frac{\partial z}{\partial y}$。

5. 已知 $z=f(3x+2yz,\ln xy)$，求 $\frac{\partial^2 z}{\partial x^2},\frac{\partial^2 z}{\partial x\partial y}$。

6. 设 $z=f\left(x^2,\frac{x}{y}\right)$，其中 f 具有二阶连续偏导数，求 $\frac{\partial z}{\partial x},\frac{\partial^2 z}{\partial x\partial y}$。

7. 已知函数 $z=f(\cos x,y^2)$，其中 $f(u,v)$ 有二阶连续偏导数，求 $\frac{\partial z}{\partial y},\frac{\partial^2 z}{\partial y^2}$。

8. 设 $z=yf(x^2+y^2,xy)$，其中函数 $\cos x+e^y-xy=0$ 具有二阶连续偏导数，求 $\frac{\partial^2 z}{\partial x\partial y}$。

9. 设 $\cos x+e^y-xy=0$，求 $\frac{dy}{dx}$。

10. 设 $x\sin(2x+y^2+yz)=z^2+1$，求 $\frac{\partial z}{\partial x},\frac{\partial z}{\partial y}$。

11. 设 $\frac{x}{z}=e^{y+z}$，求 $\frac{\partial z}{\partial x},\frac{\partial z}{\partial y}$。

5.2.4　全微分

【案例提出】

[案例 5.4]　某企业的成本 C 与甲、乙两种产品的产量 x,y 之间的关系是 $C(x,y)=x^2-xy+3y^2$。若甲的产量从 500 增加到 505，乙的产量从 100 增加到 102，那么成本大约需要增加多少？

案例 5.4 中，如果设 $x_0=500,y_0=100,\Delta x=5,\Delta y=2$，则成本增加量为 $\Delta C=C(x_0+\Delta x,y_0+\Delta y)-C(x_0,y_0)$。问题即为要求 ΔC 的（近似）值。

在一元函数微分学中，我们已经学过一元函数 $y=f(x)$ 的微分 $dy=f'(x)dx$，当 $|\Delta x|$ 很小时，它可以用来近似代替函数增量 Δy，即 $\Delta y\approx dy$。在二元函数中，也有类似的近似替代关系。

【相关知识】

如果二元函数 $z=f(x,y)$ 在点 (x,y) 的某一邻域内有定义，则称 $(x+\Delta x,y+\Delta y)-f(x,y)$ 为函数在点 (x,y) 处的全增量，记作 Δz。

Δz 的结构一般来说比较复杂，因此我们希望如同一元函数一样能用自变量增量 $\Delta x,\Delta y$ 的线性函数来近似代替全增量 Δz，从而引入下面的二元函数全微分的概念。

定义 5.7　设二元函数 $z=f(x,y)$ 在点 (x,y) 的某个邻域内具有连续的偏导数，则称 $\frac{\partial z}{\partial x}\Delta x+\frac{\partial z}{\partial y}\Delta y$ 为二元函数 $z=f(x,y)$ 在点 (x,y) 处的全微分，记作 dz，即 $dz=\frac{\partial z}{\partial x}\Delta x+\frac{\partial z}{\partial y}\Delta y$。

如果二元函数 $z=f(x,y)$ 在点 (x,y) 处的全微分 dz 存在，则称函数 $z=f(x,y)$ 在点 (x,y) 处可微。

通常也称自变量的增量 $\Delta x,\Delta y$ 为自变量的微分，分别记作 dx,dy，即 $\Delta x=dx,\Delta y=dy$，那么二元函数 $z=f(x,y)$ 在点 (x,y) 处的全微分 dz 也可写为

$$dz=\frac{\partial z}{\partial x}dx+\frac{\partial z}{\partial y}dy$$

这里需说明的是，即使二元函数 $z=f(x,y)$ 的偏导数 $\frac{\partial z}{\partial x},\frac{\partial z}{\partial y}$ 在点 (x,y) 处存在，也并不能保证二元函数 $z=f(x,y)$ 在点 (x,y) 处可微，这与一元函数有很大区别。但如果二元函数 $z=f(x,y)$ 的偏导数 $\frac{\partial z}{\partial x},\frac{\partial z}{\partial y}$ 在点 (x,y) 处连续，则二元函数在点 (x,y) 处可微。

【例题精选】

[例 5.27]　求函数 $z=x^3y^2$ 在点 $(-2,3)$ 处当 $\Delta x=0.01,\Delta y=-0.02$ 时的全微分。

解：因为$\frac{\partial z}{\partial x}=3x^2y^2$，$\frac{\partial z}{\partial y}=2x^3y$，所以

$$\left.\frac{\partial z}{\partial x}\right|_{\substack{x=-2\\y=3}}=108,\quad \left.\frac{\partial z}{\partial y}\right|_{\substack{x=-2\\y=3}}=-48$$

当$\Delta x=0.01$，$\Delta y=-0.02$时，有

$$\mathrm{d}z\big|_{\substack{x=-2\\y=3}}=108\Delta x-48\Delta y=108\times 0.01-48\times(-0.02)=2.04$$

［例 5.28］　求函数$z=\cos(2x-3y)$在点$\left(0,\frac{\pi}{2}\right)$处的全微分。

解：因为$\frac{\partial z}{\partial x}=-2\sin(2x-3y)$，$\frac{\partial z}{\partial y}=3\sin(2x-3y)$，所以

$$\mathrm{d}z=-2\sin(2x-3y)\mathrm{d}x+3\sin(2x-3y)\mathrm{d}y$$

在点$\left(0,\frac{\pi}{2}\right)$处的全微分为

$$\mathrm{d}z\big|_{\substack{x=0\\y=\frac{\pi}{2}}}=2\sin\left(-\frac{3\pi}{2}\right)\mathrm{d}x+3\sin\left(-\frac{3\pi}{2}\right)\mathrm{d}y$$

［例 5.29］　设$\frac{x}{z}=2\ln\frac{z}{y}$，求$\mathrm{d}z$。

解：设$F(x,y,z)=\frac{x}{z}-2\ln\frac{z}{y}=\frac{x}{z}-2\ln z+2\ln y$，则

$$F'_x=\frac{1}{z},\quad F'_y=\frac{2}{y},\quad F'_z=-\frac{x}{z^2}-\frac{2}{z}=-\frac{x+2z}{z^2}$$

所以

$$\frac{\partial z}{\partial x}=-\frac{F'_x}{F'_z}=-\frac{\frac{1}{z}}{-\frac{x+2x}{z^2}}=\frac{z}{x+2z},\quad \frac{\partial z}{\partial y}=-\frac{F'_y}{F'_z}=-\frac{\frac{2}{y}}{-\frac{x+2z}{z^2}}=\frac{2z^2}{y(x+2z)}$$

因此$\mathrm{d}z=\frac{z}{x+2z}\mathrm{d}x+\frac{2z^2}{y(x+2z)}\mathrm{d}y$。

【知识应用】

与一元函数的微分一样，可以利用全微分进行近似计算。当$\frac{\partial z}{\partial x}$，$\frac{\partial z}{\partial y}$在点$P_0(x_0,y_0)$处存在且连续，$|\Delta x|$和$|\Delta y|$都很小时，$z=f(x,y)$在$(x_0,y_0)$处的全增量$\Delta z$与全微分$\mathrm{d}z$之间有近似计算公式$\Delta z\approx \mathrm{d}z$，于是

$$\Delta z=f(x_0+\Delta x,y_0+\Delta y)-f(x_0,y_0)\approx f'_x(x_0,y_0)\Delta x+f'_y(x_0,y_0)\Delta y$$

或

$$\Delta z=f(x_0+\Delta x,y_0+\Delta y)\approx f(x_0,y_0)+f'_x(x_0,y_0)\Delta x+f'_y(x_0,y_0)\Delta y$$

[**例 5.30**] 某企业的成本 C 与甲、乙两种产品的产量 x,y 之间的关系是 $C(x,y)=x^2-xy+3y^2$,若甲的产量从 500 增加到 505,乙的产量从 100 增加到 102,那么成本大约需要增加多少?

解:$\Delta C\approx \mathrm{d}C=\frac{\partial C}{\partial x}\Delta x+\frac{\partial C}{\partial y}\Delta y=(2x-y)\Delta x+(6y-x)\Delta y$。

由题意,$x=500,y=100,\Delta x=5,\Delta y=2$ 所以

$$\Delta C\approx(2\times 500-100)\times 5+(6\times 100-500)\times 2=4\ 700$$

即成本大约需要增加 4 700。

【知识演练】

1. 求下列函数的全微分:

(1)$z=xy+\frac{y}{x}$;　　(2)$z=\ln(3x-2y)$;　　(3)$z=\frac{y}{1+x^2}$;

(4)$z=\mathrm{e}^{\cos x}\tan y$;　　(5)$z=x^y$;　　(6)$z=\mathrm{e}^{\sin xy}$。

2. 计算函数 $z=x^2\mathrm{e}^{y^2}$ 在点(2,1)处的全微分。

3. 设函数 $z=z(x,y)$ 由方程 $xyz^2-x^3+y^2+z=0$ 所确定,求 $\mathrm{d}z$。

5.3　偏导数的应用

本节以二元函数为例,讨论偏导数在求多元函数的极值和最值中的应用,以及偏导数在经济分析中的应用。

5.3.1　多元函数的极值和最值

【案例提出】

[**案例 5.5**] 某超市卖两种饮料,甲种饮料进价为每瓶 2 元,乙种饮料进价为每瓶 3 元。如果甲种饮料每瓶卖 x 元,乙种饮料每瓶卖 y 元,则每天可卖出 $8-5x+4y$ 瓶甲种饮料,$5+6x-7y$ 瓶乙种饮料。问:超市每天以什么价格卖两种饮料可取得最大利润?

由题意可知,店主每天的利润是受这两种饮料价格影响的。若设利润为 L,则

$$L=(x-2)(8-5x+4y)+(y-3)(5+6x-7y)$$

求最大利润也就是求该二元函数的最大值。

【相关知识】

1. 多元函数的极值的定义

定义 5.8 设函数$f(x,y)$在点(x_0,y_0)的某邻域内有定义,对于该邻域内异于(x_0,y_0)的点(x,y)有:

(1)如果不等式$f(x,y)<f(x_0,y_0)$恒成立,则称$f(x_0,y_0)$为函数$f(x,y)$的极大值,点(x_0,y_0)为函数$f(x,y)$的极大值点;

(2)如果不等式$f(x,y)>f(x_0,y_0)$恒成立,则称$f(x_0,y_0)$为函数$f(x,y)$的极小值,点(x_0,y_0)为函数$f(x,y)$的极小值点。

极大值、极小值统称为极值,极大值点、极小值点统称为极值点。

例如,函数$z=x^2+2y^2$在点$(0,0)$处有极小值$f(0,0)=0$,函数$z=-\sqrt{x^2+y^2}$在点$(0,0)$处有极大值$f(0,0)=0$。

对于一个给定的二元函数,如何去寻找它的极值点呢?下面给出有关二元函数极值的两个定理,使得我们可以利用二元函数的一阶和二阶偏导数来求解二元函数的极值问题。

2. 极值存在的必要条件

定理 5.3(极值存在的必要条件) 设函数$f(x,y)$在点(x_0,y_0)处的两个偏导数存在,且点(x_0,y_0)为其极值点,则它在该点处的一阶偏导数必然为0,即$f'_x(x_0,y_0)=0$,且$f'_y(x_0,y_0)=0$。

和一元函数一样,我们把二元函数$z=f(x,y)$的一阶偏导数$f'_x(x_0,y_0)=f'_y(x_0,y_0)=0$的点$(x_0,y_0)$称为二元函数$f(x,y)$的驻点。

3. 极值存在的充分条件

由定理5.3可知,在偏导数存在的条件下,极值点必定是驻点;但是反过来,驻点不一定是极值点。例如,对于函数$z=xy$,点$(0,0)$是它的驻点,但该函数在点$(0,0)$处没有极值。那么,如何判断一个驻点是否是极值点呢?有如下定理:

定理 5.4(极值存在的充分条件) 设函数$z=f(x,y)$在点(x_0,y_0)的某邻域内有连续的一阶和二阶偏导数,点(x_0,y_0)是函数的驻点。记$A=f''_{xx}(x_0,y_0)$,$B=f''_{xy}(x_0,y_0)$,$C=f''_{yy}(x_0,y_0)$,判别式$\Delta=B^2-AC$,有:

(1)如果$\Delta<0$,则$f(x,y)$在点(x_0,y_0)处取得极值,且当$A>0$时取得极小值,当$A<0$时取得极大值;

(2)如果$\Delta>0$,则$f(x,y)$在点(x_0,y_0)处不能取得极值;

(3)如果$\Delta=0$,则$f(x,y)$在点(x_0,y_0)是否取得极值无法判定。

4. 多元函数极值的求法

如果$f(x,y)$具有二阶连续偏导数,则可按下列步骤求解极值:

(1)求出$f(x,y)$的一阶偏导数,解方程组$\begin{cases} f'_x(x,y)=0 \\ f'_y(x,y)=0 \end{cases}$,求出$f(x,y)$的全部驻点;

(2)求出$f(x,y)$的二阶偏导数;

(3)对于每个驻点,求出相应的二阶偏导数的值A,B,C;

(4)确定$\Delta=B^2-AC$的符号,由极值存在的充分条件判定是否取得极值。

在这里说明一点:当函数的驻点较多时,采用列表的方式判定极值较为简便。

5. 多元函数最值的求法

与一元函数类似,可以利用函数的极值来求函数的最值。在 5.1 节中已经指出,如果$f(x,y)$在有界闭区域D上连续,则$f(x,y)$在D上必定能取得最大值和最小值。这种使函数取得最值的点既可能在D的内部,也可能在D的边界上。若函数在D的内部取得最大值(最小值),则这个最大值(最小值)也是函数的极大值(极小值)。

在求解实际问题中的二元函数的最值时,如果由问题的本身性质可以断定函数$f(x,y)$的最大值(或最小值)一定能在区域D内取到,而函数$f(x,y)$在区域D内可微,且只有唯一一个驻点,则该驻点处的函数值即为最大值(或最小值)。

【例题精选】

[例 5.31]　求函数$f(x,y)=x^3+y^3-6xy$的极值。

解:$f(x,y)=x^3+y^3-6xy$,故$f'_x(x,y)=3x^2-6y$,$f'_y(x,y)=3y^2-6x$。

于是$A=f''_{xx}(x,y)=6x$,$B=f''_{xy}(x,y)=-6$,$C=f''_{yy}(x,y)=6y$。

根据方程组$\begin{cases} f'_x(x,y)=3x^2-6y=0 \\ f'_y(x,y)=3y^2-6x=0 \end{cases}$可解得该函数的驻点为$(0,0)$,$(2,2)$。

对于点$(0,0)$,因为$A=0,B=-6,C=0$,有$B^2-AC=(-6)^2-0=36>0$,所以$f(x,y)$在点$(0,0)$处不能取得极值(表 5.1)。

对于点$(2,2)$,因为$A=12,B=-6,C=12$,有$B^2-AC=(-6)^2-12^2=-108<0$且$A=12>0$,所以$f(x,y)$在点$(2,2)$处取得极小值,且极小值为$f(2,2)=-8$。

本题也可以用列表的方式来判定极值(表 5.1):

表 5.1

驻点	A	B	C	$\Delta=B^2-AC$	判定结果
(0,0)	0	−6	0	36	$f(0,0)$不是极值
(2,2)	12	−6	12	−108	$f(2,2)=-8$ 为极小值

[**例 5.32**]　求 $f(x,y)=x^3-y^3+3x^2+3y^2-9x$ 的极值。

解：$f'_x(x,y)=3x^2+6x-9$，$f'_y(x,y)=-3y^2+6y$，

$f''_{xx}(x,y)=6x+6$，$f''_{xy}(x,y)=0$，$f''_{yy}(x,y)=-6y+6$。

由方程组 $\begin{cases} f'_x(x,y)=3x^2+6x-9=0, \\ f'_y(x,y)=-3y^2+6y=0, \end{cases}$ 得驻点(1,0)，(1,2)，(−3,0)，(−3,2)。

列表判定极值点(表 5.2)。

表 5.2

驻点	A	B	C	$\Delta=B^2-AC$ 的符号	结论
(1,0)	12	0	6	−	极小值 $f(1,0)=-5$
(1,2)	12	0	−6	+	$f(1,2)$不是极值
(−3,0)	−12	0	6	+	$f(-3,0)$不是极值
(−3,2)	−12	0	−6	−	极大值 $f(-3,2)=31$

[**例 5.33**]　某超市卖两种饮料，甲种饮料进价为每瓶 2 元，乙种饮料进价为每瓶 3 元。如果甲种饮料每瓶卖 x 元，乙种饮料每瓶卖 y 元，则每天可卖出 $8-5x+4y$ 瓶甲种饮料，$5+6x-7y$ 瓶乙种饮料。问：超市每天以什么价格卖两种饮料可取得最大利润？

解：由题意可知

$$L(x,y)=(x-2)(8-5x+4y)+(y-3)(5+6x-7y)$$

于是有方程组 $\begin{cases} L'_x=-10x+10y=0 \\ L'_y=10x-14y+18=0 \end{cases}$，解得驻点为 $\left(\dfrac{9}{2},\dfrac{9}{2}\right)$，由问题的实际意义可知，函数 $L(x,y)$ 当 $x>0,y>0$ 时确有最大值，而函数 $L(x,y)$ 只有一个驻点，所以此驻点即为最大值点，即当两种饮料都卖 $\dfrac{9}{2}$ 元时，可取得最大利润。

【知识演练】

1. 求函数 $f(x,y)=(x-2)(8-5x+4y)+(y-3)(5+6x-7y)$ 的极值。

2. 求函数 $f(x,y)=2(x-y)-x^2-y^2$ 的极值。

3. 求函数 $f(x,y)=(x^2-2x)(y^2-8y)$ 的极值。

4. 求函数 $f(x,y)=-6xy+2x^3+y^3$ 的极值。

5. 某工厂生产甲、乙两种食品，生产成本分别为每千克 2 元和每千克 5 元，售价分别为 P_1 元和 P_2 元，若需求量分别为 $Q_1=24-0.2P_1$（单位：千克）和 $Q_2=10-0.05P_2$（单位：千克），且成本函数为 $C=35+40(Q_1+Q_2)$（单位：元），试问：P_1,P_2 分别为多少时可取得最大利润？最大利润为多少？

5.3.2　条件极值——拉格朗日乘数法

【案例提出】

日常生活中，人们常常碰到如何分配定量的钱来购买两种物品的问题，由于钱数固定，因此购买其中一种物品较多时，另一种物品势必要少买。那如何分配才能达到最满意的效果呢？经济学家借助"效用函数"来解决这一问题。所谓效用函数，就是描述人们同时购买两种产品的量分别为 x,y 时满意程度的函数。常见的形式有 $U(x,y)=x^\alpha+y^\beta$，$U(x,y)=\ln x+\ln y$，$U(x,y)=Ax^\alpha y^\beta$ 等。当效用函数达到最大值时，人们购物分配的方案最佳。

［**案例 5.6**］　小明有 200 元，他决定用来购买两种急需用品，数量分别为 x,y，两种用品的单价分别为 10 和 16，效用函数为 $U(x,y)=\ln x+\ln y$，问 x,y 分别为多少时，小明的满意程度最大？

【相关知识】

1. 无条件极值与条件极值

在讨论极值问题时，如果对于函数 $f(x,y)$ 除了限制自变量 x,y 在其定义域内变化之外，再无其他任何限制，则称这种极值为无条件极值。但在实际应用中，遇到的极值问题常常还附加一些条件，称这种有附加条件的极值为条件极值，附加的条件称为约束条件。

2. 条件极值的求法——拉格朗日乘数法

拉格朗日乘数法用来寻求函数 $f(x,y)$ 在约束条件 $\varphi(x,y)=0$ 下的可能极值点，其具体步骤如下：

（1）构造辅助函数 $F(x,y,\lambda)=f(x,y)+\lambda\varphi(x,y)$，称其为拉格朗日函数，其中 λ 为参数，称为拉格朗日乘数；

(2)解方程组 $\begin{cases} F'_x=f'_x(x,y)+\lambda\varphi'_x(x,y)=0 \\ F'_y=f'_y(x,y)+\lambda\varphi'_y(x,y)=0 \\ F'_\lambda=\varphi(x,y)=0 \end{cases}$，得 $F(x,y,\lambda)$ 的驻点 (x_0,y_0,λ_0)；

(3)根据实际意义判定 (x_0,y_0) 是否是 $z=f(x,y)$ 在约束条件 $\varphi(x,y)=0$ 下的极值点。

这种求条件极值的方法可以推广到自变量有两个以上及约束条件多于一个的情形。

【例题精选】

[**例 5.34**]　存在一个表面积一定的长方体，问其边长为多少时体积最大？

解：设长方体的体积为 V，表面积为 $2a$，各边长为 x,y,z，则 $xy+xz+yz=a$，$V=xyz$。

设 $F(x,y,z,\lambda)=xyz+\lambda(xy+xz+yz-a)$，令

$$\begin{cases} F'_x=yz+\lambda(y+z)=0 \\ F'_y=xz+\lambda(x+z)=0 \\ F'_z=xy+\lambda(x+y)=0 \\ F'_\lambda=xy+xz+yz=a \end{cases}$$

解得驻点 $x=y=z=\frac{\sqrt{3}}{3}a$（唯一）。

由题设可知最大值是存在的，所以当 $x=y=z=\frac{\sqrt{3}}{3}a$ 时，体积最大。

[**例 5.35**]　某企业生产一种产品，两种要素的投入量分别为 x,y，两种要素的单价分别为 50 元和 20 元，生产函数为 $Q=100xy$。现企业打算投入两种要素共 10 000 元，问如何安排生产才能使产量达到最高？最高产量为多少？

解：由题意，投入成本为 $50x+20y=10\ 000$，所以本题是求在 $5x+2y=1\ 000$ 的条件下 $Q=100xy$ 达到最大的条件极值问题。

设 $F(x,y,\lambda)=100xy+\lambda(5x+2y-1\ 000)$。

解方程组 $\begin{cases} F'_x=100y+5\lambda=0 \\ F'_y=100x+2\lambda=0 \\ F'_\lambda=5x+2y-1\ 000=0 \end{cases}$，得 $\begin{cases} x=100 \\ y=250 \\ \lambda=-5\ 000 \end{cases}$。

根据问题的实际意义，当两种要素的投入量分别为 100 和 250 时，产品的产量最高，最高产量为

$$Q=100\times100\times250=2\ 500\ 000$$

［例 5.36］　小明有 200 元，他决定用来购买两种急需用品，数量分别为 x,y，两种用品的单价分别是 10 和 20，效用函数是 $U(x,y)=\ln x+\ln y$，问 x,y 分别为多少时，小明的满意程度最大？

解：由题意，总消费额为 $10x+20y=200$，本题是求在 $x+2y=20$ 的条件下 $U(x,y)=\ln x+\ln y$ 达到最大的条件极值问题。

设 $F(x,y,\lambda)=\ln x+\ln y+\lambda(x+2y-20)$。

解方程组 $\begin{cases}F'_x=\dfrac{1}{x}+\lambda=0\\ F'_y=\dfrac{1}{y}+2\lambda=0\\ F'_\lambda=x+2y-20=0\end{cases}$，得 $\begin{cases}x=10\\ y=5\\ \lambda=-\dfrac{1}{10}\end{cases}$。

根据问题的实际意义可知，当 $x=10,y=5$ 时，小明的满意程度最大。

【知识应用】

［例 5.37］　设某企业在两个相互分割的市场上出售同一种商品，两个市场的需求函数分别是 $Q_1=9-\dfrac{P_1}{2}$，$Q_2=12-P_2$，其中 P_1 和 P_2 分别表示该商品在两个市场上的价格（单位：万元/t），Q_1 和 Q_2 分别表示该商品在两个市场上的销售量（即需求量，单位：t），该企业生产该商品的总成本函数是 $C=2Q+5(Q=Q_1+Q_2)$。

（1）如果该企业实行价格差别策略，试确定两个市场上该商品的销售量和价格，使得该企业获得最大利润；

（2）如果该企业实行价格无差别策略，试确定两个市场上该商品的销售量及其统一价格，使得该企业获得最大利润，并比较两种策略下的总利润大小。

解：（1）总利润函数

$$L=R-C=P_1Q_1+P_2Q_2-(2Q+5)$$

$$=-\frac{P_1{}^2}{2}-P_2^2+10P_1+14P_2-47$$

解方程组 $\begin{cases}\dfrac{\partial L}{\partial P_1}=-P_1+10=0\\ \dfrac{\partial L}{\partial P_2}=-2P_2+14=0\end{cases}$，得 $\begin{cases}P_1=10\\ P_2=7\end{cases}$（唯一）。

实际问题一定存在最大值，所以，当 $P_1=10$，$P_2=7$ 时，该企业获得最大利润 $L=52$ 万元。

（2）实行价格无差别策略，则 $P_1=P_2$，即有约束条件 $P_1-P_2=0$。设拉格朗日函数

$$L(P_1,P_2,\lambda)=-\frac{P_1^{\ 2}}{2}-P_2^2+10P_1+14P_2-47+\lambda\geqslant P_1-P_2$$

解方程组$\begin{cases}\dfrac{\partial L}{\partial P_1}=-P_1+10+\lambda=0\\ \dfrac{\partial L}{\partial P_2}=-2P_2+14-\lambda=0\\ \dfrac{\partial L}{\partial\lambda}=P_1-P_2=0\end{cases}$,得 $P_1=P_2=8$(唯一)。

根据问题的实际意义可知,当 $P_1=P_2=8$ 时,该企业获得最大利润 $L=49$ 万元。所以,企业实行价格差别策略所得利润大。

【知识演练】

1. 某公司通过电台及报刊两种方式做某种产品的推销广告。根据统计资料可知:销售收入 R(单位:万元)与电台广告费 x(单位:万元)、报刊广告费 y(单位:万元)的关系为

$$R(x,y)=15+14x+32y-8xy-2x^2-10y^2$$

(1)在不限制广告费用时,求最佳广告策略;

(2)若提供的广告费用为 1.5 万元,求相应的最佳广告策略。

2. 设某消费者的效用函数为 $U(x,y)=x^{\frac{1}{2}}y$,其中 x 是甲商品的数量,y 是乙商品的数量。若甲、乙两种商品的单价分别为 $P_x=1,P_y=4$,消费者的可支配收入为48,问当 x,y 为多少时,消费者的效用函数值达到最大?

5.4 偏导数在经济分析中的应用

与一元经济函数边际分析和弹性分析类似,多元函数的偏边际和偏弹性在经济学中也有广泛的应用。

【案例提出】

[案例 5.7] 设生产者投入劳动量 L,投入资本量 K,生产函数为 $Q=AK^{\alpha}L^{1-\alpha}$,其中常数 $A>0,0<\alpha<1$。固定 K 时,在投入劳动量 L 的基础上,再多投入一个单位劳动量,产出怎么改变,改变多少?若再多投入1%的劳动量,产出又怎么改变,改变多少?

【相关知识】

1. 偏边际

定义 5.9 设函数 $z=f(x,y)$ 是可导的,那么导函数 $f'_x(x,y)$ 和 $f'_y(x,y)$ 在经济学

中也称为偏边际函数。

若有甲、乙两种商品彼此相关，那么甲、乙的需求量 Q_1, Q_2 分别是两种商品的价格 P_1, P_2 的函数，即 $Q_1=f(P_1,P_2)$，$Q_2=g(P_1,P_2)$，可以求得四个偏导数：$\frac{\partial Q_1}{\partial P_1}$，$\frac{\partial Q_1}{\partial P_2}$，$\frac{\partial Q_2}{\partial P_1}$，$\frac{\partial Q_2}{\partial P_2}$。

$\frac{\partial Q_1}{\partial P_1}$是甲商品需求量 Q_1 关于自身价格 P_1 的偏边际需求，表示甲商品的价格 P_1 发生变化时，甲商品需求量 Q_1 的变化率。它的经济意义是：当乙商品的价格 P_2 固定时，甲商品的价格变化一个单位时，甲商品的需求量的近似改变量。$\frac{\partial Q_1}{\partial P_2}$表示甲商品的需求量 Q_1 关于乙商品的价格 P_2 的偏边际需求，表示乙商品的价格 P_2 发生变化时，甲商品需求量 Q_1 的变化率。它的经济意义是：当甲商品的价格 P_1 固定时，乙商品的价格变化一个单位时，甲商品的需求量的近似改变量。

类似地，$\frac{\partial Q_2}{\partial P_1}$表示乙商品的需求量关于甲商品的价格 P_1 的偏边际需求，$\frac{\partial Q_2}{\partial P_2}$表示乙商品的需求量关于乙商品的价格 P_2 的偏边际需求。

正常情况下，若甲商品价格 P_1 提高，甲商品的需求量 Q_1 会减少；若乙商品价格 P_2 提高，乙商品的需求量 Q_2 会减少。所以$\frac{\partial Q_1}{\partial P_1}<0$，$\frac{\partial Q_1}{\partial P_2}<0$，而$\frac{\partial Q_1}{\partial P_2}$，$\frac{\partial Q_2}{\partial P_1}$则可正可负。

经济学上，对$\frac{\partial Q_1}{\partial P_2}$，$\frac{\partial Q_2}{\partial P_1}$的正负情况有如下定义：

①若$\frac{\partial Q_1}{\partial P_2}>0$，$\frac{\partial Q_2}{\partial P_1}>0$，说明甲、乙两种商品中任意一种商品的价格提高，都将使另一种商品的需求量相应增加，这时称甲、乙两种商品为替代品。例如，牛奶和羊奶这两种相关产品，如果羊奶价格降低，羊奶的需求量就会增加，而牛奶的需求量就会减少。

②若$\frac{\partial Q_1}{\partial P_2}<0$，$\frac{\partial Q_2}{\partial P_1}<0$，说明甲、乙两种商品中任意一种商品的价格提高，都将使另一种商品的需求量相应减少，这时称甲、乙两种商品为互补品。例如，汽车和汽油这两种相关产品，如果汽车的价格提高，不仅汽车的需求量减少，相应的汽油的需求量也将减少。

2. 偏弹性

一元需求函数的价格弹性主要用来度量价格变化时引起需求的反应程度，即当价格变化1%时,需求量变化的百分数。对于二元乃至二元以上的需求函数来说,同样需要考虑类似问题。

定义5.10 设函数$z=f(x,y)$在(x,y)处存在偏导数,函数对x的相对改变量$\frac{\Delta_x z}{z}=\frac{f(x+\Delta x,y)-f(x,y)}{f(x,y)}$与自变量$x$的相对改变量$\frac{\Delta x}{x}$之比$\frac{\frac{\Delta_x z}{z}}{\frac{\Delta x}{x}}$,称为函数$f(x,y)$关于$x$在$x$与$x+\Delta x$两点间的偏弹性。而极限$\lim\limits_{\Delta x\to 0}\frac{\frac{\Delta_x z}{z}}{\frac{\Delta x}{x}}$称为函数$f(x,y)$在点$(x,y)$处关于$x$的偏弹性,记为$\frac{Ez}{Ex}$,即$\frac{Ez}{Ex}=\lim\limits_{\Delta x\to 0}\frac{\frac{\Delta_x z}{z}}{\frac{\Delta x}{x}}=\frac{x}{z}\lim\limits_{\Delta x\to 0}\frac{\Delta_x z}{\Delta x}=\frac{x}{z}\frac{\partial z}{\partial x}$。

商品的需求函数为$Q=f(P,R)$,其中Q表示需求量,P表示商品的价格,R表示消费者的收入。当商品的价格P保持不变,消费者的收入R变化时,称$\frac{EQ}{ER}$为需求量Q关于收入R的偏弹性,$\frac{EQ}{ER}=\lim\limits_{\Delta R\to 0}\frac{\frac{\Delta_R Q}{Q}}{\frac{\Delta R}{R}}=\frac{R}{Q}\cdot\frac{\partial Q}{\partial R}$。它的经济意义是:当商品的价格$P$固定,消费者的收入$R$变化1%时,商品的需求量$Q$变化的百分数,表示商品的需求量对收入变化的敏感程度。

$\frac{EQ}{ER}>0$,表示随着消费者收入的增加,商品的需求量增加,说明该商品是正常商品。

$\frac{EQ}{ER}<0$,表示随着消费者收入的增加,商品的需求量减少,说明该商品是低档商品或劣质品。

设甲、乙两种商品的需求量函数为$Q_1=f(P_1,P_2)$,$Q_2=g(P_1,P_2)$,当商品乙的价格P_2保持不变,商品甲的价格P_1变化时,称$\frac{EQ_1}{EP_1}=\lim\limits_{\Delta P_1\to 0}\frac{\frac{\Delta_{P_1} Q}{Q_1}}{\frac{\Delta P_1}{P_1}}=\frac{P_1}{Q_1}\cdot\frac{\partial Q_1}{\partial P_1}$为需求量$Q_1$关于自身价格$P_1$的直接价格偏弹性。它的经济意义是:商品甲、乙的价格在某个水平上,当

乙商品的价格 P_2 固定,甲商品的价格 P_1 改变 1%时,甲商品的需求量 Q_1 改变的百分数,它反映了在 P_2 保持不变的情况下,需求量 Q_1 对自身价格 P_1 变化的灵敏程度。

称 $\frac{EQ_2}{EP_1}=\lim\limits_{\Delta P_1\to 0}\frac{\frac{\Delta_{P_1}Q_2}{Q_2}}{\frac{\Delta P_1}{P_1}}=\frac{P_1}{Q_2}\cdot\frac{\partial Q_2}{\partial P_1}$ 为需求量 Q_2 关于价格 P_1 的交叉价格偏弹性。它的经济意义是:商品甲、乙的价格在某个水平上,当乙商品的价格 P_2 固定,甲商品的价格 P_1 改变 1%时,乙商品的需求量 Q_2 改变的百分数,它反映了在 P_2 保持不变的情况下,需求量 Q_2 对另一商品价格 P_1 变化的灵敏程度。

类似地,可定义甲、乙商品的需求量 Q_1,Q_2 关于乙商品的价格 P_2 的交叉价格偏弹性 $\frac{EQ_1}{EP_2}=\frac{P_2}{Q_1}\cdot\frac{\partial Q_1}{\partial P_2}$,直接价格偏弹性 $\frac{EQ_2}{EP_2}=\frac{P_2}{Q_2}\cdot\frac{\partial Q_2}{\partial P_2}$。

若 $\frac{EQ_1}{EP_2}<0$,则商品甲的需求对商品乙的交叉价格偏弹性是负数,说明当甲商品的价格 P_1 不变,乙商品的价格 P_2 上升时,甲商品的需求量 Q_1 相应减少。

若 $\frac{EQ_1}{EP_2}>0$,则商品甲的需求对商品乙的交叉价格偏弹性是正数,说明当甲商品的价格 P_1 不变,乙商品的价格 P_2 上升时,甲商品的需求量 Q_1 相应增加。

若 $\frac{EQ_1}{EP_2}>0,\frac{EQ_2}{EP_1}>0$,则 $\frac{\partial Q_1}{\partial P_2}>0,\frac{\partial Q_2}{\partial P_1}>0$,说明甲、乙两种商品为替代品,可以相互取代。

若 $\frac{EQ_1}{EP_2}<0,\frac{EQ_2}{EP_1}<0$,则 $\frac{\partial Q_1}{\partial P_2}<0,\frac{\partial Q_2}{\partial P_1}<0$,说明甲、乙两种商品为互补品,是相互依赖的。

【例题精选】

[例 5.38]　某商品关于本身价格 P_1 和相关产品价格 P_2 的需求函数为 $Q=400-10P_1+25P_2$,求 $P_1=20,P_2=24$ 时,商品的交叉价格弹性。

解:$\frac{EQ}{EP_2}=\frac{P_2}{Q}\frac{\partial Q}{\partial P_2}=\frac{P_2}{400-10P_1+25P_2}\times 25=\frac{24}{400-200+600}\times 25=0.75$。

所以 $P_1=20,P_2=24$ 时,商品的交叉价格弹性为 0.75。

[例 5.39]　给定生产函数 $Q=12L^{\frac{1}{3}}K^{\frac{2}{3}}$,其中投入劳动量为 L,投入资本量为 K,求 $L=8,K=16$ 时的边际产量及产出关于投入要素的偏弹性,并给出经济解释。

解:$L=8,K=16$ 时,劳动投入的边际产量为 $MP_L=4L^{-\frac{2}{3}}K^{\frac{2}{3}}\big|_{(8,16)}=4\sqrt[3]{4}$。

$L=8,K=16$ 时,资本投入的边际产量为 $MP_K=8L^{\frac{1}{3}}K^{-\frac{1}{3}}\big|_{(8,16)}=4\sqrt[3]{4}$。

可见,在投入资本量保持 16 单位不变的情形下,生产者在投入劳动量 8 单位的基础上,再多投入 1 单位劳动量时,产量增加约 $4\sqrt[3]{4}$ 单位;在投入劳动量保持 8 单位不变的情形下,生产者在投入资本量 16 单位的基础上,再多投入 1 单位资本量时,产量增加约 $4\sqrt[3]{4}$ 单位。

$L=8,K=16$ 时,产出关于劳动投入的偏弹性为

$$\left.\frac{EQ}{EL}\right|_{(8,16)}=\frac{L}{Q}\cdot\left.\frac{\partial Q}{\partial L}\right|_{(8,16)}=\frac{L}{12L^{\frac{1}{3}}K^{\frac{2}{3}}}\cdot 8L^{-\frac{2}{3}}K^{\frac{2}{3}}\Big|_{(8,16)}=\frac{1}{3}\approx 0.33$$

$L=8,K=16$ 时,产出关于资本投入的偏弹性为

$$\left.\frac{EQ}{EK}\right|_{(8,16)}=\frac{K}{Q}\cdot\left.\frac{\partial Q}{\partial K}\right|_{(8,16)}=\frac{K}{12L^{\frac{1}{3}}K^{\frac{2}{3}}}\cdot 8L^{\frac{1}{3}}K^{-\frac{1}{3}}\Big|_{(8,16)}=\frac{2}{3}\approx 0.67$$

可见,在投入资本量保持 16 单位不变的情形下,生产者在投入劳动量 8 单位的基础上,劳动量改变 1%时,引起产量同向变动 0.33%;在投入劳动量保持 8 单位不变的情形下,生产者在投入资本量 16 单位的基础上,资本量改变 1%时,引起产量同向变动 0.67%。

[例 5.40] 已知两种商品的需求函数分别为 $Q_1=a_1P_1+a_2P_2+a_3$,$Q_2=b_1P_1+b_2P_2+b_3$,当参数 a_1,a_2,b_1,b_2 满足什么条件时,这两种商品分别是替代品和互补品?

解:先求两种商品的偏边际需求函数:

$$\frac{\partial Q_1}{\partial P_1}=a_1,\quad \frac{\partial Q_1}{\partial P_2}=a_2,\quad \frac{\partial Q_2}{\partial P_1}=b_1,\quad \frac{\partial Q_2}{\partial P_2}=b_2$$

由经济意义可知,$a_1<0,b_2<0$。

当 $a_2>0,b_1>0$ 时,这两种商品是替代品;当 $a_2<0,b_1<0$ 时,这两种商品是互补品。

[例 5.41] 已知两种商品的需求函数分别为 $Q_1=300P_1^{-\frac{1}{3}}P_2^{\frac{1}{2}}$,$Q_2=600P_1^{\frac{1}{6}}P_2^{-\frac{1}{4}}$,求需求量 Q_1,Q_2 在 $P_1=64,P_2=81$ 时,关于价格 P_1,P_2 的价格偏弹性,此时这两种商品是替代品还是互补品?

解:先求两种商品的偏边际需求函数:

$$\frac{\partial Q_1}{\partial P_1}=-100P_1^{-\frac{4}{3}}P_2^{\frac{1}{2}},\quad \frac{\partial Q_1}{\partial P_2}=150P_1^{-\frac{1}{3}}P_2^{-\frac{1}{2}}$$

$$\frac{\partial Q_2}{\partial P_1}=100P_1^{-\frac{5}{6}}P_2^{-\frac{1}{4}},\quad \frac{\partial Q_2}{\partial P_2}=-125P_1^{\frac{1}{6}}P_2^{-\frac{5}{4}}$$

当 $P_1=64,P_2=81$ 时,$Q_1=675,Q_2=400$,有

$$\frac{\partial Q_1}{\partial P_1}=-\frac{225}{64},\quad \frac{\partial Q_1}{\partial P_2}=\frac{25}{6},\quad \frac{\partial Q_2}{\partial P_1}=\frac{25}{24},\quad \frac{\partial Q_2}{\partial P_2}=-\frac{250}{243}$$

两种商品的需求量关于价格的直接价格偏弹性分别为

$$\left.\frac{EQ_1}{EP_1}\right|_{(64,81)}=\left.\frac{P_1}{Q_1}\cdot\frac{\partial Q_1}{\partial P_1}\right|_{(64,81)}=\frac{64}{675}\times\left(-\frac{225}{64}\right)=-\frac{1}{3}$$

$$\left.\frac{EQ_2}{EP_2}\right|_{(64,81)}=\left.\frac{P_2}{Q_2}\cdot\frac{\partial Q_2}{\partial P_2}\right|_{(64,81)}=\frac{81}{400}\times\left(-\frac{250}{243}\right)=-\frac{5}{24}$$

两种商品的需求量关于价格的交叉价格偏弹性分别为

$$\left.\frac{EQ_1}{EP_2}\right|_{(64,81)}=\left.\frac{P_2}{Q_1}\cdot\frac{\partial Q_1}{\partial P_2}\right|_{(64,81)}=\frac{81}{675}\times\left(\frac{25}{6}\right)=\frac{1}{2}$$

$$\left.\frac{EQ_1}{EP_2}\right|_{(64,81)}=\left.\frac{P_1}{Q_2}\cdot\frac{\partial Q_2}{\partial P_1}\right|_{(64,81)}=\frac{64}{400}\times\left(\frac{25}{24}\right)=\frac{1}{6}$$

由于$\frac{EQ_1}{EP_2}>0$，$\frac{EQ_2}{EP_1}>0$，因此甲、乙两种商品为替代品。

【知识应用】

[例 5.42]　设生产者投入劳动量 L，投入资本量 K，生产函数为 $Q=AK^{\alpha}L^{1-\alpha}$，其中常数 $A>0,0<\alpha<1$。证明：劳动的边际产出 MQ_L 是正的；固定 K 时，MQ_L 是 L 的单调递减函数。

证明：劳动的边际产出

$$MQ_L=\frac{\partial Q}{\partial L}=(1-\alpha)AK^{\alpha}L^{-\alpha}=(1-\alpha)\frac{Q}{L}$$

因为 $1-\alpha>0,Q>0,L>0$，所以 $MQ_L>0$。

又因为$\frac{\partial^2 Q}{\partial L^2}=-\alpha(1-\alpha)AK^{\alpha}L^{-\alpha-1}=-\alpha(1-\alpha)\frac{Q}{L^2}<0$，所以 MQ_L 是 L 的单调递减函数。

【知识演练】

1. 若效用函数形式为 $U(x_1,x_2)=(x_1+5)^2(x_2+2)^3$，其中 U 为总效用，x_1,x_2 为两种消费商品的数量，试计算：

(1) 每一种商品的边际效用函数；

(2) 当消费的每种商品均为 4 个单位时，第一种商品的边际效用值。

2. 求生产函数 $Q=100L^{\frac{1}{3}}K^{\frac{2}{3}}$ 的边际产量和产出关于投入要素的偏弹性。

3. 已知两种商品的需求函数分别为 $Q_1=30-3P_1-2P_2$，$Q_2=20-2P_1-P_2$，求需求量 Q_1,Q_2 在 $P_1=2,P_2=6$ 时，关于价格 P_1,P_2 的价格偏弹性，并回答此时这两种商品是替代品还是互补品。

5.5 多元函数积分学

在一元函数积分学中,定积分是因为实际问题的需要而抽象出来的某种确定形式的和式的极限,将这种和式的极限推广到二元函数中,便得到了二重积分的概念。

【案例提出】

[案例 5.8] 设有一立体图形,它的底是坐标平面上的有界闭区域 D,侧面是以 D 的边界曲线为准线而母线平行于 z 轴的柱面,顶是二元连续函数 $z=f(x,y)$ $(f(x,y)\geqslant 0)$ 所表示的曲面,我们将这种立体称为曲顶柱体,如图 5.19 所示。

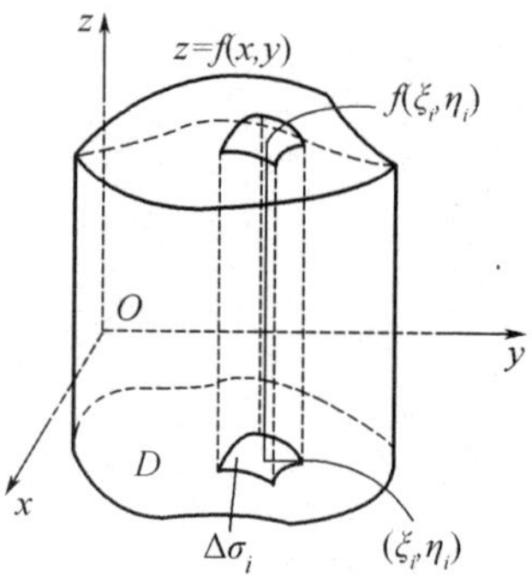

图 5.19

我们知道,平顶柱体,即当 $f(x,y)\equiv h$(h 为常数,$h>0$)时,它的体积=底面积×高=σh(σ 为有界闭区域 D 的面积)。但曲顶柱体由于其顶是曲面,因此其体积不能按照上述公式进行计算。我们采用与求曲边梯形面积相类似的方法来求曲顶柱体的体积。将曲顶柱体分割成若干个小曲顶柱体,这时每一个小曲顶柱体可以近似看作是平顶的,从而可求出它的近似值。将这些小曲顶柱体体积的近似值相加,便得到原曲顶柱体体积的近似值,分割得越细越精确。当分割无限进行下去时,近似值便无限接近精确值。具体步骤为:

(1)分割。将区域 D 任意分成 n 个小区域,记为 $\Delta\sigma_1,\Delta\sigma_2,\cdots,\Delta\sigma_n$,同时也以 $\Delta\sigma_i$ 表示第 i 个小区域的面积。分别以每个小区域的边界曲线为准线,作母线平行于 z 轴的柱面,这些柱面将整个曲顶柱体分成了 n 个小曲顶柱体,它们的顶都是曲面 $z=f(x,y)$ 的一部分。

(2)近似代替。在每个小曲顶柱体的底 $\Delta\sigma_i$ 上任取一点 (ξ_i,η_i) $(i=1,2,3,\cdots,n)$,以 $f(\xi_i,\eta_i)$ 为高,以 $\Delta\sigma_i$ 为底,作小平顶柱体近似代替小曲顶柱体,则小曲顶柱体体积可近似地表示为

$$\Delta V_i \approx f(\xi_i,\eta_i)\Delta\sigma_i (i=1,2,3,\cdots,n)$$

(3)求和。将这 n 个小曲顶柱体体积的近似值相加,于是得到整个曲顶柱体体积 V 的近似值

$$V=\sum_{i=1}^{n}\Delta V_i \approx \sum_{i=1}^{n} f(\xi_i,\eta_i)\Delta\sigma_i$$

(4)取极限。用 λ 表示 n 个小区域的直径的最大值,其中小区域的直径表示该小区域上任意两点间距离的最大值,则当分割无限变细($\lambda\to 0$)时,对上述和式取极限,即可

得到整个曲顶柱体体积 V 的精确值

$$V=\lim_{\lambda\to 0}\sum_{i=1}^{n}f(\xi_i,\eta_i)\Delta\sigma_i$$

这样的二元函数的和式的极限称为二重积分，记为 $\iint\limits_{D}f(x,y)\,\mathrm{d}\sigma$。

【相关知识】

1. 二重积分的概念

定义 5.11　设二元函数 $z=f(x,y)$ 是定义在有界闭区域 D 上的有界函数，将 D 任意分成 n 个小区域 $\Delta\sigma_1,\Delta\sigma_2,\cdots,\Delta\sigma_n$，其中 $\Delta\sigma_i$ 表示第 i 个小区域，也表示其面积。在每个小区域 $\Delta\sigma_i$ 上任取一点 (ξ_i,η_i)，作和式 $\sum\limits_{i=1}^{n}f(\xi_i,\eta_i)\Delta\sigma_i$，如果当各小区域的直径中的最大值 $\lambda\to 0$ 时，这个和式的极限存在，且该极限值与 D 的分割方式和点 (ξ_i,η_i) 的取法无关，则称此极限值为函数 $f(x,y)$ 在有界闭区域 D 上的二重积分，记作 $\iint\limits_{D}f(x,y)\,\mathrm{d}\sigma$，即

$$\iint\limits_{D}f(x,y)\,\mathrm{d}\sigma=\lim_{\lambda\to 0}\sum_{i=1}^{n}f(\xi_i,\eta_i)\Delta\sigma_i$$

其中，$f(x,y)$ 称为被积函数；D 称为积分区域；$f(x,y)\,\mathrm{d}\sigma$ 称为被积表达式；$\mathrm{d}\sigma$ 称为面积元素；x,y 称为积分变量。并称二元函数 $f(x,y)$ 在有界闭区域 D 上可积。

特别地，若在区域 D 上二元函数 $f(x,y)=1$，且 D 的面积为 σ，则有 $\iint\limits_{D}f(x,y)\,\mathrm{d}\sigma=\sigma$。

如果二元函数 $f(x,y)$ 在区域 D 上满足不等式 $f(x,y)\geqslant 0$，则二重积分 $\iint\limits_{D}f(x,y)\,\mathrm{d}\sigma$ 等于曲顶柱体的体积；如果二元函数 $f(x,y)$ 在区域 D 上满足不等式 $f(x,y)\leqslant 0$，则 $\iint\limits_{D}f(x,y)\,\mathrm{d}\sigma$ 等于柱体体积的相反数；如果二元函数 $f(x,y)$ 在区域 D 的部分区域上满足不等式 $f(x,y)\geqslant 0$，部分区域上满足不等式 $f(x,y)\leqslant 0$，则 $\iint\limits_{D}f(x,y)\,\mathrm{d}\sigma$ 等于各部分区域上的柱体体积的代数和。

2. 二重积分的性质

性质 5.1（加法法则）　两个函数的代数和的二重积分等于它们的二重积分的代数和，即

$$\iint\limits_{D}[f(x,y)\pm g(x,y)]\,\mathrm{d}\sigma=\iint\limits_{D}f(x,y)\,\mathrm{d}\sigma\pm\iint\limits_{D}g(x,y)\,\mathrm{d}\sigma$$

性质 5.2（数乘法则）　被积函数中的常数因子可以提到积分号的外面，即

$$\iint_D kf(x,y)\,\mathrm{d}\sigma = k\iint_D f(x,y)\,\mathrm{d}\sigma \ (k\ 为常数)$$

性质 5.3(关于积分区域的可加性) 如果区域 D 被一条曲线分割成两个不相交的区域 D_1 和 D_2,则有

$$\iint_D f(x,y)\,\mathrm{d}\sigma = \iint_{D_1} f(x,y)\,\mathrm{d}\sigma + \iint_{D_2} f(x,y)\,\mathrm{d}\sigma$$

性质 5.4(保不等式性) 如果在区域 D 上 $f(x,y)\leqslant g(x,y)$,则有

$$\iint_D f(x,y)\,\mathrm{d}\sigma \leqslant \iint_D g(x,y)\,\mathrm{d}\sigma。$$

3. 二重积分的计算法

直接利用二重积分的定义计算二重积分一般是很困难的。本节将介绍一种实际可行的计算法,其实质是将二重积分转化为两次定积分来计算,这种方法称为累次积分法。

设二元函数 $f(x,y)$ 在区域 D 上可积,则由二重积分的定义可知积分值 $\iint_D f(x,y)\,\mathrm{d}\sigma$ 与区域 D 的分割方式无关,于是我们在直角坐标系中可以采用一种特殊的分割方式:用分别平行于两条坐标轴的直线族来分割区域 D,所得小区域一般为矩形。设其边长分别为 $\Delta x_k,\Delta y_l$,则小区域面积为 $\Delta\sigma_i=\Delta x_k\Delta y_l$(图 5.20)。于是在直角坐标系中,面积元素为 $\mathrm{d}\sigma=\mathrm{d}x\mathrm{d}y$,因此二重积分可以记为 $\iint_D f(x,y)\,\mathrm{d}x\mathrm{d}y$。把二重积分转化为两次定积分计算时,对于不同类型的积分区域,一般会有不同的计算公式。

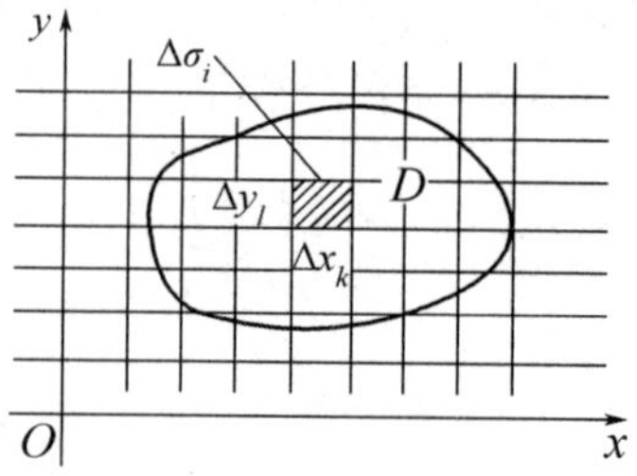

图 5.20

(1) 积分区域 D 可以用不等式组表示为 $D:\begin{cases} a\leqslant x\leqslant b \\ \varphi_1(x)\leqslant y\leqslant \varphi_2(x)\end{cases}$。

称此区域为 X 型区域。此时,穿过 D 内部且平行于 y 轴的任一直线与 D 的边界的交点不多于两点,如图 5.21 所示。

在区间 $[a,b]$ 上任取一点 x,过点 x 作平行于 yOz 面的平面,平面与曲顶柱体相交所得截面是定义在 $[\varphi_1(x),\varphi_2(x)]$ 上的以曲线 $z=f(x,y)$(x 是固定的)为曲边的曲边梯形,其面积为 $A(x)=\int_{\varphi_1(x)}^{\varphi_2(x)} f(x,y)\,\mathrm{d}y$,如图 5.22 所示。于是曲顶柱体体积 $V=\int_a^b A(x)\,\mathrm{d}x=\int_a^b\left[\int_{\varphi_1(x)}^{\varphi_2(x)} f(x,y)\,\mathrm{d}y\right]\mathrm{d}x$,它通常也可表示为

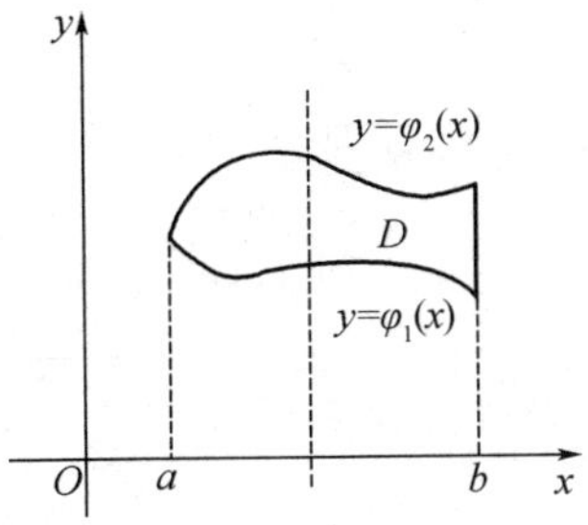

图 5.21

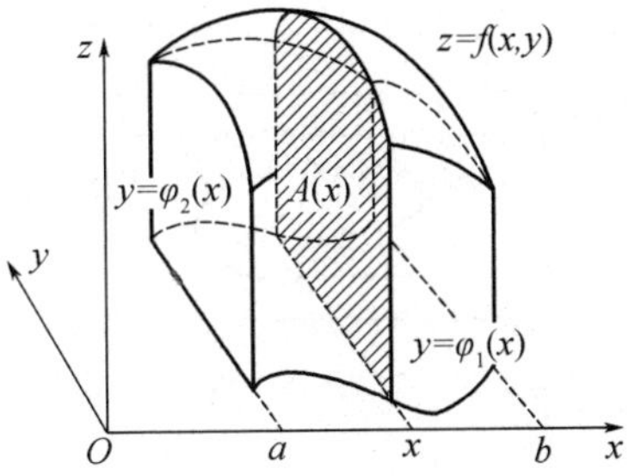

图 5.22

$$\iint_D f(x,y)\,\mathrm{d}\sigma=\int_a^b \mathrm{d}x\int_{\varphi_1(x)}^{\varphi_2(x)} f(x,y)\,\mathrm{d}y$$

上述积分称为“先对 y,后对 x”的二次积分(或称为累次积分),这个公式称为二重积分的二次积分公式。由此可见,二重积分的计算可以转化为两次定积分的计算。先把变量 x 看作常数,对变量 y 作定积分 $\int_{\varphi_1(x)}^{\varphi_2(x)} f(x,y)\,\mathrm{d}y$,它的积分上、下限分别是 $\varphi_2(x)$ 和 $\varphi_1(x)$,积分的结果是关于 x 的一元函数;然后将此函数对变量 x 由 a 到 b 第二次求定积分,即$\int_a^b A(x)\,\mathrm{d}x=\int_a^b\left[\int_{\varphi_1(x)}^{\varphi_2(x)} f(x,y)\,\mathrm{d}y\right]\mathrm{d}x$,此时 x 是积分变量,积分结果是一个数值,即为二重积分$\iint_D f(x,y)\,\mathrm{d}x\mathrm{d}y$ 的值 。

(2)积分区域 D 可以用不等式组表示为 $D:\begin{cases}\psi_1(y)\leqslant x\leqslant\psi_2(y)\\ c\leqslant y\leqslant d\end{cases}$。

称此区域为 Y 型区域。此时,穿过 D 内部且平行于 x 轴的任一直线与 D 的边界的交点不多于两点,如图 5.23 所示,此时

$$\iint_D f(x,y)\,\mathrm{d}\sigma=\int_c^d\left[\int_{\psi_1(y)}^{\psi_2(y)} f(x,y)\,\mathrm{d}x\right]\mathrm{d}y$$

也可表示为

$$\iint_D f(x,y)\,\mathrm{d}\sigma=\int_c^d \mathrm{d}y\int_{\psi_1(y)}^{\psi_2(y)} f(x,y)\,\mathrm{d}x$$

上述积分称为“先对 x,后对 y”的二次积分(或称为累次积分)。

另外还有一些积分区域,它们既不是 X 型区域又不是 Y 型区域,但是可以考虑将它们分割成几个 X 型区域和 Y 型区域,如图 5.24 所示。此时再利用二重积分关于积分区域的可加性,把在每个区域的二重积分相加,就可得到整个区域的二重积分。

$$\iint_D f(x,y)\,\mathrm{d}\sigma=\iint_{D_1} f(x,y)\,\mathrm{d}\sigma+\iint_{D_2} f(x,y)\,\mathrm{d}\sigma$$

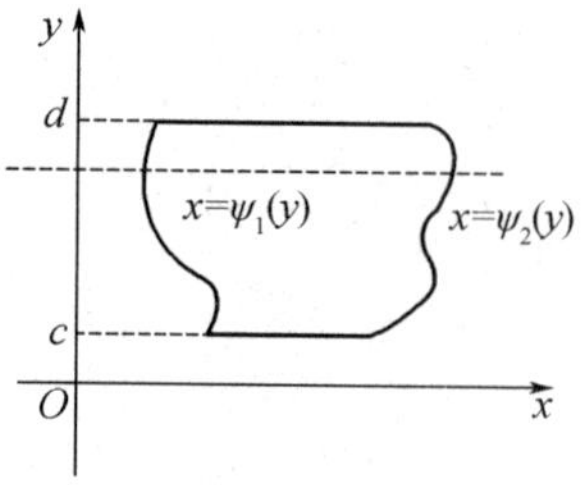

图 5.23

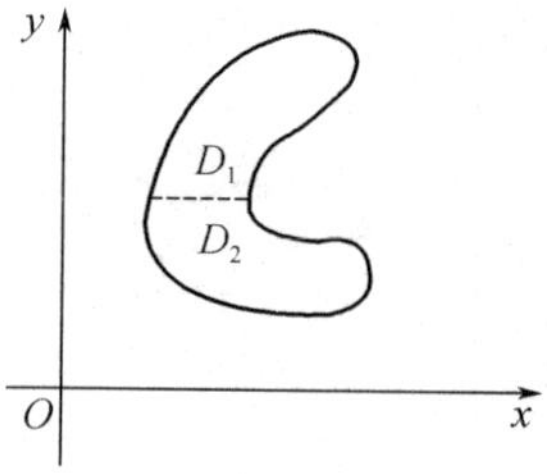

图 5.24

【拓展知识】*

对于有些二重积分,积分区域的边界曲线用极坐标方程表示比较简单,而且被积函数用极坐标变量 r,θ 表示也比较简单,这时在极坐标系下计算二重积分往往比在直角坐标系下计算二重积分更加简便。下面介绍二重积分在极坐标系下的累次积分法。

要将二重积分 $\iint\limits_D f(x,y)\,\mathrm{d}\sigma$ 化为极坐标形式,主要需要解决如下问题:

①首先,如何将函数 $f(x,y)$ 用极坐标变量 r,θ 表示?根据直角坐标与极坐标之间的关系

$$\begin{cases} x = r\cos\theta \\ y = r\sin\theta \end{cases}$$

显然有

$$f(x,y)=f(r\cos\theta,r\sin\theta)$$

②其次,面积元素 $\mathrm{d}\sigma$ 如何用 r,θ 表示?根据极坐标系的特点,可以选取一族以极点为圆心的同心圆,r 为常数(同心圆族);以及另一族由极点发出的射线,θ 为常数(射线族)。分割区域 D,将 D 分成 n 个小区域,这些小区域除了靠近边界的一些小区域外,绝大多数都是扇形区域,如图 5.25 所示。当 D 被分割得很细密时,小扇形区域的面积近似地等于以 $r\Delta\theta$ 为长,Δr 为宽的矩形面积。因此,在极坐标系中的面积元素为 $\mathrm{d}\sigma=r\mathrm{d}r\mathrm{d}\theta$。

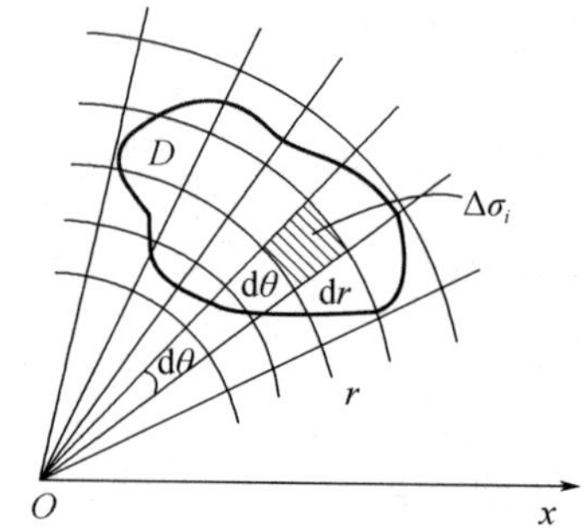

图 5.25

这样,在极坐标系中的二重积分可以表示为

$$\iint\limits_D f(x,y)\,\mathrm{d}\sigma = \iint\limits_D f(r\cos\theta,r\sin\theta)\,r\mathrm{d}r\mathrm{d}\theta$$

为了将二重积分化为累次积分,先确定积分次序和积分限。由于区域 D 的边界曲线一般用方程 $r=r(\theta)$ 表示,所以计算中一般采用"先对 r,后对 θ"的积分次序。为了确

定积分限，可分以下两种情形考虑：

①极点 O 在区域 D 外部，如图 5.26 所示。设区域 D 上点的极角的最小值和最大值分别为 α 和 β，在 α,β 之间作一条极角为 θ 的射线，其和 D 的边界线先后交于两点，它们的极径分别为 $r_1(\theta)$，$r_2(\theta)$ $(r_1(\theta)\leqslant r_2(\theta))$，那么区域 D 可用不等式组表示为

$$D:\begin{cases}\alpha\leqslant\theta\leqslant\beta\\ r_1(\theta)\leqslant r\leqslant r_2(\theta)\end{cases}$$

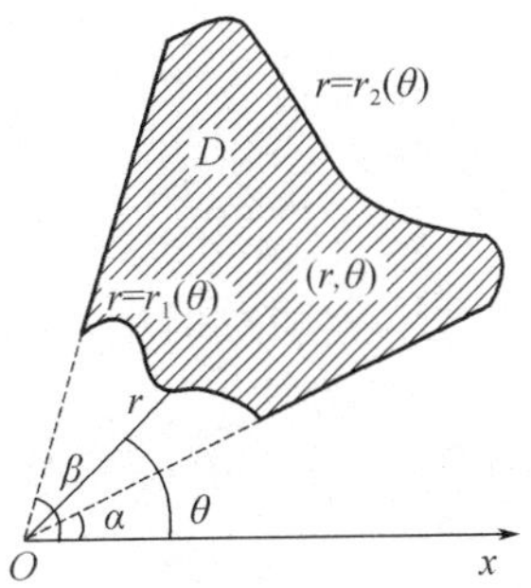

图 5.26

其中，α,β 分别是对变量 θ 积分时的积分下限和积分上限；而 $r_1(\theta)$，$r_2(\theta)$ 则分别是对变量 r 积分时的积分下限和积分上限。二重积分可化为如下累次积分：

$$\iint_D f(x,y)\,\mathrm{d}\sigma=\int_\alpha^\beta \mathrm{d}\theta\int_{r_1(\theta)}^{r_2(\theta)} f(r\cos\theta,r\sin\theta)\,r\mathrm{d}r$$

②极点 O 在区域 D 内部，如图 5.27 所示。区域 D 上点的极角 $\theta\in[0,2\pi]$，作一条极角为 θ 的射线，其和 D 的边界线只有一个交点，在极点和交点之间的线段上的点的极径 $r\in[0,r(\theta)]$，那么 D 可以用不等式组表示为

$$D:\begin{cases}0\leqslant\theta\leqslant 2\pi\\ 0\leqslant r\leqslant r(\theta)\end{cases}$$

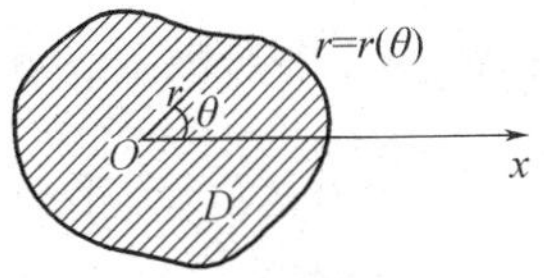

图 5.27

于是二重积分可化为如下二次积分：

$$\iint_D f(x,y)\,\mathrm{d}\sigma=\int_0^{2\pi} \mathrm{d}\theta\int_0^{r(\theta)} f(r\cos\theta,r\sin\theta)\,r\mathrm{d}r$$

【例题精选】

[例 5.43]　试将二重积分 $\iint\limits_D f(x,y)\,\mathrm{d}x\mathrm{d}y$ 化为两种不同次序的二次积分，条件分别如下：

(1) D 是由 $y=x^2$，$y=x$ 所围成的平面区域；

(2) D 是由 $x+y=2$，$x-y=0$，$y=0$ 围成的平面区域；

(3) D 是由 $x^2+y^2=2y$，$y=x$ 及 y 轴所围成的在第一象限的区域。

解：(1) 作出积分区域 D 的图形，如图 5.28 所示。

方法一：把积分区域 D 看作 X 型区域，则对应的积分区域可表示为

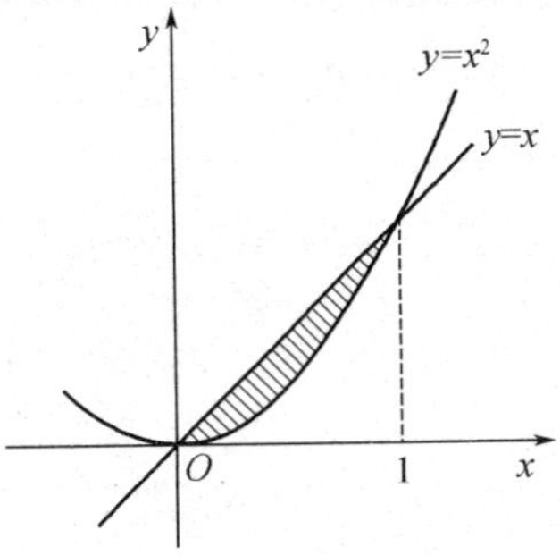

图 5.28

$$D:\begin{cases}0 \leqslant x \leqslant 1 \\ x^2 \leqslant y \leqslant x\end{cases}$$

所以

$$\iint\limits_D f(x,y)\,dxdy = \int_0^1 dx\int_{x^2}^{x} f(x,y)\,dy$$

方法二:把积分区域 D 看作 Y 型区域,则对应的积分区域可表示为

$$D:\begin{cases}y \leqslant x \leqslant \sqrt{y} \\ 0 \leqslant y \leqslant 1\end{cases}$$

所以

$$\iint\limits_D f(x,y)\,dxdy = \int_0^1 dy\int_{y}^{\sqrt{y}} f(x,y)\,dx$$

(2)作出积分区域 D 的图形,如图 5.29 所示。

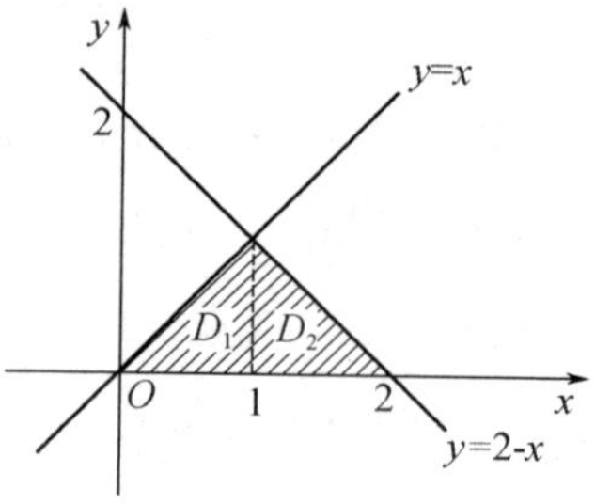

图 5.29

方法一:把积分区域 D 看作 X 型区域,利用直线 $x=1$ 将 D 分成两个不相交的小区域 D_1,D_2,则积分区域 D 可看作两个 X 型区域 D_1,D_2 的并集

$$D_1:\begin{cases}0\leqslant x\leqslant 1 \\ 0\leqslant y\leqslant x\end{cases},\quad D_2:\begin{cases}1\leqslant x\leqslant 2 \\ 0\leqslant y\leqslant 2-x\end{cases}$$

所以

$$\iint\limits_D f(x,y)\,dxdy = \int_0^1 dx\int_0^x f(x,y)\,dy + \int_1^2 dx\int_0^{2-x} f(x,y)\,dy$$

方法二:把积分区域 D 看作 Y 型区域,则对应的积分区域可表示为

$$D:\begin{cases}y \leqslant x \leqslant 2-y \\ 0 \leqslant y \leqslant 1\end{cases}$$

所以

$$\iint\limits_D f(x,y)\,dxdy = \int_0^1 dy\int_{y}^{2-y} f(x,y)\,dx$$

(3)作出积分区域 D 的图形,如图 5.30(a)所示。

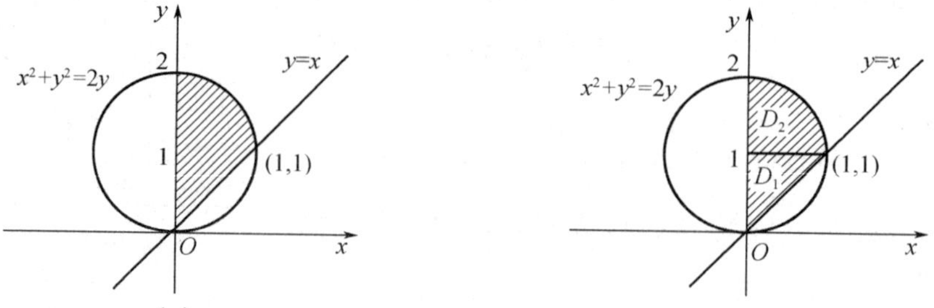

(a) (b)

图 5.30

方法一:把积分区域 D 看作 X 型区域,则对应的积分区域可表示为

$$D:\begin{cases}0 \leqslant x \leqslant 1 \\ x \leqslant y \leqslant 1+\sqrt{1-x^2}\end{cases}$$

所以

$$\iint_D f(x,y)\,\mathrm{d}x\mathrm{d}y=\int_0^1 \mathrm{d}x\int_x^{1+\sqrt{1-x^2}} f(x,y)\,\mathrm{d}y$$

方法二:把积分区域 D 看作 Y 型区域,利用直线 $y=1$ 将 D 分成两个不相交的小区域 D_1,D_2,如图 5.30(b)所示,则积分区域 D 可看作两个 Y 型区域 D_1,D_2 的并集

$$D_1:\begin{cases}0 \leqslant x \leqslant y \\ 0 \leqslant y \leqslant 1\end{cases},\quad D_2:\begin{cases}0 \leqslant x \leqslant \sqrt{2y-y^2} \\ 1 \leqslant y \leqslant 2\end{cases}$$

所以

$$\iint_D f(x,y)\,\mathrm{d}x\mathrm{d}y=\int_0^1 \mathrm{d}y\int_0^y f(x,y)\,\mathrm{d}x+\int_1^2 \mathrm{d}y\int_0^{\sqrt{2y-y^2}} f(x,y)\,\mathrm{d}x$$

特殊地:

①当 D 的边界是与坐标轴平行的矩形($a\leqslant x\leqslant b,c\leqslant y\leqslant d$)时

$$\iint_D f(x,y)\,\mathrm{d}x\mathrm{d}y=\int_a^b \varphi(x)\,\mathrm{d}x\cdot\int_c^d \psi(y)\,\mathrm{d}y$$

②如果积分区域是上述矩形,而被积函数可以分离成两个一元函数的乘积

$$f(x,y)=\varphi(x)\cdot\psi(y)$$

则

$$\iint_D f(x,y)\,\mathrm{d}x\mathrm{d}y=\int_a^b \varphi(x)\,\mathrm{d}x\cdot\int_c^d \psi(y)\,\mathrm{d}y$$

[例 5.44] 计算 $\iint_D \mathrm{e}^{-(x+y)}\mathrm{d}x\mathrm{d}y$,其中积分区域为 $D:\{(x,y)\mid 0\leqslant x\leqslant 1,0\leqslant y\leqslant 1\}$。

解:$\iint_D \mathrm{e}^{-(x+y)}\mathrm{d}x\mathrm{d}y=\int_0^1 \mathrm{e}^{-x}\mathrm{d}x\cdot\int_0^1 \mathrm{e}^{-y}\mathrm{d}y=(1-\mathrm{e}^{-1})^2$

[例 5.45] 计算 $\iint_D xy^2\mathrm{d}x\mathrm{d}y$,其中 D 是由 $y=x,y=0,x=1$ 围成的闭区域。

解:作出积分区域 D 的图形,如图 5.31 所示。

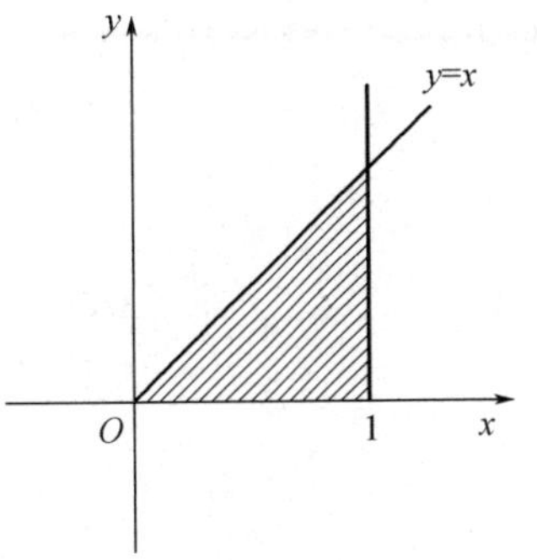

图 5.31

把积分区域 D 看作 X 型区域,则积分区域可表示为

$$D:\begin{cases}0 \leqslant x \leqslant 1 \\ 0 \leqslant y \leqslant x\end{cases}$$

$$\iint_D xy^2 \mathrm{d}x\mathrm{d}y = \int_0^1 \mathrm{d}y \int_y^1 xy^2 \mathrm{d}x = \int_0^1 \frac{y^2}{2}(1 - y^2)\mathrm{d}y = \frac{1}{15}$$

[例 5.46] 计算二重积分 $\iint\limits_D x^2 \mathrm{d}x\mathrm{d}y$，其中

(1) D 是由曲线 $y=\frac{1}{x}$，直线 $y=x$，$x=2$ 所围成的平面区域；

(2) D 是由曲线 $y=\frac{1}{x}$，直线 $y=x$，$x=2$ 及 $y=0$ 所围成的平面区域。

解：(1) 作出积分区域 D 的图形，如图 5.32(a) 所示。

积分区域可表示为

$$D:\begin{cases} 1 \leqslant x \leqslant 2 \\ \frac{1}{x} \leqslant y \leqslant x \end{cases}$$

$$\iint_D x^2 \mathrm{d}x\mathrm{d}y = \int_1^2 \mathrm{d}x \int_{\frac{1}{x}}^x x^2 \mathrm{d}y = \int_1^2 x^2\left(x - \frac{1}{x}\right)\mathrm{d}x = \int_1^2 (x^3 - x)\mathrm{d}x = \frac{9}{4}$$

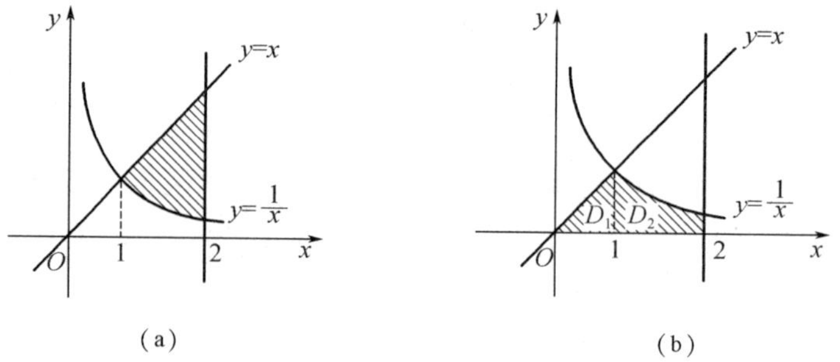

图 5.32

(2) 作出积分区域 D 的图形，如图 5.32(b) 所示。

积分区域可表示为 D_1，D_2 的并集

$$D_1:\begin{cases} 0 \leqslant x \leqslant 1 \\ 0 \leqslant y \leqslant x \end{cases}, \quad D_2:\begin{cases} 1 \leqslant x \leqslant 2 \\ 0 \leqslant y \leqslant \frac{1}{x} \end{cases}$$

$$\iint_D x^2 \mathrm{d}x\mathrm{d}y = \int_0^1 \mathrm{d}x \int_0^x x^2 \mathrm{d}y + \int_1^2 \mathrm{d}x \int_0^{\frac{1}{x}} x^2 \mathrm{d}y = \int_0^1 x^3 \mathrm{d}y + \int_1^2 x\mathrm{d}x$$

$$= \frac{x^4}{4}\Bigg|_0^1 + \frac{x^2}{2}\Bigg|_1^2 = \frac{1}{4} + \frac{3}{2} = \frac{7}{4}$$

［例 5.47］　计算 $\iint\limits_D x\mathrm{d}x\mathrm{d}y$，其中 D 为由 $y^2 = 2x$，$y = x - 4$ 所围成的区域。

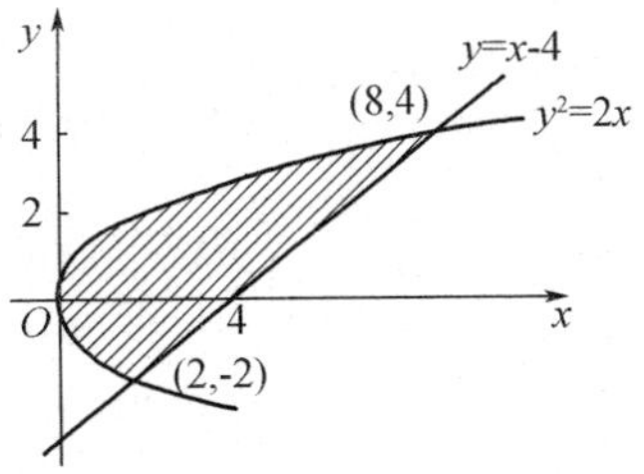

图 5.33

解：作出积分区域 D 的图形，如图 5.33 所示。

把积分区域 D 看作 Y 型区域，则积分区域 D 可表示为 $\begin{cases}\dfrac{y^2}{2}\leqslant x\leqslant 4+y\\-2\leqslant y\leqslant 4\end{cases}$，所以

$$\iint\limits_D x\mathrm{d}x\mathrm{d}y = \int_{-2}^{4}\mathrm{d}y\cdot\int_{\frac{y^2}{2}}^{y+4}x\mathrm{d}x = \frac{1}{2}\int_{-2}^{4}\left[(4+y)^2-\frac{y^4}{4}\right]\mathrm{d}y == \frac{288}{5}$$

注意：本例若把积分区域 D 看作 X 型区域，则比将其看作 Y 型区域要复杂一些。

［例 5.48］　计算 $\iint\limits_D \mathrm{e}^{-y^2}\mathrm{d}x\mathrm{d}y$，其中 D 是由直线 $y = x$，$y = 1$ 及 y 轴围成的区域。

解：作出积分区域 D 的图形，如图 5.34 所示。

积分区域 D 可表示为 $\begin{cases}0\leqslant x\leqslant y\\0\leqslant y\leqslant 1\end{cases}$，则

$$\iint\limits_D \mathrm{e}^{-y^2}\mathrm{d}x\mathrm{d}y = \int_0^1\mathrm{d}y\int_0^y\mathrm{e}^{-y^2}\mathrm{d}x = \int_0^1 y\mathrm{e}^{-y^2} = -\frac{1}{2}\mathrm{e}^{-y^2}\Big|_0^1 = \frac{1}{2}(1-\mathrm{e}^{-1})$$

本例若先积 y 再积 x，则有 $\iint\limits_D \mathrm{e}^{-y^2}\mathrm{d}x\mathrm{d}y = \int_0^1\mathrm{d}x\int_x^1\mathrm{e}^{-y^2}\mathrm{d}y$。由于函数 e^{-y^2} 不存在有限形式的原函数，因此该积分无法再继续计算下去。积分次序的选择应以“分块少、积分易”为原则。

［例 5.49］　计算二次积分 $I = \int_0^1\mathrm{d}x\int_x^{\sqrt{x}}\dfrac{2\sin y}{y}\mathrm{d}y$。

解：因为 $\dfrac{2\sin y}{y}$ 的原函数不能用初等函数表示，所以应考虑交换积分次序。由于对应的二重积分区域 D 可表示为 $\begin{cases}0\leqslant x\leqslant 1\\x\leqslant y\leqslant\sqrt{x}\end{cases}$，画出 D 的图形，如图 5.35 所示。

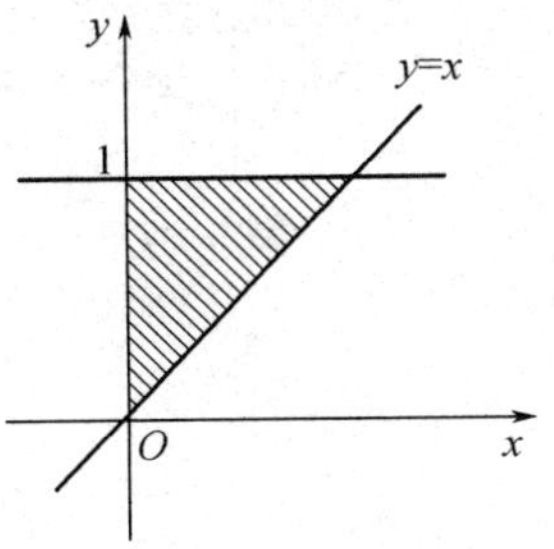

图 5.34

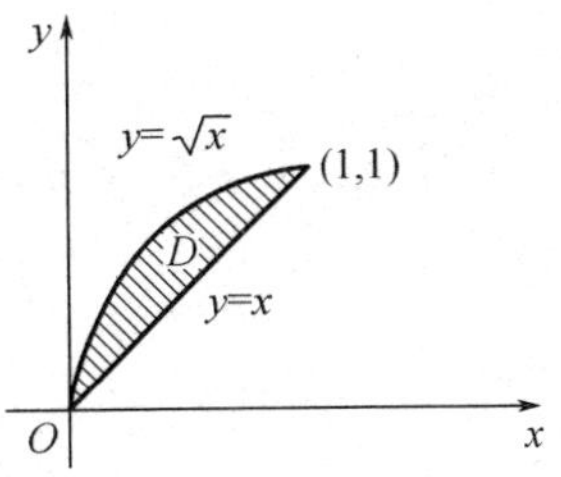

图 5.35

于是 D 又可表示为$\begin{cases}y^2\leqslant x\leqslant y\\0\leqslant y\leqslant 1\end{cases}$,所以

$$I=\int_0^1 \mathrm{d}y\int_{y^2}^{y}\frac{2\sin y}{y}\mathrm{d}x=2\int_0^1\left(\frac{\sin y}{y}\cdot x\Big|_{y^2}^{y}\right)\mathrm{d}y=2\int_0^1\frac{\sin y}{y}\cdot(y-y^2)\mathrm{d}y$$

$$=2\int_0^1\frac{\sin y}{y}\cdot(y-y^2)\mathrm{d}y=2-2\sin 1$$

[**例 5.50**]* 计算 $\iint\limits_D \sin\sqrt{x^2+y^2}\,\mathrm{d}x\mathrm{d}y$。其中 $D:1\leqslant x^2+y^2\leqslant 4,0\leqslant y\leqslant x$。

解:可采用极坐标系。令

$$x=r\cos\theta,\quad y=r\sin\theta$$

画出 D 的图形,如图 5.36 所示。积分区域 D 可表示为

$$D:\begin{cases}0\leqslant\theta\leqslant\dfrac{\pi}{4}\\1\leqslant r\leqslant 2\end{cases}$$

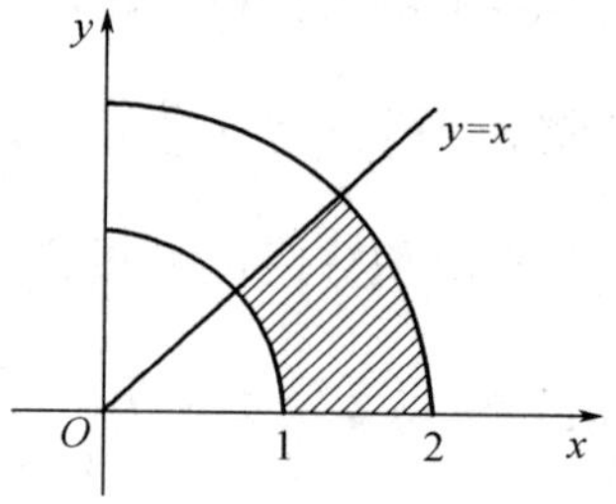

图 5.36

所以

$$\iint\limits_D \sin\sqrt{x^2+y^2}\,\mathrm{d}x\mathrm{d}y=\int_0^{\frac{\pi}{4}}\mathrm{d}\theta\int_1^2\sin r\cdot r\mathrm{d}r$$

$$=\int_0^{\frac{\pi}{4}}(-r\cos r+\sin r)\Big|_1^2\mathrm{d}\theta$$

$$=\frac{\pi}{4}(-2\cos 2+\sin 2+\cos 1-\sin 1)$$

[**例 5.51**]* 计算 $\iint\limits_D\sqrt{a^2-x^2-y^2}\,\mathrm{d}x\mathrm{d}y$,其中 D 为圆心在原点,半径为 a 的圆域。

解:可采用极坐标系。令 $x=r\cos\theta,y=r\sin\theta$,画出 D 的图形,如图 5.37 所示。积分区域 D 可表示为

$$D:\begin{cases}0\leqslant\theta\leqslant 2\pi\\0\leqslant r\leqslant a\end{cases}$$

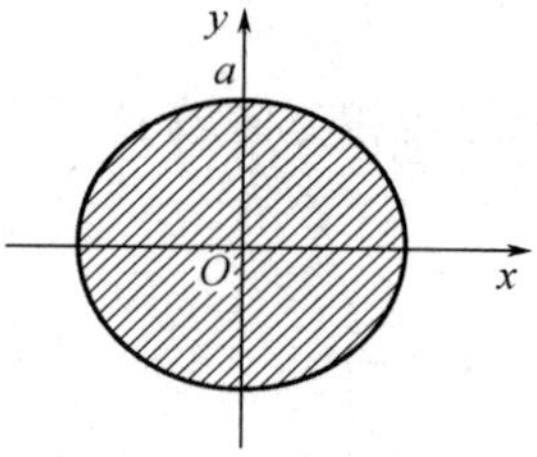

图 5.37

所以

$$\iint\limits_D\sqrt{a^2-x^2-y^2}\,\mathrm{d}x\mathrm{d}y=\iint\limits_D\sqrt{a^2-r^2}\,r\mathrm{d}r\mathrm{d}\theta$$

$$=-\frac{1}{2}\int_0^{2\pi}\mathrm{d}\theta\int_0^a\sqrt{a^2-r^2}\,\mathrm{d}(a^2-r^2)$$

$$=-\frac{1}{2}\cdot 2\pi\cdot\frac{2}{3}(a^2-r^2)^{\frac{3}{2}}=\frac{2\pi a^3}{3}$$

本例的几何意义是半径为 a 的上半球体的体积，从而得到球体体积是$\frac{4\pi a^3}{3}$。

［例 5.52］* 计算 $\iint\limits_D y\mathrm{d}x\mathrm{d}y$，其中 D 为由 $y=\sqrt{2x-x_2}$，$y=\sqrt{4-x^2}$，$x=0$ 所围成的区域。

解：可采用极坐标系。令 $y=r\sin\theta$，画出 D 的图形，如图 5.38 所示。

积分区域 D 可表示为

$$D:\begin{cases}0\leqslant\theta\leqslant\frac{\pi}{2}\\2\cos\theta\leqslant r\leqslant 2\end{cases}$$

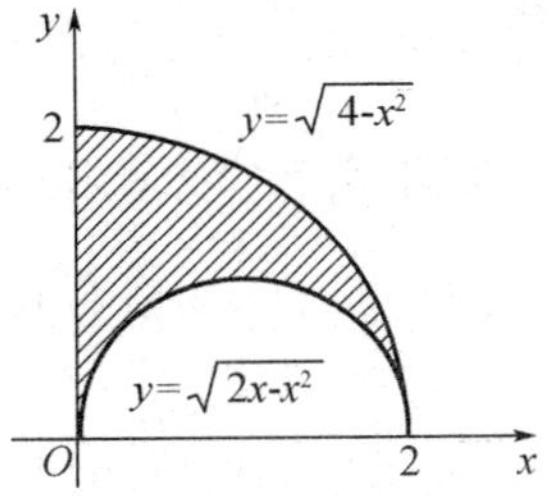

图 5.38

所以

$$\iint\limits_D y\mathrm{d}x\mathrm{d}y=\int_0^{\frac{\pi}{2}}\mathrm{d}\theta\int_{2\cos\theta}^{2}r\sin\theta\cdot r\mathrm{d}r$$

$$=\frac{8}{3}\int_0^{\frac{\pi}{2}}\sin\theta(1-\cos^3\theta)\mathrm{d}\theta=2$$

【知识应用】

［例 5.53］ 某城市的地理布局呈直角三角形分布，如图 5.39 所示，斜边临近一条河。由于交通关系，城市发展不太均衡，这一点可从税收状况反映出来。若以两条直角边为坐标轴建立直角坐标系，则位于 x 轴和 y 轴上的城区长度分别为 16 km 和 12 km，且税收情况与地理位置的关系大体可表示为 $R(x,y)=20x+10y$（单位：万元/km²），求该城市的税收总值。

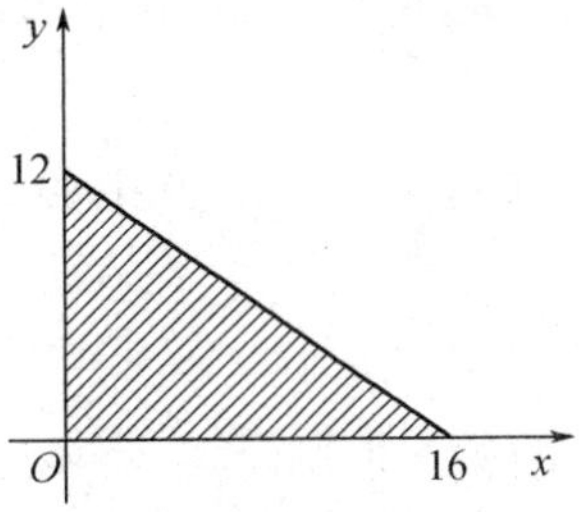

图 5.39

解：积分区域如图 5.39 所示。

$$I=\iint\limits_D R(x,y)\mathrm{d}x\mathrm{d}y=\int_0^{16}\mathrm{d}x\int_0^{12-\frac{3}{4}x}(20x+10y)\mathrm{d}y$$

$$=\int_0^{16}\left(720+150x-\frac{195}{16}x^2\right)\mathrm{d}x=14\ 080(\text{万元})$$

【知识演练】

1. 化二重积分 $I=\iint\limits_D f(x,y)\mathrm{d}\sigma$ 为二次积分（两种积分次序都要），其中积分区域 D 分别由下列曲线所围成：

（1）$x=2,y=0,x=y$；　（2）$x=0,y=0,5x+y=5$；　（3）$y=x,y^2=4x$；

（4）$x+y=2,x-y=1,y=0$；　（5）$y=x^2,y=16-x^2$；

(6) $x^2+y^2=R^2(y\geqslant 0)$，$y=0$。

2. 改变下列累次积分的积分次序：

(1) $\int_0^1 dy\int_y^{\sqrt{y}} f(x,y)dx$；　(2) $\int_1^e dx\int_0^{\ln x} f(x,y)dy$；　(3) $\int_0^1 dy\int_0^y f(x,y)dx$；

(4) $\int_0^2 dx\int_x^{2x} f(x,y)dy$；　(5) $\int_1^3 dx\int_x^{x^2} f(x,y)dx+\int_8^9 dx\int_x^9 f(x,y)dy$；

(6) $\int_0^1 dy\int_0^{2y} f(x,y)dx+\int_1^3 dy\int_0^{3-y} f(x,y)dy$。

3. 计算下列二重积分：

(1) $\iint\limits_D (x^2+y^2)dxdy$，其中 D 是矩形闭区域 $|x|\leqslant 2$，$|y|\leqslant 2$；

(2) $\iint\limits_D (3x+4y)dxdy$，其中 D 是由两条坐标轴及直线 $x+y=4$ 所围成的闭区域；

(3) $\iint\limits_D (3x+4y)dxdy$，其中 D 是由 $x=1$，$y=2$，$y=x-1$ 所围成的区域；

(4) $\iint\limits_D y^2dxdy$，其中 D 是由曲线 $x=y^2+1$ 和直线 $x=0$，$y=0$，$y=1$ 所围成的闭区域；

(5) $\iint\limits_D (x+y)dxdy$，其中 D 是由两条抛物线 $y^2=x$，$y=x^2$ 所围成的闭区域；

(6) $\iint\limits_D \frac{x^2}{y^2}dxdy$，其中 D 是由直线 $y=2$，$y=x$ 及双曲线 $xy=1$ 所围成的闭区域；

(7) $\iint\limits_D xydxdy$，其中 D 是圆周 $x^2+y^2=2ax$ 与 x 轴所围成的闭区域在第一象限的部分；

(8)* $\iint\limits_D \frac{1-x^2-y^2}{1+x^2+y^2}dxdy$，其中 D 是由 $x^2+y^2=1$，$x=0$，$y=0$ 所围区域在第一象限的部分；

(9) $\iint\limits_D ydxdy$，其中 D 是由曲线 $y=\sqrt{2x-x^2}$，直线 $y=1$ 及 $x=0$ 所围成的平面区域；

(10)* $\iint\limits_D \sqrt{x^2+y^2}dxdy$，其中平面区域 $D=\{(x,y)\,|\,x^2+y^2\leqslant 2y, x\geqslant 0\}$。

阅读材料三

萨缪尔森与肯尼迪减税方案

保罗·萨缪尔森(Paul Samuelson)于 1915 年出生在美国中部的印第安纳州的加里

小镇,是世界经济学界的巨匠之一。

1931 年,萨缪尔森进入芝加哥大学主修经济学。富有探究精神和批判性思维的萨缪尔森在校就读时,就对当时著名教授、经济学家瓦伊纳的课堂内容大胆地提出质疑。萨缪尔森从芝加哥大学毕业后在哈佛大学继续深造,在 26 岁时取得博士学位。其博士学位论文《经济理论操作的重要性》获哈佛大学威尔斯奖。随后萨缪尔森一直在麻省理工学院任经济学教授,是麻省理工学院研究生部的创始人。

萨缪尔森最重要的成果是他 30~33 岁时编著的一部被数百万大学生奉为经典的教科书——《经济学》。这本全世界畅销的经济学教科书自出版以来一直长盛不衰,被翻译成中、日、德、意、匈、葡、俄等 40 多种文字,在全世界累计销售了 1 000 多万册,影响了几代人。

萨缪尔森博采众长,通过这本书,建立了经济学的基本学科体系。他把经济学分为 7 个单元,分别是经济学的基本概念,微观经济学,要素市场,经济学原理的应用,宏观经济学,经济增长、经济发展与全球经济,失业、通货膨胀与经济政策。他把点状的经济学理论用一个可教授的框架从零开始一个一个地进行定义和解释,完成了整个经济学的体系。其中,宏观经济学一词在萨缪尔森的《经济学》问世之前不曾出现在西方经济学的词典中。《经济学》中,萨缪尔森把函数、矩阵等数学模型大规模地引入经济学体系,把数学变成了经济学的一个基本工具。他画出了全世界第一条供给曲线、需求曲线及成本曲线,到今天仍是经济学界的共识和典范。人们翻开经济学方面的论著,会看到各种复杂的数学公式和模型;数学家成为诺贝尔经济学奖的得主也已司空见惯。可以说,今天的经济学早已和数学密不可分,而萨缪尔森正是把数学引入经济学的第一人。

《经济学》在内容、形式的安排上可谓独具匠心,每一章的开头都加上了历代名人的警句,言简意赅地概括全章的主题,使读者不像是在“啃”枯燥的理论书,而是在读一部有文学色彩的史书。《经济学》已成为许多国家和地区制定经济政策的理论根据。也正是《经济学》将西方经济学理论第一次系统地带进中国,并使这种理论体系和思考方式在中国落地生根。

萨缪尔森以其博士论文为基础编著的《经济分析基础》为他赢得了诺贝尔经济学奖。当时评奖委员会说:“萨缪尔森依靠数学方法的帮助提高了经济理论分析技巧的正规化程度,在对提升经济理论科学分析水平的贡献上,他超过了当代任何一位经济学家。”

萨缪尔森不但在经济学理论上建树巨大,还身体力行,把理论应用于实践。他是约翰·肯尼迪总统读大学时的老师,并担任他的政府经济顾问,对美国 20 世纪 60 年代的经济繁荣做出了实际的贡献。

1961年，美国经济正陷入1929年经济大萧条之后的另一个经济萧条时期。美国当时新当选的总统约翰·肯尼迪在第一篇国情咨文中说："目前的经济状况是令人不安的。我是在经历7个月的衰退、3年半的萧条、7年的经济增长速度降低、9年的农业收入下降之后就任的。"当时美国经济的另一大麻烦是发生了战后第一次美元贬值危机。萨缪尔森给肯尼迪的建议是减税。萨缪尔森给出这个建议的原因是：税收和国民经济的增长有一种对应关系，国家不一定是税率越高，税收收入就越多，因为高税率会打击企业家的热情，企业家不愿意投入，政府的税收反而会下降；但如果降低税率，企业家和居民每年交税的比例下降了，那么企业家会愿意投入，居民会愿意消费；当税率减少到一定程度的时候，会出现一个反向效应，会激活民间的投资和消费的热情，税收反而会增加。

于是，肯尼迪在1962年推动了美国经济史上著名的肯尼迪减税运动。在货币政策方面，提高短期贷款利率以阻止美元外流，降低长期贷款利率以刺激国内投资；在财政政策方面，主要通过降低税收，增加企业、居民收入以促进更多消费、投资和拉动内需。这些做法使美国经济复苏，并进入高速增长时期。1964—1966年，美国实际国内生产总值（GDP）以令人瞩目的5.5%的平均速度增长，失业率在1965年下降到4.4%，通货膨胀率每年低于3%。这项运动也让肯尼迪成了美国历史上最伟大的总统之一。

萨缪尔森晚年除了主持修订他三年一版的教科书外，还一直坚持为报刊媒体写专栏评论。萨缪尔森曾论及国际金融危机的影响，认为中国将是扭转世界经济失衡的一大关键，发展中国家有可能取代美国的消费地位成为世界经济发展的新引擎。

2009年12月13日，这位经济学界泰斗级的人物在其位于美国马萨诸塞州的家中逝世，享年94岁。

第6章　常微分方程

学习目标

微积分学的主要研究对象是函数。在某些情况下,函数关系不容易直接建立,那么能否用其他方法确定变量之间的函数关系呢?计算不定积分的方法告诉我们,一个函数的导数如果是已知的,就有可能求出这个函数。现在进一步讨论:如果只知道函数的导数所满足的一个关系式,怎样确定这个函数呢?这就是微分方程所要研究和解决的问题。通过本章的学习,应掌握微分方程的一些基本概念和几种常见的微分方程的解法。

6.1　微分方程的基本概念

【知识目标】

理解微分方程、解、通解的初始条件和特解等概念,运用可分离变量方程解决客观问题。

【能力目标】

理解将实际问题抽象为数学模型的一般过程,运用微分方程解决实际问题。

【知识正文】

客观世界中许多自然现象所满足的规律已为人们所熟悉,并可直接由微分方程描述,下面观察两个具体例子。

[引例6.1]　一条曲线通过$P(1,2)$,且在该曲线上任一点$M(x,y)$处的切线斜率为$2x$,求这条曲线的方程。

解:设所求曲线的方程为$y=f(x)$,根据导数的几何意义可知,未知函数$y=f(x)$应满足关系式

$$\frac{dy}{dx}=2x \tag{6-1}$$

此外,未知函数$y=f(x)$还应满足条件:当$x=1$时,$y=2$。

把式(6-1)写成$dy=2xdx$,在两边积分得$y=\int 2xdx$,即

$$y = x^2 + c \tag{6-2}$$

把条件“$x=1$ 时,$y=2$”代入式(6-2),得 $2=1^2+C$,解得 $C=1$。

于是所求曲线方程为

$$y = x^2 + 1 \tag{6-3}$$

[**引例 6.2**] 某种产品的需求量 q 是价格 p 的函数,需求弹性恒为-1,并且当价格为 2 时,需求量为 300,求需求函数。

解:需求弹性的定义是

$$\eta = \frac{p}{q}\frac{\mathrm{d}q}{\mathrm{d}p}$$

由已知条件得

$$\frac{p}{q}\frac{\mathrm{d}q}{\mathrm{d}p} = -1$$

或

$$\frac{\mathrm{d}p}{q} = -\frac{\mathrm{d}p}{p}$$

上式两端积分,得

$$\ln q = -\ln p + c$$

其中,c 是任意常数,把它记为 $\ln \bar{c}$,则有

$$q = \frac{\bar{c}}{p}$$

再由已知条件得 $300=\frac{\bar{c}}{2}$,得 $\bar{c}=600$,从而得出需求函数 $q=\frac{600}{p}$。

上面两个引例中,尽管问题的背景不同,但抽象出方程却具有共同的特点,都是以函数为未知元,并且含有该函数导数(或微分)的方程,这样的方程叫作微分方程。为此,下面引入微分方程的概念。

定义 6.1 含有未知数的导数(或微分)的方程,称为微分方程。未知函数只有含有一个自变量(即一元函数)的微分方程,称为常微分方程。

定义 6.2 微分方程中所出现的未知函数的导数(或微分)的最高阶数,称为微分方程的阶。

例如,方程$\frac{\mathrm{d}y}{\mathrm{d}x}=2x$ 是一阶微分方程;又如,方程 $x^2y'''+x^2y''=3x^2$ 和 $y^{(4)}+4y'''+10y''-12y'+5y=\sin 2x$ 分别是三阶微分方程和四阶微分方程。

一般地,n 阶微分方程的形式为 $F(x,y,y',y'',\cdots,y^{(n)})$,其中 $y^{(n)}$ 必须出现,而 $x,y,y',y'',\cdots,y^{(n-1)}$ 不一定出现。

定义 6.3 如果把某个函数及其各阶导数代入微分方程,能使该方程成为恒等式,则称这个函数为微分方程的解。

例如,式(6-2)和式(6-3)都是微分方程(6-1)的解。若微分方程的解中含有任意常数的个数与方程的阶数相同,且任意常数之间不能合并,则称此解为微分方程的通解。当通解中的这些任意常数根据具体条件可以确定取某定值时,得到的解就称为微分方程的特解。例如,式(6-2)是式(6-1)的通解,式(6-3)是式(6-1)的特解。

为了得到满足要求的特解,必须根据要求对微分方程附加一定的条件,这些条件称为初始条件,如引例 6.1 中的初始条件是$y|_{x=1}=2$。

[**例 6.1**] 验证函数 $y=c_1e^{-2x}+c_2e^{3x}$ 是微分方程 $y''-y'-6y=0$ 的通解,并求出方程满足初始条件$y|_{x=0}=3, y'|_{x=0}=-1$ 的特解。

解:求 $y=c_1e^{-2x}+c_2e^{3x}$ 的导数,得

$$y'=-2c_1e^{-2x}+3c_2e^{3x}, \quad y''=4c_1e^{-2x}+9c_2e^{3x}$$

将 y, y', y'' 的表达式代入方程 $y''-y'-6y=0$,得

$$(4c_1e^{-2x}+c_2e^{3x})-(-2c_1e^{-2x}+3c_2e^{3x})-6(c_1e^{-2x}+c_2e^{3x})=0$$

即函数 $y=c_1e^{-2x}+c_2e^{3x}$ 满足原方程,因此它是原方程的解。又由于 $y=c_1e^{-2x}+c_2e^{3x}$ 含有两个独立的任意常数,其个数与原方微分方程的阶数相同,所以 $y=c_1e^{-2x}+c_2e^{3x}$ 是原方程的通解。

将条件$y|_{x=0}=3$ 代入 $y=c_1e^{-2x}+c_2e^{3x}$,得 $3=c_1+c_2$;将条件$y'|_{x=0}=-1$ 代入 $y'=-2c_1e^{-2x}+3c_2e^{3x}$,得$-1=-2c_1+3c_2$。

由此解得 $c_1=2, c_2=1$,所以所求得特解为 $y=2e^{-2x}+e^{3x}$。

6.2 一阶微分方程

【知识目标】

掌握可分离变量的一阶微分方程和一阶线性微分方程的一般形式;理解一阶线性微分方程的常数变易法;会求解可分离变量的一阶微分方程和一阶线性微分方程。

【能力目标】

理解将实际问题抽象为数学模型的一般过程;能够运用一阶线性微分方程解决客观问题。

【知识正文】

6.2.1 可分离变量的一阶微分方程

如果一阶微分方程可以化为形如

$$g(y)\mathrm{d}y=f(x)\mathrm{d}x \tag{6-4}$$

的形式,则称式(6-4)为可分离变量的微分方程。这类方程的特点是:方程经过适当变形,可以将含有同一变量的函数和微分分离到等式的同一端。

设 $g(y)$ 的原函数为 $G(y)$,$f(x)$ 的原函数为 $F(x)$,则对方程 $g(y)\mathrm{d}y=f(x)\mathrm{d}x$ 两端积分 $\int g(y)\mathrm{d}y=\int f(x)\mathrm{d}x$, 得

$$G(y)=F(x)+C$$

上式就是所确定的式(6-4)的通解。

[**例 6.2**] 求微分方程 $y'=y^2+xy^2$ 的通解。

解:这是一个可分离变量的微分方程,分离变量后得到

$$\frac{\mathrm{d}y}{y^2}=(1+x)\mathrm{d}x$$

两端积分,得

$$\int\frac{1}{y^2}\mathrm{d}y=\int(1+x)\mathrm{d}x$$

即

$$-\frac{1}{y}=x+\frac{x^2}{2}+c \quad 或 \quad -\frac{1}{y}-x-\frac{x^2}{2}=c$$

此即原微分方程的通解。

[**例 6.3**] 求微分方程 $y'=2xy$ 通解。

解:原方程化为

$$\frac{\mathrm{d}y}{\mathrm{d}x}=2xy$$

分离变量,得

$$\frac{1}{y}\mathrm{d}y=2x\mathrm{d}x$$

两端积分,得

$$\int\frac{1}{y}\mathrm{d}y=\int 2x\mathrm{d}x$$

即

$$\ln|y| = x^2 + c_1$$

$$y = \pm e^{x^2} \cdot e^{c_1}(\text{取 } C = \pm e^{c_1})$$

于是所求通解为 $y=Ce^{x^2}$（C 为任意常数）。

［**例 6.4**］　求方程 $y(x^2+1)\dfrac{dy}{dx}=x(y^2+1)$ 的通解。

解：原方程化为

$$y(x^2+1)\frac{dy}{dx} = x(y^2+1)$$

分离变量，得

$$\frac{y}{y^2+1}dy = \frac{x}{x^2+1}dx$$

两端积分，得

$$\int\frac{y}{y^2+1}dy = \int\frac{x}{x^2+1}dx$$

即

$$\frac{1}{2}\ln(y^2+1) = \frac{1}{2}\ln(x^2+1) + C_1(\text{取 } C_1 = \frac{1}{2}\ln C)$$

有

$$\frac{1}{2}\ln(y^2+1) = \frac{1}{2}\ln(x^2+1) + \frac{1}{2}\ln C$$

于是原方程的通解为 $y^2+1=C(x^2+1)$。

［**例 6.5**］　求方程$\dfrac{dy}{dx}=10^{x+y}$ 满足初始条件$y|_{x=1}=0$ 的特解。

解：原方程改写为

$$\frac{dy}{dx}=10^x 10^y$$

分离变量，得

$$10^{-y}dy=10^x dx$$

两端积分，得

$$\int 10^{-y}dy = \int 10^x dx$$

即

$$-10^{-y}\frac{1}{\ln 10}=10^x\frac{1}{\ln 10}+C_1\left(\text{取 } C_1=-\frac{C}{\ln 10}\right)$$

有

$$-10^{-y}\frac{1}{\ln 10}=10^{x}\frac{1}{\ln 10}-\frac{C}{\ln 10}。$$

于是原方程的通解为 $10^x+10^{-y}=C$。

将初始条件 $y|_{x=1}=0$ 代入通解,可得 $C=11$,从而所求特解为

$$10^x+10^{-y}=11$$

[**例 6.6**] 求解微分方程 $(x^2+1)(y^2-1)\mathrm{d}x+xy\mathrm{d}y=0$。

解:当 $x(y^2-1)\neq 0$ 时,用它除上式的两端,得到

$$\frac{x^2+1}{x}\mathrm{d}x+\frac{y}{y^2-1}\mathrm{d}y=0$$

将上式进行积分,得到

$$x^2+\ln x^2+\ln|y^2-1|=C_1$$

即

$$x^2\mathrm{e}^{x^2}|y^2-1|=\mathrm{e}^{C_1}$$

$$y^2=1+C\frac{\mathrm{e}^{-x^2}}{x^2}$$

其中 $C=\pm\mathrm{e}^{C_1}\neq 0$。

此外,当 $x(y^2-1)=0$ 时,得到特解 $x=0,y=\pm 1$。但是特解 $y=\pm 1$ 包含于 $y^2=1+C\frac{\mathrm{e}^{-x^2}}{x^2}$ 中,因此方程式的解为

$$y^2=1+C\frac{\mathrm{e}^{-x^2}}{x^2}$$

其中,C 为任意常数。

[**例 6.7**] 某工厂生产某种产品 q 件时的总成本为 $C=C(q)$,它与边际成本的关系是 $C'=\frac{C-2q}{2C-q}$。已知该厂的固定成本是 100,求总成本函数。

解:原方程可化为 $C'=\frac{\frac{C}{q}-2}{2\frac{C}{q}-1}$,令 $u=\frac{C}{q}$,得

$$u'q+u=\frac{u-2}{2u-1}$$

分离变量,得

$$\frac{2u-1}{2u^2-2u+2}\mathrm{d}u=-\frac{\mathrm{d}q}{q}$$

两端积分，得

$$\frac{1}{2}\ln(u^2-u+1)=-\ln q+c_1$$

将积分常数 c_1 改写成 $\ln c_2$，得到

$$\frac{1}{2}\ln(u^2-u+1)=-\ln q+\ln c_2$$

将 $u=\dfrac{C}{q}$代回上式，整理得到

$$q^2\left(\frac{C^2}{q^2}-\frac{C}{q}+1\right)=c_2^2 \quad 或 \quad C^2-Cq+q^2=c_2^2$$

已知固定成本为 100，即 $C(0)=100$，代入上式得 $100^2=c_2^2$，即 $c_2=100$。

至此求出该工厂的总成本函数为 $C^2-Cq+q^2=10\,000$。

6.2.2　一阶线性微分方程

未知函数及其导数都是一次的微分方程称为 q 阶线性微分方程。其一般式为

$$y'+p(x)y=q(x) \tag{6-5}$$

如果 $q(x)=0$，式(6-5)可化为

$$y'+p(x)y=0 \tag{6-6}$$

式(6-6)称为一阶线性齐次微分方程。

当 $q(x)\neq 0$，式(6-5)称为一阶线性非齐次微分方程。

1. 一阶线性齐次微分方程的通解

$y'+p(x)y=0$ 是可分离变量的微分方程，分离变量后可化为

$$\frac{1}{y}\mathrm{d}x=-p(x)\mathrm{d}x$$

两端积分，得

$$\ln|y|=-\int p(x)\mathrm{d}x+\ln C_0$$

于是方程 $y'+p(x)y=0$ 的通解为

$$y=C\mathrm{e}^{-\int p(x)\mathrm{d}x}$$

2. 一阶线性非齐次微分方程的通解

方程 $y'+p(x)y=q(x)$ 的通解可以利用常数变易法得到。

先求得微分方程 $y'+p(x)y=q(x)$ 所对应的一阶线性齐次微分方程 $y'+p(x)y=0$ 的通解 $y=C\mathrm{e}^{-\int p(x)\mathrm{d}x}$，然后将 $y=C\mathrm{e}^{-\int p(x)\mathrm{d}x}$ 中的任意常数 C 换为待定函数 $C(x)$。即设方程

$y' + p(x)y = q(x)$的通解为

$$y = C(x)e^{-\int p(x)dx} \quad (6-7)$$

于是

$$y' = C'(x)e^{-\int p(x)dx} + C(x)(e^{-\int p(x)dx})'$$
$$= C'(x)e^{-\int p(x)dx} - C(x)p(x)e^{-\int p(x)dx} \quad (6-8)$$

将式(6−7)、式(6−8)代入 $y'+p(x)=q(x)$,得

$$C'(x)e^{-\int p(x)dx} - C(x)p(x)e^{-\int p(x)dx} + p(x)C(x)e^{-\int p(x)dx} = q(x)$$

即

$$C'(x) = \int q(x)e^{\int p(x)dx}$$

两端积分,得

$$C(x) = \int q(x)e^{\int p(x)dx}dx + C$$

将上式代入式 $y = C(x)e^{-\int p(x)dx}$, 得

$$y = e^{-\int p(x)dx}\left(\int q(x)e^{\int p(x)dx}dx + C\right) \quad (6-9)$$

可以验证, $y = e^{-\int p(x)dx}\left(\int q(x)e^{\int p(x)dx}dx + C\right)$ 就是一阶线性非齐次微分方程的通解,式(6−9)称为常数变易法公式。

[**例 6.8**] 求微分方程$\frac{dx}{dx}+2xy=2xe^{-x^2}$ 的通解。

解:这是一阶线性非齐次微分方程,下面用两种方法求解。

解法一:按常数变易法的思路求解。

先求对应的齐次微分方程$\frac{dy}{dx}+2xy=0$ 的通解。分离变量,得

$$\frac{dy}{y} =- 2dx$$

两端积分,得

$$\ln y =- x^2 + \ln C$$

即 $y=Ce^{-x^2}$。这就是原方程对应的齐次微分方程的通解。

设 $y=C(x)e^{-x^2}$ 为原一阶线性非齐次微分方程的解,其中 $C(x)$为待定函数,则

$$\frac{dy}{dx} = C'(x)e^{-x^2} - 2xC(x)e^{-x^2}$$

将 y 及 $\frac{dy}{dx}$ 代入原方程，得

$$C'(x)e^{-x^2}-2xC(x)e^{-x^2}+2xC(x)e^{-x^2}=2xe^{-x^2}$$

整理后，得

$$C'(x)=2x$$

两端积分，得

$$C(x)=\int 2x\mathrm{d}x=x^2+C$$

所以原方程的通解为

$$y=(x^2+C)e^{-x^2}$$

解法二：直接利用常数变易公式(6-9)求解。

因为 $p(x)=2x,q(x)=2xe^{-x^2}$，代入式(6-9)，得所求一阶线性非齐次微分方程的通解为

$$\begin{aligned}y&=e^{-\int 2x\mathrm{d}x}\left[\int 2xe^{-x^2}\cdot e^{\int 2x\mathrm{d}x}\mathrm{d}x+C\right]\\&=e^{-x^2}\left[\int 2xe^{-x^2}\cdot e^{x^2}\mathrm{d}x+C\right]\\&=e^{-x^2}\left(\int 2x\mathrm{d}x+C\right)\\&=e^{-x^2}(x^2+C)\end{aligned}$$

注意：使用式(6-9)时，必须首先将方程化为形如式(6-5)的形式，再确定 $p(x)$ 和 $q(x)$，然后代入公式求解。

[例6.9] 求微分方程 $x^2\mathrm{d}y+(2xy-x+1)\mathrm{d}x=0$ 满足初始条件 $y|_{x=1}=0$ 的特解。

解法一：将原方程变形为

$$\frac{\mathrm{d}y}{\mathrm{d}x}+\frac{2}{x}y=\frac{x-1}{x^2}$$

这是一个一阶线性非齐次方程，先求相应的齐次方程 $\frac{\mathrm{d}y}{\mathrm{d}x}+\frac{2}{x}y=0$ 的通解，用分离变量法，得

$$y=\frac{C}{x^2}$$

用常数变易法，令 $y=\frac{C(x)}{x^2}$，有

$$y'=\frac{C'(x)}{x^2}-\frac{2C(x)}{x^3}$$

把 y 和 y'代入原方程,并化简得

$$C'(x)=x-1$$

两端积分,得

$$C(x)=\frac{1}{2}x^2-x+C$$

所以原方程的通解为

$$y=\frac{1}{x^2}\left(\frac{1}{2}x^2-x+C\right)=\frac{1}{2}-\frac{1}{x}+\frac{C}{x^2}$$

把初始条件$y|_{x=1}=0$ 代入上式,得 $C=\frac{1}{2}$。故所求方程的特解为

$$y=\frac{1}{2}-\frac{1}{x}+\frac{1}{2x^2}$$

解法二:将原方程变形为$\frac{\mathrm{d}y}{\mathrm{d}x}+\frac{2}{x}y=\frac{x-1}{x^2}$,这是一个一阶线性非齐次方程。

可得 $p(x)=\frac{2}{x}$,$q(x)=\frac{x-1}{x^2}$,将 $p(x)$,$q(x)$代入一阶线性非齐次方程通解公式,得

$$\begin{aligned}y&=\mathrm{e}^{-\int\frac{2}{x}\mathrm{d}x}\left[\int\frac{x-1}{x^2}\mathrm{e}^{\int\frac{2}{x}\mathrm{d}x}\mathrm{d}x+C\right]\\&=\frac{1}{x^2}\left[\int\frac{x-1}{x^2}x^2\mathrm{d}x+C\right]=\frac{1}{x^2}\left[\int(x-1)\mathrm{d}x+C\right]\\&=\frac{1}{x^2}\left(\frac{1}{2}x^2-x+C\right)=\frac{1}{2}-\frac{1}{x}+\frac{C}{x^2}\end{aligned}$$

把初始条件$y|_{x=1}=0$ 代入上式,得 $C=\frac{1}{2}$,故所求方程的特解为 $y=\frac{1}{2}-\frac{1}{x}+\frac{1}{2x^2}$。

[例 6.10] 求微分方程 $x\frac{\mathrm{d}y}{\mathrm{d}x}+y=x\mathrm{e}^x$ 的通解。

解:将原方程化为$\frac{\mathrm{d}y}{\mathrm{d}x}+\frac{1}{x}y=\mathrm{e}^x(x\neq0)$,则

$$p(x)=\frac{1}{x},\quad q(x)=\mathrm{e}^x$$

于是所求通解为

$$\begin{aligned}y&=\mathrm{e}^{-\int\frac{1}{x}\mathrm{d}x}\left[\int\mathrm{e}^x\cdot\mathrm{e}^{\int\frac{1}{x}\mathrm{d}x}\mathrm{d}x+C\right]\\&=\mathrm{e}^{\ln\frac{1}{x}}\left[\int\mathrm{e}^x\cdot\mathrm{e}^{\ln x}\mathrm{d}x+C\right]\end{aligned}$$

$$= \frac{1}{x}\left(\int x\mathrm{e}^{x}\mathrm{d}x + C\right)$$

$$= \frac{1}{x}(x\mathrm{e}^{x} - \mathrm{e}^{x} + C)\ (x \neq 0)$$

[**例 6.11**]　研究市场均衡,假设某种商品的需求函数和供给函数分别为 $q_{\mathrm{d}}=a-bp$,$q_{\mathrm{s}}=-c+gp$,这里 a,b,c 和 g 均是正的常数;$p=p(t)$ 是该商品的价格,它是时间 t 的函数。

解:经济分析表明:价格关于时间 t 的变化率与超额需求成正比,即 $\frac{\mathrm{d}p}{\mathrm{d}t}=\lambda(q_{\mathrm{d}}-q_{\mathrm{s}})$,这里 λ 为常数,$\lambda>0$。这样就得到该商品价格 $p=p(t)$ 的微分方程为

$$\frac{\mathrm{d}p}{\mathrm{d}t} + \lambda(b + g)p = \lambda(a + c)$$

已知商品初始时间的价格 $p(0)=p_0$,就可以求得通解为

$$p = \left(p_0 - \frac{a + c}{b + g}\right)\mathrm{e}^{-\lambda(b+g)t} + \frac{a + c}{b + g}$$

如果该商品存在一个均衡价格 p^* 与均衡数量 q^*,则处于均衡状态时,应有

$$p = p^*,\quad q_{\mathrm{d}} = q_{\mathrm{s}} = q^*$$

这样在均衡水平下,由 $a-bp^*=-c+gp^*$,得 $p^*=\frac{a+c}{b+g}$。

因此,由所得到的解可知,当 $t\to+\infty$ 时,由于 $\lambda(b+g)>0$,就有 $p\to p^*=\frac{a+c}{b+g}$,表明均衡价格确实存在。

6.2.3　可降阶的高阶微分方程

高阶微分方程是指二阶及二阶以上的微分方程。一般而言,高阶微分方程求解更为困难,而且没有普遍适用的解法,本节主要介绍几种常见的可用降阶法求解的高阶微分方程。

1. $y^{(n)}=f(x)$ 型的微分方程

对这类方程只需要通过 n 次积分就可以得到方程的通解。

[**例 6.12**]　求方程 $y'''=\cos x$ 的通解。

解:因为 $y'''=\cos x$,所以

$$y'' = \int\cos x\mathrm{d}x = \sin x + C$$

$$y' = \int(\sin x + C_1)\mathrm{d}x = -\cos x + C_1x + C_2$$

$$y=\int(-\cos x+C_1x+C_2)\mathrm{d}x=-\sin x+\frac{1}{2}C_1x^2+C_2x+C_3$$

上式即为所求方程的通解。

2. $y''=f(x,y')$ 型的微分方程

这类方程的特点是:方程右端不含未知函数 y,令 $y'=p(x)$,则 $y''=p'(x)$。代入方程得 $p'(x)=f(x,P(x))$,可以得到解为 $p(x)=\varphi(x,C_1)$,两边积分就能得到方程的通解为

$$y=\int\varphi(x,C_1)\mathrm{d}x+C_2$$

[例 6.13] 求微分方程 $y''=\frac{1}{x}y'+x$ 的通解。

解:令 $y'=p$,则 $y''=p'$,代入原方程有 $p'-\frac{1}{x}p=x$。这是一个一阶线性非齐次微分方程,其通解为

$$p=\mathrm{e}^{\int\frac{1}{x}\mathrm{d}x}\left[x\mathrm{e}^{\int-\frac{1}{x}\mathrm{d}x}\mathrm{d}x+C_1\right]=x\left[\int\mathrm{d}x+C_1\right]=x(x+C_1)=x^2+C_1x$$

$$y'=x^2+C_1x$$

再次积分得到方程通解为 $y=\frac{1}{3}x^3+\frac{C_1}{2}x^2+C_2$。

3. $y''=f(y,y')$ 型的微分方程

这类方程的特点是:方程中不明显含有自变量 x。求解这类方程时可令 $y'=p(y)$,则

$$y''=\frac{\mathrm{d}y'}{\mathrm{d}x}=\frac{\mathrm{d}p}{\mathrm{d}y}\frac{\mathrm{d}y}{\mathrm{d}x}=\frac{\mathrm{d}p}{\mathrm{d}x}p$$

$y''=f(y,y')$ 可化为

$$p\frac{\mathrm{d}p}{\mathrm{d}y}=f(y,p)$$

这是关于 y 和 p 的一阶微分方程,如果能求出其解 $p=\varphi(y,C_1)$,则由 $\frac{\mathrm{d}y}{\mathrm{d}x}=\varphi(y,C_1)$ 可求出原方程的解。

[例 6.14] 求微分方程 $y''+\frac{1}{y^2}\mathrm{e}^{y^2}y'-2y(y')^2=0$ 满足初始条件 $y\big|_{x=-\frac{1}{2\mathrm{e}}}=1$, $y'\big|_{x=-\frac{1}{2\mathrm{e}}}=\mathrm{e}$ 的特解。

解:令 $y'=p$,则 $y''=p\frac{\mathrm{d}p}{\mathrm{d}y}$,代入原方程,将方程化为

$$p\left(\frac{dp}{dy}+\frac{1}{y^2}e^{y^2}-2yp\right)=0$$

于是有

$$\frac{dp}{dy}-2yp+\frac{1}{y^2}e^{y^2}=0$$

考虑初始条件，于是得$\frac{dp}{dy}-2yp=-\frac{1}{y^2}e^{y^2}$，这是一个一阶线性非齐次微分方程，将$p(x)$，$q(x)$代入通解公式得

$$p=e^{-\int -2ydy}\left[\int -\frac{1}{y^2}e^{y^2}e^{\int -2ydy}dy+C\right]$$

解得$p=e^{y^2}\left(\frac{1}{y}+C_1\right)$，即$\frac{dy}{dx}=e^{y^2}\left(\frac{1}{y}+C_1\right)$。

将初始条件$y\big|_{x=-\frac{1}{2e}}=1$，$y'\big|_{x=-\frac{1}{2e}}=e$代入上式，得$C_1=0$，所以$\frac{dy}{dx}=\frac{1}{y}e^{y^2}$，即

$$ye^{-y^2}dy=dx$$

两边积分，得

$$-\frac{1}{2}e^{-y^2}=x+C_2$$

将初始条件$y\big|_{x=-\frac{1}{2e}}=1$代入得$C_2=0$，于是所求方程的特解为$x=-\frac{1}{2}e^{-y^2}$。

6.3　二阶线性微分方程

【知识目标】

掌握二阶常系数线性微分方程的一般形式；会求解二阶常系数齐次线性微分方程及二阶常系数非齐次线性微分方程。

【能力目标】

理解将实际问题抽象为数学模型的一般过程；能够运用二阶常系数齐次线性微分方程解决客观问题。

【知识正文】

［**引例6.3**］　如图6.1所示，一个质量为m的重物悬挂在上端固定的竖直的弹簧的下端，使弹簧伸长a m，此时弹簧下端位于O点，将重物又拉下a m后现入手，求重物相对于O的位置函数（假定物体只受重力和弹性力作用）。

由胡克定律知 $f=kx$，即 $mg=ka$，所以 $k=\frac{mg}{a}$。

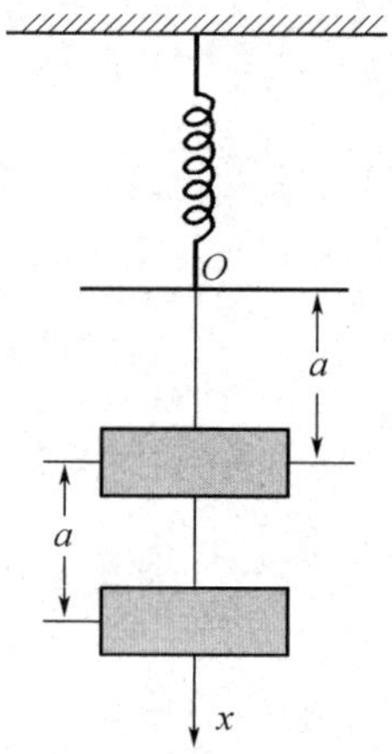

图 6.1

设任意时刻 t 时，重物的位置为 $x=x(t)$，由题意可知，物体所受的力为 $mg-k(a+x)$，且当 $t=0$ 时，$x=a$。

由牛顿第二定律知

$$m\frac{\mathrm{d}^2x}{\mathrm{d}t^2}=mg-\frac{mg}{a}$$

即

$$\begin{cases}\dfrac{\mathrm{d}^2x}{\mathrm{d}t^2}+\dfrac{g}{a}x=0 & (1)\\ x(0)=a & (2)\\ x'(0)=0 & (3)\end{cases}$$

方程(1)是一个二阶微分方程，注意到方程中函数 $x(t)$ 及其各阶的次数都不高于 1，系数均为常数，称这样的方程为二阶常系数齐次线性微分方程。

6.3.1 二阶线性齐次微分方程解的结构

如果一个二阶微分方程中出现的未知函数及其一阶、二阶导数都是一次的，那么这个方程称为二阶线性微分方程。其一般式为

$$y''+p_1(x)y'+p_2(x)y=f(x) \tag{6-10}$$

其中，$p_1(x)$，$p_2(x)$，$f(x)$ 都是关于 x 的连续函数。

若 $f(x)\equiv 0$，则式(6-10)变为

$$y''+p_1(x)y'+p_2(x)y=0 \tag{6-11}$$

式(6-11)称为二阶线性齐次微分方程。

特别地，$p_1(x)$，$p_2(x)$ 分别为常数 p，q 时，式(6-10)、式(6-11)分别为

$$y''+py'+qy=f(x) \tag{6-12}$$

和

$$y''+py'+qy=0 \tag{6-13}$$

式(6-13)称为二阶常系数线性齐次微分方程，式(6-12)称为二阶常系数线性非齐次微分方程。

定理 6.1 设 $y_1(x)$，$y_2(x)$ 是二阶线性齐次微分方程 $y''+p_1(x)y'+p_2(x)y=0$ 的两个解，则 y_1 与 y_2 的线性组合 $y=C_1y_1+C_2y_2$ 也是方程 $y''+p_1(x)y'+p_2(x)y=0$ 的解，其中 C_1，C_2 是任意常数。

证明：因为 y_1，y_2 都是 $y''+p_1(x)y'+p_2(x)y=0$ 的解，所以

$$y''_1+p_1y'_1+p_2y_1=0$$

$$y''_2+p_1y'_2+p_2y_2=0$$

将 $y=C_1y_1+C_2y_2$ 代入 $y''+p_1(x)y'+p_2(x)y$,则有

$$\begin{aligned} y''+p_1(x)y'+p_2(x)y &= (C_1y_1+C_2y_2)''+p_1(C_1y_1+C_2y_2)'+p_2(C_1y_1+C_2y_2) \\ &= C_1(y''_1+p_1y'_1+p_2y_1)+C_2(y''_2+p_1y'_2+p_2y_2) \\ &= 0 \end{aligned}$$

由此看出,如果 y_1,y_2 是方程 $y''+p_1(x)y'+p_2(x)y=0$ 的解,那么 $C_1y_1+C_2y_2$ 就是方程 $y''+p_1(x)y'+p_2(x)y=0$ 的解,其中 C_1,C_2 是任意常数。

值得注意的是,$y=C_1y_1+C_2y_2$ 中虽然含有两个任意常数 C_1,C_2,但其不一定是式(6-11)的通解。例如,对于二阶常系数齐次线性微分方程 $y''-2y'+y=0$,容易验证 $y_1(x)=\mathrm{e}^x,y_2(x)=2\mathrm{e}^x$ 都是它的解。由定理 6.1 知

$$y=C_1y_1+C_2y_2=C_1\mathrm{e}^x+2C_2\mathrm{e}^x=(C_1+2C_2)\mathrm{e}^x=C\mathrm{e}^x$$

也是它的解,但这个解实质上只含有一个任意常数 C,显然它不是所给方程的通解。那么满足什么条件时 $y=C_1y_1+C_2y_2$ 是式(6-11)的通解呢?为了解决这个问题,我们先引入两个函数线性无关及线性相关的概念。

定义 6.4　设 $y_1(x)$ 与 $y_2(x)$ 是定义在某区间内的两个函数,如果存在不全为 0 的常数 k_1,k_2,使得对于该区间内的一切 x,均有 $k_1y_1+k_2y_2=0\left(\text{或}\dfrac{y_1(x)}{y_2(x)}=k,k\text{ 为常数}\right)$成立,则称函数 $y_1(x)$ 与 $y_2(x)$ 在该区间内线性相关;否则称 $y_1(x)$ 与 $y_2(x)$ 在该区间内线性无关。

例如,$y_1(x)=\mathrm{e}^x$ 与 $y_2(x)=2\mathrm{e}^x$ 是线性相关的,而 $y_3(x)=x\mathrm{e}^x$ 与 $y_4(x)=\mathrm{e}^x$ 是线性无关的。

有了上述两个函数线性无关的定义,便有了下面的定理。

定理 6.2　如果 $y_1(x),y_2(x)$ 是式(6-11)的两个线性无关的解,则 $y=C_1y_1+C_2y_2$ 是式(6-11)的通解,其中 C_1,C_2 是任意常数。

[例 6.15]　验证 $y_1(x)=\mathrm{e}^{-x}$ 与 $y_2(x)=\mathrm{e}^{2x}$ 都是微分方程 $y''-y'-2y=0$ 的解,并写出它的通解。

解:$y'_1(x)=-\mathrm{e}^{-x},y''_1=\mathrm{e}^{-x}$;$y'_2(x)=2\mathrm{e}^{2x},y''_2=4\mathrm{e}^{2x}$。

将 y'_1,y''_1,y'_2,y''_2 分别代入方程左端,得

$$\mathrm{e}^{-x}+\mathrm{e}^{-x}-2\mathrm{e}^{-x}=0,\quad 4\mathrm{e}^{2x}-2\mathrm{e}^{2x}-2\mathrm{e}^{2x}=0$$

可见 $y_1(x)=\mathrm{e}^{-x}$ 与 $y_2(x)=\mathrm{e}^{2x}$ 都是所给微分方程的解。由于 $\dfrac{y_2(x)}{y_1(x)}=\dfrac{\mathrm{e}^{2x}}{\mathrm{e}^{-x}}=\mathrm{e}^{-3x}$,不为常数,

所以 $y_1(x)=e^{-x}$ 与 $y_2(x)=e^{2x}$ 是两个线性无关的解，由定理 6.2 知所求的方程通解为 $y=C_1e^{-x}+C_2e^{2x}$，其中 C_1,C_2 是任意常数。

6.3.2 二阶常系数线性齐次微分方程的解法

由定理 6.2 可知，要求式(6-13)的通解，关键在于求出式(6-13)的两个线性无关的特解。我们知道，指数函数 $y=e^{rx}$（r 为常数）的各阶导数仍是指数函数 $y=e^{rx}$ 乘一个常数因子，考虑到式(6-13)的系数是常数的特点，因此猜想：如果适当选取常数 r，有可能使函数 $y=e^{rx}$ 满足式(6-13)的解。设式(6-13)的解为 $y=e^{rx}$，则 $y'=re^{rx}$，$y''=r^2e^{rx}$，把 y,y' 及 y'' 代入式(6-13)，整理后得 $(r^2+pr+q)e^{rx}=0$。

由于 $e^{x}\neq0$，所以

$$r^2+pr+q=0 \tag{6-14}$$

这表明，只要常数 r 满足式(6-14)，函数 $y=e^{rx}$ 就是式(6-13)的解。我们称一元二次方程(6-14)为式(6-13)的特征方程，式(6-14)的根称为特征根，其中 r^2,r 的系数及常数项依次是式(6-13)中 y'',y' 及 y 的系数。

由一元二次方程的求根公式，可得特征方程(6-14)的根为

$$r_{1,2}=\frac{-p\pm\sqrt{p^2-4p}}{2}$$

下面分三种情况讨论式(6-13)通解的求法。

(1) 当 $p^2-4p>0$ 时，特征方程(6-14)有两个不相等的实根 r_1,r_2，即

$$r_1=\frac{-p+\sqrt{p^2-4q}}{2},\quad r_2=\frac{-p-\sqrt{p^2-4q}}{2}$$

于是 $y_1=e^{r_1x}$ 与 $y_2=e^{r_2x}$ 都是式(6-13)的解，且 $\frac{y_2}{y_1}=\frac{e^{r_2x}}{e^{r_1x}}=e^{(r_2-r_1)x}$ 不为常数。即 $y_1=e^{r_1x}$ 与 $y_2=e^{r_2x}$ 线性无关。因此由定理 6.2 可得式(6-14)的通解为 $y=C_1e^{r_1x}+C_2e^{r_2x}$，其中 C_1,C_2 为任意常数。

(2) 当 $p^2-4q=0$ 时，特征方程(6-14)有两个相等的实根 $r_1=r_2=-\frac{p}{2}$，于是只得到式(6-13)的一个特解：$y_1=e^{r_1x}$；还需找出式(6-13)的另一个与 y_1 线性无关的特解 y_2。

设 $\frac{y_2}{y_1}=u(x)$，则 $y_2=y_1u(x)=e^{r_1x}$ 是式(6-13)的另一个特解，这里的 $u(x)$ 是待定函数。

由于

$$y'_2(x)=e^{r_1x}[u'(x)+r_1u(x)]$$

$$y''_2(x) = e^{r_1x}[u''(x) + 2r_1u'(x) + r_1^2u(x)]$$

将 y_2, y'_2, y''_2 代入式(6-13),整理后得

$$e^{r_1x}[u''(x) + (2r_1 + p)u'(x) + (r_1^2 + pr_1 + q)u(x)] = 0$$

又由 $e^{r_1x} \neq 0$,知

$$u''(x) + (2r_1 + p)u'(x) + (r_1^2 + pr_1 + q)u(x) = 0$$

因为 $r_1 = -\frac{p}{2}$是特征方程(6-14)的重根,所以

$$r_1^2 + pr_1 + q = 0, \quad 2r_1 + p = 0$$

于是 $u''(x) = 0$。

可见,只要取一个满足上式且不为常数的函数 $u(x)$,即可得到 y_2。将上式积分两次,得 $u(x) = C_1x + C_2$。

若取 $C_1 = 1, C_2 = 0$,可得 $u(x) = x$。于是得式(6-13)的另一个与 y_1 线性无关的特解 $y_2 = xe^{r_1x}$。从而式(6-13)的通解为

$$y = C_1e^{r_1x} + C_2xe^{r_2x}$$

即

$$y = (C_1 + C_2x)e^{r_1x}$$

其中,C_1, C_2 为任意常数。

(3)当 $p^2-4q<0$ 时,特征方程(6-14)有一对共轭复根:$r_{1,2} = a \pm i\beta(\beta>0)$。其中实部和虚部分别为

$$\alpha = -\frac{p}{2}, \quad \beta = \frac{\sqrt{4q - p^2}}{2} > 0$$

此时,$y_1 = e^{(\alpha+i\beta)x}$ 与 $y_2 = e^{(\alpha-i\beta)x}$ 是式(6-13)的两个复函数形式的解。为了把它们表示成实数函数形式的解,利用欧拉公式 $e^{i\theta} = \cos\theta + i\sin\theta$ 可得

$$e^{(\alpha \pm i\beta)x} = (\cos\beta x \pm i\sin\beta x)e^{\alpha x}$$

于是有$\frac{y_1+y_2}{2} = e^{\alpha x}\cos\beta x, \frac{y_1-y_2}{2i} = e^{\alpha x}\sin\beta x$。

根据定理 6.1 可知,$e^{x}\cos\beta x$ 和 $e^{\alpha x}\sin\beta x$ 也是式(6-13)的解,并且是线性无关的。故式(6-13)的通解的实函数形式为 $y = e^{\alpha x}(C_1\cos\beta x + C_2\sin\beta x)$。

[例 6.16]　求微分方程 $y''+3y'-4y=0$ 的通解。

解:特征方程为

$$r^2 + 3r - 4 = 0$$

特征根为

$$r_1=-4,\quad r_2=1$$

该式的通解为

$$y=C_1\mathrm{e}^{-4x}+C_2\mathrm{e}^{x}$$

[**例 6.17**]　求式$\frac{\mathrm{d}^2y}{\mathrm{d}x^2}+2\frac{\mathrm{d}y}{\mathrm{d}x}+y=0$ 满足初始条件$y|_{x=0}=4,\left.\frac{\mathrm{d}y}{\mathrm{d}x}\right|_{x=0}=-2$ 的特解。

解:特征方程为

$$r^2+2r+1=0$$

特征根为

$$r_1=r_2=-1$$

该方程的通解为

$$y=(C_1+C_2x)\mathrm{e}^{-x}$$

将初始条件$y|_{x=0}=4$ 代入上式得 $C_1=4$。从而有

$$y=(4+C_2x)\mathrm{e}^{-x}$$

由于$\frac{\mathrm{d}y}{\mathrm{d}x}=\mathrm{e}^{-x}(C_2-4-C_2x)$,将初始条件$\left.\frac{\mathrm{d}y}{\mathrm{d}x}\right|_{x=0}=-2$ 代入得 $C_2=2$。

因此所求特解为

$$y=(4+2x)\mathrm{e}^{-x}$$

[**例 6.18**]　求微分方程 $y''+2y'+3y=0$ 的通解。

解:特征方程为

$$r^2+2r+3=0$$

特征根为

$$r_{1,2}=\frac{-2\pm\sqrt{4-4\times3}}{2}=-1\pm\sqrt{2}\mathrm{i}$$

它们是一对共轭复根($\alpha=-1,\beta=\sqrt{2}$),于是所求通解为

$$y=\mathrm{e}^{-x}(C_1\cos\sqrt{2}x+C_2\sin\sqrt{2}x)$$

从前面的讨论可以看到,求解二阶常系数线性齐次微分方程时,不必通过积分,而是用代数方法求出特征根,就可以写出微分方程的通解。需要指出的是,此法可推广到高于二阶的常系数线性齐次微分方程。

6.3.3　二阶常系数线性非齐次微分方程的解法

定理 6.3　设 $y^*(x)$是二阶常系数线性非齐次微分方程(6-12)的一个特解,$Y=C_1y_1(x)+C_2y_2(x)$是方程(6-12)所应的齐次微分方程(6-13)的通解,则

$$y = Y + y^* = C_1y_1(x) + C_2y_2(x) + y^*(x)$$

是式(6-12)的通解。

定理 6.4　设 $y_1^*(x)$ 与 $y_2^*(x)$ 分别是二阶常系数线性非齐次微分方程 $y''+py'+qy=f_1(x)$ 和 $y''+py'+f_2(x)$ 的特解，则 $y^*(x)=y_1^*(x)+y_2^*(x)$ 是微分方程 $y''+py'+qy=f_1(x)+f_2(x)$ 的特解，其中 p,q 为常数。

根据定理 6.3 可知，式(6-12)的通解结构为 $y=Y+y^*$，其中 Y 是式(6-12)所对应的齐次微分方程(6-13)的一个通解，y^* 是式(6-12)的一个特解。Y 的求法前面已经讨论过，下面只需讨论 y^* 的求法。接下来仅就式(6-12)的右端函数 $f(x)$ 的两种常见形式介绍求特解 y^* 的方法。

$f(x)$ 的两种常见形式如下：

(1) $f(x)=p_n(x)e^{\alpha x}$，其中 $p_n(x)$ 为关于 x 的 n 次多项式，α 为常数。

(2) $f(x)=(A\cos\beta x+B\sin\beta x)e^{\alpha x}$，其中 α,β,A,B 为常数。

1. $f(x)=p_n(x)e^{\alpha x}$ 型

这种类型的 $f(x)$ 对应的方程为

$$y'' + py' + qy = p_n(x)e^{\alpha x} \qquad (6-15)$$

我们知道，式(6-15)的特解 y^* 是式(6-15)成为恒等式的函数，猜想 $y^*=Q(x)e^{\alpha x}$ ($Q(x)$ 是某个多项式)可能是式(6-15)的特解。把 $y^*, y^{*\prime}, y^{*\prime\prime}$ 代入式(6-15)，然后适当选取 $Q(x)$，使 $y^*=Q(x)e^{\alpha x}$ 满足式(6-15)。为此，设式(6-15)的特解为

$$y^* = Q(x)e^{\alpha x}$$

则

$$y^{*\prime} = Q'(x)e^{\alpha x} + aQ(x)e^{\alpha x}, \quad y^{*\prime\prime} = Q''(x)e^{\alpha x} + 2\alpha Q'(x)e^{\alpha x} + \alpha^2 Q(x)e^{\alpha x}$$

将 $y^*, y^{*\prime}, y^{*\prime\prime}$ 代入式(6-15)，得

$$[Q''(x) + 2\alpha Q'(x) + \alpha^2 Q(x)]e^{\alpha x} + p[Q'(x) + aQ(x)]e^{\alpha x} + qQ(x)e^{\alpha x} = p_n(x)e^{\alpha x}$$

$e^{\alpha x}\neq 0$，约去 $e^{\alpha x}$ 并整理得

$$Q''(x) + (2\alpha + p)Q'(x) + (\alpha^2 + p\alpha + q)Q(x) = p_n(x) \qquad (6-16)$$

下面分三种情形讨论：

(1) 若 α 不是式(6-15)所对应的齐次方程(6-13)的特征方程的根，即 $\alpha^2+p\alpha+q\neq 0$。此时式(6-16)的左端的最高次幂项在 $Q(x)$ 中，要使式(6-16)两端恒等，$Q(x)$ 必须是 n 次多项式。因此，设式(6-13)的一个特解为 $y^*=Q_n(x)e^{\alpha x}$，其中 $Q_n(x)=b_0x^n+b_1x^{n-1}+b_2x^{n-2}+\cdots+b_{n-1}x+b_n$，且 $b_0,b_1,b_2,\cdots,b_{n-1},b_n$ 是 $n+1$ 个待定系数。

将 $y^*, y^{*\prime}, y^{*\prime\prime}$ 代入式(6-15)，比较等式两端 x 的同次幂系数，得到含有未知系数

$b_0,b_1,b_2,\cdots,b_{n-1},b_n$ 的 $n+1$ 个式,由此可以确定 $n+1$ 个未知系数 $b_0,b_1,b_2,\cdots,b_{n-1},b_n$,从而得到式(6-15)的特解 y^*。

(2)若 α 是式(6-15)所对应的齐次方程(6-13)的特征方程的单根,即 $\alpha^2+p\alpha+q=0,2\alpha+p\neq0$。此时式(6-16)的左端只含有 $Q'(x)$ 与 $Q''(x)$ 项,而多项式求导一次后它的次数要降低一次,因此要使式(6-16)两端恒等,$Q(x)$ 必须是 $n+1$ 次多项式。于是可设式(6-15)的一个特解为 $y^*=xQ_n(x)e^{\alpha x}$,求出 $y^{*\prime}$ 及 $y^{*\prime\prime}$ 后,把它们代入式(6-15),整理后再用与(1)类似的方法求出 $Q_n(x)$ 中的待定系数 $b_0,b_1,b_2,\cdots,b_{n-1},b_n$,从而得出式(6-15)的特解 y^*。

(3)若 α 是式(6-15)所对应的齐次式(6-13)的特征方程的重根,即 $\alpha^2+p\alpha+q=0$,$2\alpha+p=0$。此时式(6-16)的左端只含有 $Q''(x)$ 项,要使式(6-16)成为恒等式,$Q(x)$ 必须是 $n+2$ 次多项式。于是可设式(6-15)的一个特解为,$y^*=x^2Q_n(x)e^{\alpha x}$,求出 $y^{*\prime}$ 及 $y^{*\prime\prime}$ 后,把它们代入式(6-15),求出 $Q(x)$ 中的待定系数 $b_0,b_1,b_2,\cdots,b_{n-1},b_n$,从而得出式(6-15)的特解 y^*。

综合上述几种情形可知,式(6-15)的特解形式可设为 $y^*=x^kQ_n(x)e^{\alpha x}$,其中 $Q(x)$ 是与 $p_n(x)$ 同次的多项式,即

$$Q(x)=b_0x^n+b_1x^{n-1}+b_2x^{n-2}+\cdots+b_{n-1}x+b_n$$

这里的 $b_0,b_1,b_2,\cdots,b_{n-1},b_n$ 是 $n+1$ 个待定系数。

k 的取值规则如下:

(1)当 α 不是特征根时,取 $k=0$;

(2)当 α 是特征单根时,取 $k=1$;

(3)当 α 是特征重根时,取 $k=2$。

[**例 6.19**] 求微分方程 $y'=-2y'-3y=3x+1$ 的一个特解。

解:该方程所对应的齐次方程的特征方程为 $r^2-2r-3=0$,特征根为 $r_1=3,r_2=-1$;而右端 $f(x)=3x+1$,可见 $\alpha=0$ 不是特征根,取 $k=0$。设方程的特解为 $y^*=ax+b$,其中 a,b 是待定系数。

由于 $y^{*\prime}=a,y^{*\prime\prime}=0$,将它们代入原方程,有

$$0-2a-3(ax+b)=3x+1$$

整理,得

$$-3ax-2\alpha-3b=3x+1$$

比较系数,得方程组

$$\begin{cases}-3a=3\\-2a-3b=1\end{cases}$$

解得 $a=-1, b=\frac{1}{3}$。

于是所求特解为

$$y^{*}=-x+\frac{1}{3}$$

[例 6.20]　求微分方程 $y''-3y'+2y=e^{x}$ 的通解。

解:因该方程所对应的齐次方程的特征方程为 $r^{2}-3r+2=0$,特征根为 $r_{1}=2, r_{2}=1$,所以相应齐次方程的通解为 $Y=C_{1}e^{x}+C_{2}e^{2x}$。又因为原方程右端 $f(x)=e^{x}$,可见 $\alpha=1$ 是特征单根,取 $k=1$。故设方程的一个特解为 $y^{*}=axe^{x}$(a 是待定系数)。

由于 $y^{*\prime}=a(1+x)e^{x}, y^{*\prime\prime}=a(2+x)e^{x}$,将它们代入原方程,有

$$a(2+x)e^{x}-3a(1+x)e^{x}+2axe^{x}=e^{x}$$

约去 e^{x} 并整理,得 $a=-1$。

于是原方程的一个特解为

$$y^{*}=-xe^{x}$$

所求通解为

$$y=Y+y^{*}=C_{1}e^{x}+C_{2}e^{2x}-xe^{x}$$

[例 6.21]　求微分方程 $y''+6y'+9y=5e^{-3x}$ 的一个特解。

解:因该方程所对应的齐次方程的特征方程为 $r^{2}+6r+9=0$,特征根为 $r_{1}=r_{2}=-3$;而原方程右端 $f(x)=5e^{-3x}$,可见 $\alpha=-3$ 是特征重根,取 $k=2$,所以设方程的一个特解为 $y^{*}=ax^{2}e^{-3x}$(a 为待定系数)。

由于

$$y^{*\prime}=2axe^{-3x}-3ax^{2}e^{-3x}=e^{-3x}(2ax-3ax^{2})$$

$$y^{*\prime\prime}=(2a-12ax+9x^{2})e^{-3x}$$

将它们代入原方程,解得 $a=\frac{5}{2}$。

故所求原方程的一个特解为

$$y^{*}=\frac{5}{2}x^{2}e^{-3x}$$

2. $f(x)=(A\cos\beta x+B\sin\beta x)e^{\alpha x}$ 型

这种类型的 $f(x)$ 对应的方程为

$$y''+py'+qy=(A\cos\beta x+B\sin\beta x)e^{\alpha x} \tag{6-17}$$

其中,A, B, α, β 为常数,且 $\beta>0$,A, B 不同时为 0。

式(6-17)具有如下形式的特解:

$$y^{*}=x^{k}(a\cos\beta x+b\sin\beta x)e^{\alpha x}$$

其中,a,b 是待定系数;k 的取值规则如下:

(1)当 $\alpha\pm i\beta$ 不是式(6-17)所对应的齐次方程的特征根时,取 $k=0$;

(2)当 $\alpha\pm i\beta$ 是式(6-17)所对应的齐次方程的特征根时,取 $k=1$。

[例 6.22] 求微分方程 $y''-y=4\sin x$ 的一个特解。

解:因该方程所对应的齐次方程的特征方程为 $r^2-1=0$,特征根为 $r_1=1$,$r_2=-1$;而原方程右端 $f(x)=4\sin x$,可见 $\alpha=0$,$\beta=1$,$\alpha\pm i\beta=\pm i$ 不是特征根,取 $k=0$,所以设原方程的一个特解为

$$y^{*}=a\cos x+b\sin x(a,b\text{ 为特定系数})$$

由于

$$y^{*\prime}=-a\sin x+b\cos x,\quad y^{*\prime\prime}=-a\cos x-b\sin x$$

将它们代入原方程,有

$$-a\cos x-b\sin x-(a\cos x+\sin x)=4\sin x$$

整理得

$$-2a\cos x-2b\sin x=4\sin x$$

比较上式两端同类项的系数,得 $-2a=0$,$-2b=4$。解得 $a=0$,$b=-2$。

故所求原方程的一个特解为

$$y^{*}=-2\sin x$$

[例 6.23] 求微分方程 $y''-2y'+y=2e^x+\cos x$ 的一个特解。

解:根据定理 6.4 可知,分别求出下列两个方程

$$y''-2y'+y=2e^x \tag{1}$$

$$y''-2y'+y=\cos x \tag{2}$$

的两个特解 y_1^* 和 y_2^*,则 $y^*=y_1^*+y_2^*$ 就是原方程的一个特解。

方程(1)相应的齐次方程的特征方程为 $r^2-2r+1=0$,特征根为 $r_1=r_2=1$;而方程右端 $f(x)=2e^x$,可见 $\alpha=1$ 是特征重根,取 $k=2$。故可设方程(1)的一个特解为 $y_1^*=ax^2e^x$。

由于 $y_1^{*\prime\prime}=a[(2+2x)e^x+(2x+x^2)e^x]=a(2+4x+x^2)e^x$,将 y_1^*,$y_1^{*\prime}$,$y_1^{*\prime\prime}$代入方程(1),有

$$a(2+4x+x^2)e^x-a(2x+x^2)e^x+ax^2e^x=2e^x$$

整理后,解得 $a=1$。

从而方程(1)的一个特解为

$$y_2^{*}=a\cos x+b\sin x$$

方程(2)右端 $f(x)=\cos x$,可见 $\alpha=0$,$\beta=1$,$\alpha\pm i\beta=\pm i$ 不是特征根,取 $k=0$。故可设

方程(2)的一个特解为

$$y_2^* = a\cos x + b\sin x$$

由于

$$y_2^{*\prime} = -a\sin x + b\cos x, \quad y_2^{*\prime} = -a\cos x + b\sin x = \cos x$$

将 $y_2^*, y_2^{*\prime}, y_2^{*\prime\prime}$ 代入方程(2),有

$$-a\cos x - b\sin x - 2(-a\sin x + b\cos x) + a\cos x + b\sin x = \cos x$$

整理后比较两端同类项系数,得 $a=0, b=-\frac{1}{2}$。

所以方程(2)的一个特解为

$$y_2^* = -\frac{1}{2}\sin x$$

故原方程的一个特解为

$$y^* = y_1^* + y_2^* = x^2e^x - \frac{1}{2}\sin x$$

【本章小结】

1. 微分基本概念

(1)含有未知函数的导数(或微分)的方程称为微分方程。未知函数为一元函数的微分方程称为常微分方程,微分方程中所出现的未知函数的最高阶导数的阶数称为微分方程式的阶。

(2)如果把一个函数代入微分方程后,能使该方程成为恒等式,则称这个函数为微分方程的解。如果微分方程的解中含有任意常数,且它所含独立的(即不可合并而使其个数减少的)任意常数的个数与微分方程的阶数相同,则称它为微分方程的通解(或一般解)。如果使微分方程的通解中的任意常数都取确定的数值,这样得到的解称为微分方程的特解。

(3)要求出微分方程的特解,就必须对微分方程给出一定的附加条件。这种用于确定微分方程通解中的任意常数的数值的附加条件称为微分方程的初始条件。因此,微分方程的特解也可以看成微分方程满足初始条件的解。求微分方程初始条件的特解的问题称为初值问题。

2. 可分离变量微分方程

(1)形如 $\frac{dy}{dx}=f(x)g(y)$ 的一阶微分方程,称为可分离变量的微分方程。其中 $f(y)$,$g(x)$ 分别为 x,y 的连续函数,且 $g(y)\neq 0$。这类方程的特点是:可以通过四则运算化为

左端只含 y 的函数乘 dy，右端只含 x 的函数乘 dx 的变量分离的形式 $\frac{dy}{g(y)}=f(x)dx$。

(2)方程的通解为 $G(y)=F(x)+C$，其中 $G(y)$，$F(x)$ 分别为 $\frac{1}{g(y)}$，$f(x)$ 的一个原函数。微分方程的通解也可以是隐函数形式(称为隐藏式通解)。

(3)可降阶的高阶微分方程：

①$y^{(n)}=f(x)$ 型的微分方程；

②$y''=f(x,y')$ 型的微分方程；

③$y''=f(y,y')$ 型的微分方程。

3. 一阶线型微分方程

形如 $y'+p(x)y=q(x)$ 的一阶线性微分方程，其中 $p(x)$ 和 $q(x)$ 是 x 的已知连续函数。

一阶线性微分方程的特点是：方程中 y 和 y' 都是一次的。

当 $q(x)=0$ 时，方程 $y'+p(x)y=q(x)$ 变为 $y'+p(x)y=0$，称 $y'+p(x)y=0$ 为一阶线性齐次微分方程。

当 $q(x)\neq 0$ 时，方程 $y'+p(x)y=q(x)$ 称为一阶线性非齐次微分方程，其通解形式为

$$y=e^{-\int p(x)dx}\left(\int q(x)e^{\int q(x)dx}dx+C\right)$$

4. 二阶常系数线性阶线性齐次微分方程

(1)形如 $y''+py'+qy=f(x)$ 的微分方程称为二阶常系数线性微分方程，其中 p,q 为常数，$f(x)$ 为 x 的已知连续函数。

(2)当 $f(x)\equiv 0$ 时，方程 $y''+py'+qy=f(x)$ 变为 $y''+py'+qy=0$，称为二阶常系数线性齐次微分方程。当 $f(x)\neq 0$ 时，方程 $y''+py'+qy=f(x)$ 称为二阶常系数线性非齐次微分方程。

(3)形如 $r^2+pr+q=0$ 的方程称为微分方程 $y''+py'+qy=0$ 的特征方程，它的根称为特征根。

二阶常系数线性非齐次微分方程的通解公式见表 6.1。

表 6.1

特征根 r_1,r_2	微分方程 $y''+py'+qy=0$ 的通解
两个不等的实数根 $r_1\neq r_2$	$y=C_1e^{r_1x}+C_2e^{r_2x}$
两个相等的实数根(重根) $r_1=r_2=r$	$y=(C_1+C_2x)e^{rx}$
一对共轭的虚实根 $r_{1,2}=\alpha\pm i\beta$	$y=e^{\alpha x}(C_1\cos\beta x+C_2\sin\beta x)$

(4)二阶常系数线性非齐次微分方程通解为 $y=Y+y^*=C_1y_1(x)+C_2y_2(x)+y^*(x)$。

【知识演练】

1. 指出下列微分方程的阶数：

(1) $x^2dx+y^2dy=0$；　(2) $\frac{d^2y}{dx^2}=\sin x$；　(3) $y^3\frac{d^2y}{dx^2}+1=0$；

(4) $\left(\frac{dy}{dx}\right)^2=4$；　(5) $\frac{d^4y}{dx^4}-2\frac{d^2y}{dx^2}+\frac{dy}{dx}=0$；　(6) $y''-\sqrt{1-y^{(4)}}=0$；

(7) $x^2y''-xy'+y=0$；　(8) $x(y'')^3-2yy'+x=0$。

2. 验证下列给出的函数是否是相应微分方程的解：

(1) $\frac{dy}{dx}=3x^2+5x, y=\frac{x^3}{5}+\frac{x}{2}+C$；　(2) $\frac{dy}{dx}=p(x)y, p(x)$ 连续, $y=Ce^{\int p(x)dx}$；

(3) $(x+y)dx+xdy=0, y=\frac{c^2-x^2}{2x}$；　(4) $y''=x^2+y^2, y=\frac{1}{x}$。

3. 在下列各题中，确定函数关系式中所含的参数，使函数满足初始条件：

(1) $x^2+y^2=C, y|_{x=0}=5$；

(2) $y=(C_1+C_2x)e^{2x}, y_x=0, y'_{x=0}=1$；

(3) $y=C_1\sin(x-C_2), y|_{x=\pi}=1, y'|_{x=\pi}=0$。

4. 已知微分方程 $y'+2y=x+\frac{1}{2}$，问下列函数是不是它的解？是不是通解？

(1) $y=\frac{x}{2}$；　(2) $y=e^{-2x}+\frac{x}{2}$；

(3) $y=\frac{x}{2}+3e^{-3x}$；　(4) $y=\frac{x}{2}+1$。

5. 求下列微分方程的通解：

(1) $xy'-y\ln y=0$；　(2) $3x^2+5x-5y'=0$；

(3) $(e^{x+y}-e^x)dx+(e^{x+y}+e^y)dy=0$；　(4) $(1-y)dx+(1+x)dy=0$；

(5) $(y+1)^2\frac{dy}{dx}+x^3=0$；　(6) $\sqrt{1-x^2}\,y'=\sqrt{1-y^2}$；

(7) $\frac{dy}{dx}=10^{x+y}$；　(8) $\sec^2x\tan y\,dx+\sec^2y\tan x\,dy=0$。

6. 求下列微分方程满足初始条件的特解：

(1) $y'=e^{2x-y}, y|_{x=0}=0$；　(2) $y'\sin x=y\ln y, y|_{x=\frac{\pi}{2}}=e$；

(3) $xy'+y-e^x=0, y|_{x=1}=2e$；　(4) $xydx+\sqrt{1+x^2}\,dy=0, y|_{x=0}=1$。

7. 解下列微分方程：

(1) $\frac{dy}{dx}=\frac{y}{x+2y^3}$；　　(2) $\frac{dy}{dx}=\frac{y^2}{e^y-3xy}$。

8. 求下列微分方程的通解：

(1) $y''-9y=0$；　　(2) $y''-8y'+5y=0$；

(3) $y''+y=0$；　　(4) $y''-2y'+y=0$；

(5) $y''-4y'=0$；　　(6) $y''-6y'+9y=0$；

(7) $y''-2y'-3y=0$；　　(8) $y''-2y'+5y=0$；

(9) $y''+6y'+13y=0$。

9. 求下列方程满足初始条件的特解：

(1) $y''-3y'+2y=0, y|_{x=0}=2, y'|_{x=0}=-3$；

(2) $y''+4y'+13y=0, y|_{x=0}=2, y'|_{x=0}=3$；

(3) $4y''+4y'+y=0, y|_{x=0}=2, y'|_{x=0}=0$；

(4) $y''-y'=0, y|_{x=0}=0, y'|_{x=0}=1$。

10. 证明 $y_1=e^x$ 及 $y_2=e^{2x}$ 都是微分方程 $y''-3y'+2y=0$ 的特解，并写出该微分方程的通解。

参 考 文 献

[1]孔凡清,韩利华,王倩. 高等数学及其应用[M]. 重庆:重庆大学出版社, 2023.
[2]余平洋. 经济数学[M]. 西安:西安电子科学技术大学出版社, 2023.
[3]王建刚,李英芳,闫超. 经济数学[M]. 上海:上海交通大学出版社, 2023.
[4]上海财经大学数学学院. 经济数学 微积分学习指导与习题全解[M]. 北京:人民邮电出版社, 2023.
[5]王桠楠. 经济数学[M]. 北京:北京航空航天大学出版社, 2023.
[6]史树中. 数学与经济[M]. 大连:大连理工大学出版社, 2023.
[7]白云霄,曹慧,谭宏武. 经济数学 线性代数[M]. 西安:西安交通大学出版社, 2022.
[8]杨忠诚. 经济社会管理与应用数学方法[M]. 天津:天津科学技术出版社, 2022.
[9]王伟刚,王海敏. 经济统计类数学分析 下[M]. 杭州:浙江工商大学出版社, 2022.
[10]何月俏,刘君. 经济数学[M]. 武汉:武汉大学出版社, 2022.
[11]张建文. 经济数学:微积分 学习辅导与习题选解[M]. 4 版. 北京:高等教育出版社, 2022.
[12]郭欣红,周丹. 经济数学:微课版[M]. 3 版. 北京:清华大学出版社, 2022.
[13]陈艳花. 经济数学 下[M]. 西安:西安电子科学技术大学出版社, 2022.
[14]陶前功,曾艳妮. 高等数学 下[M]. 2 版. 北京:科学出版社, 2022.
[15]王琼华,张丽萍. 高等数学[M]. 昆明:云南大学出版社, 2021.
[16]李向明,杨丽华. 高等数学[M]. 北京:北京邮电大学出版社, 2021.
[17]叶娇,刘康波. 经济数学[M]. 苏州:苏州大学出版社, 2021.
[18]徐兰,梁森. 经济数学[M]. 苏州:苏州大学出版社, 2021.
[19]李传欣,刘凤敏,周菁. 经济应用数学[M]. 北京:北京理工大学出版社, 2021.
[20]张立东,孟祥波. 高等数学:经济类 上册[M]. 北京:机械工业出版社, 2021.
[21]韩玉娟,黄雅荣. 经济数学基础[M]. 2 版. 北京:经济科学出版社, 2021.
[22]杨光,何潇. 经济数学学习指导[M]. 武汉:华中科技大学出版社, 2021.
[23]刘逸,易强. 经济数学学习指导[M]. 苏州:苏州大学出版社, 2021.
[24]朱玉芳,蒋银山. 经济数学:微积分[M]. 西安:西安电子科技大学出版社, 2021.

[25]李向明. 经济数学基础[M]. 北京:北京邮电大学出版社, 2020.
[26]段渊. 应用经济数学 上[M]. 北京:北京理工大学出版社, 2020.
[27]段渊. 应用经济数学 下[M]. 北京:北京理工大学出版社, 2020.
[28]刘兆鹏,何瑞强. 现代经济数学理论及应用探究[M]. 成都:电子科技大学出版社, 2020.
[29]王芳. 经济应用数学[M]. 北京:北京理工大学出版社, 2020.
[30]冯耀川. 高等数学应用基础[M]. 成都:西南交通大学出版社, 2020.
[31]卢秀惠,刘永渤,黄培峰. 高等数学及应用数学[M]. 2 版. 哈尔滨:哈尔滨工程大学出版社, 2018.